项目管理/工程管理"十三五"系列规划教材

项目管理案例教程

第3版

白思俊 主 编

机械工业出版社

本书从项目管理的实际应用和案例实操经验共享出发，结合现代项目管理理念和国际项目管理的规范做法，向读者展示现代项目管理知识与方法在项目实践中的应用过程。本书介绍了成功项目管理的基本原理与应用特点，结合成功企业波音公司介绍了项目管理的应用实施过程及流程体系，结合典型项目管理案例介绍了项目管理核心理念、沟通管理、冲突管理、风险管理和团队管理的应用技巧，结合项目实例介绍了里程碑计划、工作分解结构、网络计划技术、资源费用曲线、挣值分析法及 MS Project 等方法与工具在项目管理过程中的应用，介绍了项目管理在工程项目建设、软件开发、产品研制及项目群管理中的综合应用案例，同时结合华为项目管理的应用、天士力的项目化管理和中石油设计公司的项目管理体系建设展示了企业项目管理的应用案例。

本书在项目案例的选择上，力争能够反映不同类别、不同行业和不同方法应用的侧重点。本书案例强调将现代项目管理理论方法和国际项目管理的规范做法与具体的项目实践相结合，读者在读完本书相关案例之后就可以通过类似的方法将项目管理的方法技术应用于项目实践。

本书内容具体实用、通俗易懂，作者编写时特别注意使之适合作为本科生和研究生的教材使用，同时也可作为项目管理人员和工程技术人员必备的参考书，此外也可供有相关兴趣的人员和爱好者自学之用。

图书在版编目（CIP）数据

项目管理案例教程/白思俊主编 . —3 版 . —北京：机械工业出版社，2018.8（2024.2重印）

项目管理/工程管理"十三五"系列规划教材

ISBN 978-7-111-60523-2

Ⅰ. ①项… Ⅱ. ①白… Ⅲ. ①项目管理 – 案例 – 高等学校 – 教材　Ⅳ. ①F224.5

中国版本图书馆 CIP 数据核字（2018）第 154631 号

机械工业出版社（北京市百万庄大街 22 号　邮政编码 100037）
策划编辑：胡嘉兴　责任编辑：戴思杨
责任校对：舒　莹　责任印制：任维东
北京中兴印刷有限公司印刷
2024 年 2 月第 3 版第 6 次印刷
169mm×239mm・15.75 印张・311 千字
标准书号：ISBN 978-7-111-60523-2
定价：49.00 元

电话服务　　　　　　　　网络服务
客服电话：010-88361066　机 工 官 网：www.cmpbook.com
　　　　　010-88379833　机 工 官 博：weibo.com/cmp1952
　　　　　010-68326294　金 书 网：www.golden-book.com
封底无防伪标均为盗版　　机工教育服务网：www.cmpedu.com

项目管理/工程管理"十三五"系列规划教材
编 委 会

名誉主任：钱福培（西北工业大学教授，PMRC创立者、名誉主任）

主　　任：白思俊（西北工业大学教授，PMRC副主任委员）

委　　员：（按姓氏笔画排序）

　　　　　丁荣贵（山东大学教授，PMRC副主任委员）

　　　　　王祖和（山东科技大学教授，PMRC常委、副秘书长）

　　　　　卢向南（浙江大学教授，PMRC副主任委员）

　　　　　孙　慧（天津大学教授）

　　　　　吴守荣（山东科技大学教授，PMRC委员）

　　　　　沈建明（国防项目管理培训认证中心主任，PMRC副秘书长）

　　　　　骆　珣（北京理工大学教授）

　　　　　薛四新（清华大学档案馆研究馆员）

　　　　　戚安邦（南开大学教授，PMRC副主任委员）

　　　　　谭术魁（华中科技大学教授）

　　　　　戴大双（大连理工大学教授，PMRC副主任委员）

丛书序一

这是一套作为项目管理教材使用的系列丛书，是一套历经15年，经过三版修订的丛书。第一版是2003年出版的，时隔5年于2008年出版第二版修订本，现在时隔10年又出版第三版修订本。

一套教材出现被出版、使用、修订再版的情况至少说明两点，一是市场的需求，二是作者和出版者的执着。市场需求是一定条件下时代发展情况的反映；作者和出版者的执着是行业内专业人员和出版机构成熟度的反映。

我国项目管理的发展是有目共睹的，特别是自20世纪70年代的改革开放以及20世纪90年代引进国际现代项目管理理论和工具方法以来，在实践和理论层面上都有了极大的提高。在项目管理领域国内外信息日益频繁交流的同时，也向教育、培训、出版业提出了需求。2003年14本"21世纪项目管理系列规划教材"的出版正是我国项目管理发展状态的反映，系列教材的及时出版很好地满足了市场的需求。

2003年第一版系列丛书的出版虽然很好地满足了市场的需求，但由于国际现代项目管理的迅速发展，以及在第一版丛书中发现的问题，在征得作者同意后，出版社于2008年对原版丛书进行了修订。2003年和2008年出版的丛书获得了市场的认可，有三本书列选为国家"十一五""十二五"规划教材，在使用期间，诸多书籍还一再重印，有几本更是重印达10余次之多。根据国内外项目管理的最新发展情况，机械工业出版社再次决定于2018年修订出版第三版，这一决定得到了作者们的一致赞同，我想这是英明的决定。只有跟随时代的发展和学科专业的发展，在实践中不断努力，及时修订的教材，才能反映我们的水平，使之成为高质量的精品之作，也才能赢得业界的认同。据了解，我国引进并翻译出版的英国项目管理专家丹尼斯·洛克出版的《项目管理》，已经出版了第10版，被各国项目管理领域广泛选用就是一个很好的例子。

第三版的修订，除了在丛书的书目上有所变化外，鉴于项目管理和工程管理的专业设置现状，我们将丛书名修改为"项目管理/工程管理'十三五'系列规划教材"，以便使本套教材更适合学科的发展。在章节内容上也做了一些横向的延伸，拓展到工程管理专业。在内容方面，增强了框架性知识结构的展示，强调并突出概念性的知识体系，具体知识点详略得当，适量减少了理论性知识的阐述，增加了案例的比重，以提高学生理论联系实际的能力。此外，为充分利用现代电子化条件，本套教材的配套课件比较完整、全面并且多样化，增加了教材使用的便利性。

为适应市场多元化的需求，继机械工业出版社出版的这套项目管理系列教材之后，适用于项目管理工程硕士的系列教材和适用于项目管理自考的系列教材也相继出版。这不仅是我国项目管理蓬勃发展的表现，也是我国出版界蓬勃发展的表现。这应该感谢中国项目管理专家们的努力，感谢出版界同仁们的努力！

随着 VUCA 时代的发展，丛书在实践应用中还会有新的变化，希望作者、读者、出版界同仁以及广大项目管理专业研究人员及专家们继续关注本套系列教材的使用，关注国内外项目学科的新发展、新变化。丛书集 15 年的使用经验以及后续的使用情况，在实践中将不断改进，不断完善。

祝愿这套丛书成为我国项目管理领域的一套精品教材！

钱福培

西北工业大学　教授

PMRC　名誉主任

中国优选法统筹法与经济数学研究会　终身会员

IPMA Honorary Fellow

IPMA　首席评估师

2017 年 12 月 15 日

丛书序二

"项目管理/工程管理'十三五'系列规划教材"是2003年陆续出版的"21世纪项目管理系列规划教材"整体上的第三次再版，这套系列丛书也是我国最早出版的一套项目管理系列规划教材。机械工业出版社作为开拓者，让这套教材得到了众多高等院校师生的认可，并有两本教材被列入"普通高等教育'十一五'国家级规划教材"、一本教材被列入"'十二五'普通高等教育本科国家级规划教材"。

作为一种教给人们系统做事的方法，项目管理使人们做事的目标更加明确、工作更有条理性、过程管理更为科学。项目管理在越来越多的行业、企业及各种组织中得到了极为广泛的认可和应用，"项目化管理"和"按项目进行管理"逐渐成为组织管理的一种变革模式，"工作项目化，执行团队化"已经成为人们工作的基本范式。"当今社会，一切都是项目，一切也都将成为项目"，这种泛项目化的发展趋势正逐渐改变着组织的管理方式，使项目管理成为各行各业的热门话题，受到前所未有的关注。项目管理学科的发展，无论是在国内还是国外，都达到了一个超乎寻常的发展速度。

特别值得一提的是我国项目管理/工程管理学位教育的发展。目前，我国已经有200余所院校设立了工程管理本科专业，160多所高校具有项目管理领域工程硕士培养权，100多所高校具有工程管理专业硕士学位授予权。项目管理/工程管理教育的发展成了最为热门的人才培养专业之一，项目管理/工程管理的专业硕士招生成了招生与报名人数最多的领域。这一方面表明了社会和市场对项目管理人才的需求旺盛，另一方面也说明了项目管理学科的价值，同时也给相关培养单位和教育工作者提出了更高的要求，即如何在社会需求旺盛的情况下提高教学质量，以保持项目管理/工程管理学位教育的稳定和可持续发展。

提高教学质量，教材要先行。一套优秀的教材需要经历许多年的积累，国内项目管理领域的出版物增长极快，但真正适用于项目管理/工程管理学位教育的教材还不丰富。机械工业出版社策划和组织的本系列教材能够不断更新，目的就是打造一套项目管理/工程管理学位教育的精品教材。第三版系列教材在组织编写之前还广泛征求了各方面的意见，并得到了积极的响应。参加本系列教材编写的专家来自不同的院校和不同的学科领域，提高了教材在不同院校、不同领域和不同培养方向上的广泛适用性。在系列教材课程体系的设计上既有反映项目管理共性知识的专业主干课程，也有面向不同培养方向的专业应用课程。

本系列教材最突出的特点是与国际项目管理知识体系的融合性，体现了国际上两大项目管理组织——国际项目管理协会和美国项目管理协会的项目管理最新知识内容的发展。本系列教材的内容能体现 IPMP/PMP 培训与认证的思想和知识体系，也能够在与国际接轨的同时呈现有我国项目管理特色的内容。

编写一套优秀的项目管理学位教育系列教材是一项艰巨的任务，虽然编委会和机械工业出版社做出了很大的努力，但项目管理是一门快速发展的学科，其理论、方法、体系和实践应用还在不断发展和完善之中，加之专业局限性和受写作时间的限制，本系列教材肯定会有不尽如人意之处，衷心希望全国高等院校项目管理/工程管理专业师生在教学实践中积极提出意见和建议，以便对已经出版的教材不断修订、完善，让我们共同提高教材质量，完善教材体系，为社会奉献更好、更新、更切合我国项目管理/工程管理教育的高品质教材。

白思俊

西北工业大学管理学院教授、博导
中国（双法）项目管理研究委员会副主任委员
陕西省项目管理协会会长
中国优选法统筹法与经济数学研究会理事
中国建筑业协会理事兼工程项目管理委员会理事、专家
中国宇航学会理事兼系统工程与项目管理专业委员会副主任委员

前　言

　　由于项目管理最大限度地利用了企业内外部资源，从根本上改善了中层管理人员的工作效率，极大地促进了国民经济和企业的发展。因此自20世纪80年代后，项目管理的应用领域迅速扩展到各行各业以及相关机构中，如电子、通信、计算机、软件开发、制造业、金融业、保险业以及政府机关和国际组织，特别是在各类企业中得到了广泛应用。项目管理在发达国家不但已经发展成为一门独立的学科，而且已经发展成为一种职业。

　　项目管理在当今社会中的用途更是非常广泛，当今人们创造财富和社会福利的途径与方式已经由过去重复进行的生产活动为主逐步转向了以项目开发和项目实施活动为主的模式。当今社会，项目开发与实施已经成为各类企业最主要的生产运营方式。比如在软件生产过程中，软件的开发项目是主要的生产方式，而软件的复制这种传统意义上的生产运营方式已经只剩下对于"复制"命令的执行了。同样，在制药业、建筑业、管理咨询业和保险业等行业，它们如今的生产方式不是全部以项目开发与项目实施的形式来实现，就是主要依靠项目的开发与实施的形式来实现。许多新兴知识产业和高科技产业的主要或全部生产都是按照项目的模式开展的。今天，项目已经成为社会创造精神财富、物质财富和社会福利的主要方式，项目管理也逐步成为现代社会中最主要的管理与组织方式，成为发展最快和使用最为广泛的组织管理模式。

　　项目管理进入我国后，已经在各个领域中发挥了很大作用，形成了许多项目管理的成功经验和具体做法。本书针对我国项目管理应用发展的需要，结合大专院校与广大本科生和研究生对项目管理实践及应用了解的需求，旨在提供一些不同行业、不同侧重点且具有代表性的项目案例，介绍了现代项目管理理论与理念、技术与方法在这些项目中的实际应用过程、操作方法和经验。目的是给学生学习项目管理及其应用项目管理方法解决实际项目问题，提供一本系统全面、方便实用的项目管理案例教学参考书。

　　本书在第1版和第2版教学实践及应用的基础上进行了修订和完善，作者主讲的"项目管理"课程也先后被列为西北工业大学"精品课程"、陕西省"精品课程"、西北工业大学"研究生高水平课程"及"慕课建设课程"，教材的编写也是基于作者教学实践的总结和提升。本书第3版的编写原则仍然是以成功企业应用项目管理及典型项目开展项目管理的实际操作和经验为例，结合现代项目管理理念和国际项目管理的规范做法，介绍了现代项目管理理论、理念、知识、方法与技术在项目实践中的应用过程。全书共分6章，第1章项目管理及其应用，主要介绍了项目管理的发展、理念及应用状况，介绍了成功项目管理的基本原理和应用特点；第 2 章以成功应用项目管理的波音公司项目管理体系为例介绍了企业项目管理的实施过程、工作内容及工作表单；第 3 章结合成功企业项目管理和典型项目管理案例介绍了项目管理核心理念、沟通管理、冲突管理、风险管理和团队管理的应用技巧；第 4 章强调了以典型项目管理方法和工具为主的项目管理应用过程展示，包括团队管理及里程碑计划在项目启动过程中的应用、工作分解结构在项目范围管理中的应用、网络计划技术在进度计划编制中的应用、资源费用曲线在项目计划编制中的应用、挣值分析法在项目费用进度综合监控中的应用及 MS Project 在项目计划制定中的应用；第 5 章介绍了四个不同类型项目管理的综合应用案例，第一个是邮电通信大楼建设工程的项目管理，第二个是财税库行横向联网系统开发的项目管理，第三个是工业产品实现的项目管理，第四个是大型建设公司在上海地区的项目群管理案例；第 6 章介绍了华为公司的项目管理应用案例、天士力企业的项目化管理应用案例和 CPE 公司企业项目管理体系的建设案例。

  本书在项目案例的选择上，着重于选择项目管理应用比较成熟领域中具有广泛代表性的项目，同时考虑到项目管理技术应用的深度和广度，力争使本书能够反映不同类别的项目、不同项目管理理念和不同项目管理方法应用的侧重点。本书最大的特点是实用，将现代项目管理理论与技术和国际项目管理的规范做法与具体实际项目相结合，以展示案例应用过程为主。在内容上，具体实用、通俗易懂，作者编写时特别注意使本书适合于作为本科生和研究生的教材使用。

  本书由西北工业大学白思俊主编，参加本书编写的有西北工业大学白思俊（第 1 章、第 2 章和第 6 章）、郭云涛（第 5 章）、舒湘沅（第 3 章）、刘丽华（第 4 章），华为公司项目管理能力中心的易祖炜（第 6 章）。另外，参与本书第 1 版和第 2 版编写的作者还有张宝海、张翠林、曾戈君、张美露、孙兆辉、朱宏超、张要一、王克勤、张家浩和王景山等。

  本书在编写过程中参阅并吸收了大量资料和公开发表的有关人员的研究成果，已经尽可能详细地列出了各位专家、学者的研究成果和工作，在此对他们的工作、贡献表示衷心的感谢。由于项目管理是一门不断发展的学科，加之作者水平有限、编写时间较为紧张，错误或疏漏之处在所难免，敬请读者批评指正。

编　者

目 录

丛书序一
丛书序二
前言
第1章 项目管理及其应用 ·· 1
　1.1 概述 ··· 2
　　1.1.1 项目管理应用的发展 ·· 2
　　1.1.2 国外项目管理的应用和发展 ·· 3
　　1.1.3 我国项目管理的应用 ·· 5
　　1.1.4 现代项目管理应用的特点 ·· 7
　1.2 成功的项目管理 ··· 8
　　1.2.1 成功项目管理的基本原理 ·· 8
　　1.2.2 如何实现企业战略的项目化管理 ······································ 11
　复习思考题 ··· 14
第2章 波音公司项目管理体系实施过程 ··· 16
　2.1 定义项目 ··· 17
　　2.1.1 项目概述 ··· 17
　　2.1.2 项目战略 ··· 19
　2.2 项目计划 ··· 21
　　2.2.1 项目描述 ··· 21
　　2.2.2 工作分解结构 ··· 22
　　2.2.3 任务描述 ··· 24
　　2.2.4 责任矩阵 ··· 25
　　2.2.5 项目估算 ··· 27
　　2.2.6 网络计划 ··· 29
　　2.2.7 资源管理 ··· 31
　　2.2.8 风险和风险规避 ··· 33
　2.3 项目启动 ··· 35
　2.4 项目控制管理 ··· 38
　　2.4.1 项目可视化控制 ··· 38
　　2.4.2 领导 ··· 40
　2.5 项目收尾 ··· 41

复习思考题 43

第3章 项目管理理论和理念的应用案例 44
3.1 成功企业的项目管理应用理念 45
　　3.1.1 向波音公司学项目管理 45
　　3.1.2 解析IBM的矩阵组织结构 48
　　3.1.3 项目管理为华为产品研发带来的管理变革 51
　　3.1.4 塔里木油田一体化项目管理体系 56
3.2 项目沟通管理应用案例 58
　　3.2.1 案例一 58
　　3.2.2 案例二 59
3.3 项目冲突与风险管理应用案例 62
　　3.3.1 项目冲突管理应用案例 62
　　3.3.2 项目风险管理应用案例 65
3.4 项目团队管理应用案例 67
　　3.4.1 案例正文 67
　　3.4.2 案例分析一塑型"外圆内方" 69
　　3.4.3 案例分析二提供发展舞台 70
　　3.4.4 核心观点——团队管理应基于个人发展 71
　　复习思考题 71

第4章 项目管理方法和工具的应用案例 73
4.1 团队管理及里程碑计划在项目启动过程中的应用 74
　　4.1.1 项目概况 74
　　4.1.2 组建项目小组 75
　　4.1.3 确定里程碑计划 77
　　4.1.4 总结 79
4.2 工作分解结构在项目范围管理中的应用 80
　　4.2.1 项目背景 80
　　4.2.2 从现代项目管理视角分析《送给加西亚的信》 81
　　4.2.3 项目描述 82
　　4.2.4 工作分解结构 83
4.3 网络计划技术在进度计划编制中的应用 86
　　4.3.1 项目概况 86
　　4.3.2 项目范围的确定 87
　　4.3.3 工作分解结构在项目工作分解中的应用 89
　　4.3.4 网络计划技术在项目进度计划编制中的应用 89
4.4 资源费用曲线在项目计划编制中的应用 91

  4.4.1 项目概况及甘特图计划 …………………………………………………… 91
  4.4.2 资源负荷图的应用 ………………………………………………………… 93
  4.4.3 费用负荷图与累积曲线的应用 …………………………………………… 97
 4.5 挣值分析法在项目费用进度综合监控中的应用 ………………………………… 99
  4.5.1 概述 ………………………………………………………………………… 100
  4.5.2 CD合成剂项目人工时（费用）/进度综合检测过程 …………………… 101
 4.6 MS Project在项目计划制订中的应用 …………………………………………… 116
  4.6.1 项目背景 …………………………………………………………………… 117
  4.6.2 项目目标 …………………………………………………………………… 117
  4.6.3 项目分解 …………………………………………………………………… 117
  4.6.4 项目进度计划 ……………………………………………………………… 119
  4.6.5 项目人力资源安排 ………………………………………………………… 120
  4.6.6 项目费用预算 ……………………………………………………………… 120
  4.6.7 项目监控 …………………………………………………………………… 125
 复习思考题 ………………………………………………………………………………… 127

第5章 项目管理的综合应用案例 ……………………………………………………… 129
 5.1 邮电通信大楼建设工程项目管理 ………………………………………………… 129
  5.1.1 项目概况 …………………………………………………………………… 129
  5.1.2 项目范围的确定 …………………………………………………………… 130
  5.1.3 项目管理的组织形式 ……………………………………………………… 133
  5.1.4 项目进度计划 ……………………………………………………………… 135
  5.1.5 项目资源计划 ……………………………………………………………… 136
  5.1.6 项目费用计划 ……………………………………………………………… 138
  5.1.7 项目质量计划与质量保证 ………………………………………………… 140
  5.1.8 项目风险计划 ……………………………………………………………… 143
  5.1.9 项目控制过程 ……………………………………………………………… 145
 5.2 财税库行横向联网系统项目 ……………………………………………………… 148
  5.2.1 项目概况 …………………………………………………………………… 148
  5.2.2 项目管理的组织形式 ……………………………………………………… 149
  5.2.3 项目范围的确定 …………………………………………………………… 150
  5.2.4 项目进度计划的编制 ……………………………………………………… 154
  5.2.5 项目人力资源计划 ………………………………………………………… 155
  5.2.6 项目资源费用计划 ………………………………………………………… 160
  5.2.7 项目质量计划和质量保证 ………………………………………………… 162
  5.2.8 项目风险计划 ……………………………………………………………… 164
  5.2.9 项目进度管理过程 ………………………………………………………… 170

5.2.10 项目总结报告 ·· 175
 5.3 工业产品实现项目案例 ·· 175
   5.3.1 项目背景 ··· 175
   5.3.2 项目筛选 ··· 176
   5.3.3 项目可行性研究 ·· 177
   5.3.4 项目启动与计划 ·· 179
   5.3.5 项目实施控制 ··· 181
   5.3.6 项目结束 ··· 184
 5.4 CE 公司沿海经济地区项目群管理案例 ··· 184
   5.4.1 CE 公司沿海经济地区项目群实施背景 ··· 184
   5.4.2 项目群组织管理结构与管理流程 ·· 186
   5.4.3 CE 公司沿海经济地区项目的选择、决策与管理策略 ····························· 189
   5.4.4 项目群资源整合与集成化管理 ·· 193
   5.4.5 项目群管理的主要内容 ·· 195
 复习思考题 ·· 202

第6章 企业项目管理应用案例 ·· 204
 6.1 华为公司"以项目为中心"的项目化管理转变案例 ··· 205
   6.1.1 "以项目为中心"的管理变革 ··· 205
   6.1.2 "以项目为中心"的项目管理体系建设 ·· 206
   6.1.3 "以项目为中心"转变落地 ·· 209
   6.1.4 "以项目为中心"转变的经验教训 ··· 210
 6.2 天士力企业项目化管理应用案例 ··· 211
   6.2.1 企业发展中的问题 ·· 211
   6.2.2 天士力的项目化管理 ·· 212
   6.2.3 项目信息管理与支持体系 ·· 215
   6.2.4 企业项目化管理成果 ·· 218
 6.3 CPE 公司企业项目管理体系建设 ·· 219
   6.3.1 企业项目管理体系概述 ··· 219
   6.3.2 企业项目管理体系建设 ··· 221
   6.3.3 CPE 公司 EPC 项目管理体系建设 ··· 227
 复习思考题 ·· 234

参考文献 ··· 235

主要内容
- ➤ 概述
- ➤ 成功的项目管理

第 1 章

项目管理及其应用

1.1 概述

项目管理是一门很年轻，但又很具活力的新兴学科。自从美国阿波罗登月计划实施以来，项目管理在世界各地的项目中得到了日益广泛的应用。目前，项目管理已经应用到实际生产的各个方面，按项目进行管理已经成为企业管理的一种理念。

1.1.1 项目管理的发展

"项目作为国民经济及企业发展的基本元素，一直在人类的经济发展中扮演着重要角色。实际上，自从有组织的人类活动出现至今，人类就一直执行着各种规模的"项目"。中国的长城、埃及的金字塔以及古罗马的妮姆水道都是人类历史上运作大型复杂项目的范例。在日常生活中，我们也被各类项目所淹没，如家居装修、举办运动会、开发新软件、道路修筑、水运通道建设、港站建设和建设巨型水利枢纽等，却很少有人有意识地控制和管理这些项目。直到第二次世界大战爆发，战争需要新式武器、探测需要雷达设备等，这些从未做过的项目接踵而至，不但技术复杂、参与的人员众多，时间还非常紧迫。因此，人们开始关注如何有效地实行项目管理来实现既定的目标。"项目管理"这个词就是从这时才开始被认识的。随着现代项目规模越来越大，投资越来越高，涉及专业越来越广泛，项目内部关系越来越复杂，传统的管理模式已经不能满足运作好一个项目的需要，于是就产生了对项目进行管理的模式，并逐步发展成为一门主要的管理学科。

项目和项目管理的发展是工程和工程管理实践的结果，是传统的项目和项目管理的概念，其主要起源于建筑行业，这是由于在传统的实践中建筑项目相对其他项目来说，组织实施过程表现得更为庞大和复杂。随着社会进步和现代科技的发展，项目管理也在不断地完善，同时项目管理的应用领域也在不断扩充，现代项目与项目管理的真正发展可以说是大型国防工业发展所带来的必然结果。

现代项目管理通常被认为是第二次世界大战的产物（如美国研制原子弹的曼哈顿计划），在二十世纪四五十年代主要应用于国防和军工项目，二十世纪六十年代至八十年代，其应用范围也只局限于建筑、国防和航天等少数领域，如美国的阿波罗登月计划。进入二十世纪九十年代以后，随着信息时代的来临和高新技术产业的飞速发展，项目的特点也发生了巨大变化。管理人员发现许多在制造业经济下建立的管理方法，到了信息经济时代已经不再适用。在制造业经济环境下，强调的是预测能力和重复性活动，管理的重点很大程度上在于制造过程的合理性和标准化；而在信息经济环境里，任务的独特性和创新性取代了重复性过程，信息本身也是动态的、不断变化的。灵活性成了新秩序的代名词，人们很快发现实行项目管理恰恰是实现灵活性的关键手段。同时还发现项目管理在运作方式上最大限度地利用了内外资源，从根本上改善了中层管理人员的工作效率和任务执行过程的可控性。于是纷纷采用这一管理模式，并使之成为企业重要的管理手段。经过长期探索总结，现代项目管理逐步发展成为独立的学科体系，成为现代管理学的重要分支。

项目管理的理论来自于管理项目的工作实践，时至今日，项目管理已经成为一门学科。但是当前大多数的项目管理人员拥有的项目管理专业知识不是通过系统教育培训得到的，而是在实践中逐步积累的，并且还有许多项目管理人员仍在不断地重新发现并积累这些专业知识。通常，他们要在相当长的时间内（5~10年），在付出昂贵的代价后，才能成为合格的项目管理专业人员。正因为如此，近年来，随着项目管理的重要性为越来越多的组织（包括各类企业、社会团体，甚至政府机关）所认识，组织的决策者开始认识到项目管理知识、工具和技术可以为他们提供帮助，以减少项目的盲目性。于是这些组织开始要求他们的雇员系统地学习项目管理知识，以减少项目过程的偶发性。在多种需求的促进下，项目管理迅速得到推广普及。

目前，在欧美发达国家，项目管理不仅普遍应用于建筑、航天和国防等传统领域，而且已经在电子、通信、计算机、软件开发、制造业、金融业和保险业甚至政府机关和国际组织中成为其运作的主要管理模式。比如 AT&T、Bell、US West、IBM、EDS、ABB、NCR、Citybank、Morgan Stanley、美国白宫行政办公室、美国能源部和世界银行等在其运营的核心部门都采用了项目管理。

自从我国改革开放后，随着世界银行贷款、赠款项目在我国的启动，项目管理开始在我国部分重点建设项目中运用，如云南鲁布革水电站、二滩水电站和三峡水利枢纽建设等，并取得了良好的效果。同时在交通、水利、国防和 IT 等国家大型重点项目以及跨国公司的在华机构中，项目管理也获得了广泛应用，如神舟飞船、商务飞机、上海世博会和西安世园会等。今天，我国掀起了一股项目管理热潮，项目管理逐渐扩展到各行各业。

1.1.2 国外项目管理的应用和发展

20世纪60年代，美国阿波罗登月项目的巨大成功使项目管理经受住了实践的考验。阿波罗登月计划是人类首次全面系统地应用项目管理方法进行大规模项目实施的典型案例，阿波罗项目的成功使得项目管理在实践中的应用得到了很大发展，也奠定了项目管理在实践中的科学地位。

20世纪70年代，项目管理首先在大型国防企业中开始流行并进一步获得了完善。

20世纪80年代，随着项目管理知识体系的完善和逐步推广，理论化程度越来越高，项目管理逐步开始向民营企业转移推广，应用范围逐步扩大，在社会上得到越来越大的重视。

20世纪90年代后，随着现代科学技术的飞速发展，管理科学领域内部革新与知识结构的重组，项目管理以其清新的面目脱颖而出，成为现代企业、政府部门和各类组织共同推崇的管理模式，项目管理开始真正热门起来。

今天，项目管理的应用已经扩展到各行各业，项目管理者也不再被认为仅仅是项目的执行者，他们要能胜任更为广泛的工作，同时具有一定的经营技巧。

当今的世界正经历着经济一体化的剧烈变革，企业乃至国家间的经济竞争越来越激烈。企业管理的效率高低直接影响到经济效益，是决定企业能否在激烈的竞争环境下生存下去的关键所在。时代的前进呼唤出管理科学的新产物——项目管理。

ABB（Asea Brown Boveri）是一个处于领先地位的全球工程公司，其大部分工作要求良好的项目管理，它为其项目工程师开发了一个专业发展计划，以使他们最终成为获得资格认证的项目管理人员。

IBM 是世界上最大的计算机制造商，它公开承认对其未来发展起关键作用的因素是掌握项目管理。IBM 发展了自己内部的资格认证计划，同时也鼓励其职员得到项目管理的资格认证。

波音公司是世界上最成功的飞机制造商。波音公司很早就建立了完善的项目管理培训体系，并建立了企业项目管理体系，系统全面地规范了项目管理在其内部实施的制度、流程及表单，从而促进了其产品研发与生产能力的提升。

项目管理在西方国家如此流行的一个主要原因就是：它的运作从根本上改善了中层管理人员的工作效率。传统的做法可能是：当企业设定了一个项目，那么参与这个项目的至少会有财务部门、市场部门、行政部门等几个部门，而部门之间的协调、摩擦无疑会增加项目的成本，影响项目实施的效率。

项目管理的吸引力在于，它使企业能处理需要跨部门解决方案的复杂问题，并能实现更高的运营效率。来自不同职能部门的成员因为某一项目而组成团队，这个团队因而具有广泛领域的知识——不仅仅是技术知识，而且对金融和预算、客户关系、合约以及后勤部门等都有深入了解。这是一种弹性的方式，需要时将专家召集到团队，任务完成后他们又回到各自的职能部门。与传统的管理模式不同，项目运作不是通过等级命令体系来实施的，而是通过所谓"扁平化"的结构。其最终的目的是使企业或机构能够按时在预算范围内实现其目标。

经过几十年的实践探索、总结提高和理论完善，项目管理目前已经形成一套独特而完整的科学体系，产生了一套完整的科学管理项目的实用方法论。项目管理的理论与方法在各行各业的大小项目中都得到了十分广泛的应用，其中不乏成功的例子。下面是国外专业机构对一些具有国际影响项目的管理评价总结。

（1）项目计划作用较为突出的项目有：The Benfield Column 修复工程；Composting at Larry's Market 食品垃圾处理项目；科威特油田重建工程；悉尼投资 10 亿美金的水道清理工程。这些项目中的良好计划，为整个项目的顺利实施起到了先决作用。

（2）项目组织作用较为突出的项目有：新奥尔良市计算机辅助调动系统工程；

悉尼奥运会；Bosma 机械工具公司和 ICL 公司的新产品开发项目；美国政府的战略项目控制计划。这些项目都成功地运用了项目管理中的各种组织方法，使整个项目得以顺利实施。

（3）项目积极性调动作用较为突出的项目有：备受攻击的洛杉矶市地铁建设工程；阿波罗登月计划；阿根廷最大水电厂的拍卖项目；美国太空飞机计划；Quesnel 机场项目。这些都是成功地利用项目管理中的有关方法来达到充分调动各方积极性的典范项目。

（4）项目指导作用较为突出的项目有：Saturn 的计划管理；捷克斯洛伐克企业创业环境的培养项目；英吉利海峡隧道工程等。

（5）项目控制作用较为突出的项目有：匹斯堡国际机场工程；Midfield 能源设施项目；纽约市污泥处理项目；St. Lucia 核电厂工程。这些项目都较好地利用了项目管理中的控制原则和方法，使项目得以按时、按质、按要求竣工。

（6）项目沟通作用较为突出的项目有：中国香港机场工程；美国核废料处理项目；超导体超级对撞机项目；Northridge 地震救灾项目；挑战者号航天飞机事故处理项目。

以上这些项目的顺利实施都归功于掌握了项目管理科学的训练有素的项目管理专业人员。实践证明，掌握项目管理科学方法的、良好的项目管理人员能够最高效率地组织实施项目，创造巨大的经济效益。

当今，世界发达国家的各个行业对训练有素的项目管理人员都有很大的需求，大有"千金易得、一剑难求"之势。项目管理也正在朝专业化、职业化的方向迈进。随着项目管理专业化、职业化程度的不断提高，职业项目经理将会受到越来越大的重视，并在社会经济的发展中发挥越来越大的作用。

1.1.3　我国项目管理的应用

我国项目管理的发展最早应起源于 20 世纪 60 年代华罗庚对于"统筹法"的推广，现代项目管理学科就是由于统筹法的应用而逐渐形成的。此外，我国"两弹一星"的研制中推行的系统工程方法也是项目管理体系形成的重要基础。

1980 年，邓小平亲自主持了我国最早与世界银行合作的教育项目会谈，从此中国开始吸收利用外资。随着中国各部委世界银行贷款、赠款项目的启动，项目管理作为世行项目运作的基本管理模式开始被引入并应用于中国。1984 年，在我国利用世界银行贷款建设的鲁布革水电站工程中，日本建筑企业运用项目管理方法对这一工程的施工进行了有效管理，使得该工程的投资总额降低了 40%，工期也大大缩短，取得了很好的效果。这给当时我国的整个投资建设领域带来了很大冲击，人们确实看到了项目管理技术的效用。基于鲁布革工程的经验，1987 年国家计委、建设部等五个部门联合发出通知，要求在一批试点企业和建设单位采用项目管理施工法，并开始建立中国的项目经理认证制度。1991年，建设部进一步提出把试点工作转变为全行业推进的综合改革，全面推广项目管理和项目经理负责制。

随后，项目管理开始在我国部分重点建设项目中运用，在二滩水电站、三峡水利枢纽建设和其他大型工程建设中，都采用了项目管理这一有效手段，并取得了良好的效果。但是和国际先进水平相比较，我国项目管理的应用面还比较窄，仅在建筑、水利、国防和IT等国家大型重点项目以及跨国公司的在华机构中使用，发展相对缓慢，项目管理的理念与方法主要是针对工程建设项目的，而不是面向一般项目。

美国学者大卫·克莱兰（David Cleland）称：在应对全球化的市场变动中，战略管理和项目管理将起到关键性的作用。这一动向提醒我们在高度重视企业管理现代化的同时，还需要给予项目管理应有的关注，我国迫切需要项目管理。这是因为：

（1）大量的投资要通过项目来运作。我国第一个五年计划时期有156个重点建设项目。如今我国在各种项目上的投资以万亿元计，几乎涵盖了经济、文化、科教和国防等所有重要领域，诸如银行贷款项目，能源、交通、水利等基础设施项目，房地产项目，农业发展项目、工业企业技术改革项目、环保项目，扶贫项目，科研、教育项目、体制改革项目，以及体育、文化活动项目等。项目的数量、投资额度、资金来源和币种的多元化以及管理上的复杂性都大大超过以往。尽管改革开放以来我国项目的管理工作有了很大改进，但拖期、超支以及关、停、并、转的情况仍占一定比例，尤其是政府部门和国营企业主办的项目，经营效益亟待提高。

（2）机构中的任何创新和改革都是项目活动。当今，无论是企事业单位还是政府机构都面临着严峻的竞争压力，几乎都在不断地推出新产品、新技术、新工艺和各种改革措施。实际上，任何创新和改革都是项目活动，"大众创业、万众创新"实际上是通过项目载体实现的。由于这些任务具有一次性和独特性的共同特征，人们日益认识到采用常规的运行管理是难以应付的，必须组成专门的项目班子，采用项目管理方法。因此，在企事业管理和政府管理机构中也同样出现了项目管理的强烈需求，项目管理的需求几乎渗透到了任何形式的机构中。

（3）中国经济融入全球市场和项目管理全球化的需要。中国经济正日益深刻地融入全球市场，特别是"一带一路"倡议的推进，更加促进了中国经济全球化的融入。我国每年从世界银行获得数十亿美元的贷款，连续多年成为世界银行的最大借款国，再加上亚行贷款、国际经援、出口信贷等，利用外资数额每年都在几百亿美元，此外还有许多项目要通过国际招标、采购、咨询和BOT方式运作。我国涉外项目的比例将越来越高，这些涉外项目通常都要求采用项目管理的国际模式，而这方面的专业人员我国相当缺乏。

华为科技是我国应用项目管理最成功的企业之一，1998年审议通过的《华为基本法》中已经将项目管理确定为其业务发展的主要管理模式，项目管理在华为近20年的发展也促成了华为业务的发展腾飞，项目管理成华为的基本竞争力之一。

华为内部的项目管理职业化发展，也促成了华为项目管理的能力提升。

1.1.4 现代项目管理应用的特点

探讨项目管理如何在新的商业环境中更有效地发挥作用，并不是要否定传统的项目管理，这里强调的只是传统项目管理必须进行变革，以适应新的商业环境。

下列三个论点是现代项目管理应用的核心。

1. 以顾客为中心的需要

传统上，项目经理用是否满足项目的"三大约束"条件来衡量项目的成败。如果项目延期、成本超支或产生的可交付成果不满足性能指标的要求，项目就算失败了。这种传统的观念正在飞速地发生变化，越来越多的项目管理专业人员意识到，最惨重的失败是所完成的项目不能让顾客满意。

为什么我们必须考虑以顾客为中心的问题？对这一问题有许多不容质疑的答案。

首先，今天顾客已经开始追求好的产品和优质服务。日本人在了解顾客的这类期望方面取得了重大进展。通过注重让顾客满意，他们得以在市场上击败那些自以为是的竞争对手。让我们来看一个发生在汽车工业的生动事例，他们注重质量，注重推出"全副装备"的汽车（包括美国公司通常作为备选部件出售的那些部件），注重提供周到的售后服务，从而赢得了绝大部分的市场份额。

其次，强调以顾客为中心增加了再次合作的可能性。若项目成员尽力让顾客满意，他们的努力将会受到顾客的赞赏，顾客则会考虑通过再次同项目组开展业务以示回报。

最后，让顾客满意意味着我们能够更快地结束项目。每一个有项目经历的人都会碰到类似的情况：顾客拒绝签字接收项目的成果，因为他们认为还存在某些问题。例如，他们也许会觉得项目成果没有完全具备所承诺的特点或在质量上有缺陷。这种僵局的结果便是项目的拖延，最终导致项目末期付款的延期支付或增加额外的开支，而更多地关注顾客的感受，会减少类似事件发生的概率。

2. 掌握非传统的项目管理技术的需要

传统的项目管理强调掌握进度安排、预算以及人力和物质资源的分配等方面的基本技能，这些是作为项目执行者的项目经理的主要工具，也是工程技术人员的重要工具。

为了使项目经理更有效地扮演新的角色，他们需要精通诸如基本的合同管理技术、商业财务、成本/进度综合控制、工作进展测量、质量监控以及进行风险分析等"硬"技术。同时，他们还必须熟练掌握诸如谈判、沟通、处理冲突、变更管理、政治敏锐以及了解他们所交往人员（包括顾客、同级人员、职员以及上级主管）的需求等"软"技术。

3. 重新定义项目经理的作用

在稳定的环境中，传统的项目管理方法很有效。这种环境下，目标是明确的，几乎没有竞争压力。然而，当今的商业环境既不稳定又不乏竞争压力。过去的假设已经不再成立，必须出现一种为项目经理的责任与作用提供指导的新的范例。

（1）项目经理必须注重以顾客为中心。在传统的项目管理中，项目经理常常被界定为项目计划的执行者，而无须关心让顾客满意的问题。然而在当今动荡和竞争的商业环境中，这种方法已经不适合。例如，就通过与顾客签订合同筹集到资金的项目来说，就很难搞清楚销售人员、授权的管理人员以及设计人员是否在很好地各尽其职。常常会听到项目成员这样抱怨：项目销售人员想扩大销售额，常向顾客做不切实际的承诺，项目人员无法为顾客完成这样的系统，至少不能在常规的期限和预算范围内完成。管理者由于想扩大业务，也向下下达这些任务。不幸的是，他们并不完全了解这种承诺对项目意味着什么。在大多数组织中远离顾客好几个层次的设计人员，认为他们自己正在努力设计符合向顾客所做的承诺的系统。在设计过程中，他们常常根据自己的设计思路来理解顾客的需求，而他们的设计思路不一定反映了真正的顾客需求。很显然，在这种常见的状况下，很难做到让顾客满意。当今复杂多变的商业环境要求项目经理特别注重以顾客为中心。

（2）项目经理必须被授权来有效地运作项目。授权意味着项目经理能够独立做出多数的决策，而不必经过长命令链的传递。让顾客满意的一项关键内容就是提高响应速度。当顾客提出疑问或建议做某些变动时，他们想尽快看到结果。他们不愿坐在一旁等待一项微不足道的变动要求。加快反应时间的方法之一就是授权给项目工作人员，使他们能够直接而有效地对顾客的疑问和要求做出反应。

授权使项目经理能够真正对项目的盈亏负责，使得项目经理很大程度上把自己看成是独立的经营者，独立运作自己的业务。授权也使得项目经理具备在新的商业环境中有效经营的知识和技能。授权的重要基础是能力，缺乏基本经营和技术技能的经理并不能通过授权而真正变得有效。传统的项目管理强调对培养技术技能的需要，因为作为单纯的方案的执行者，项目人员并不需要具备经营知识。当今，他们的作用已经超出了执行者的范畴，顾客同时要求经理帮助他们开发经营方案，这就要求他们具备满足这种要求的经营技能。

1.2 成功的项目管理

1.2.1 成功项目管理的基本原理

1. 成功项目管理的关键因素

如何管理项目决定了项目成功概率的大小，项目管理者将时间花在计划编制上是值得的。但是通常在项目的早期阶段用于制定计划的时间太少，他们往往不会充分考虑那些在今后会引发问题的因素。项目经理必须在项目初期就考虑哪些因素会影响项目的成功，并对这些内、外部因素进行管理。影响项目成功的因素很多，一些著名的项目管理专家和企业组织对影响项目成功的因素进行了总结归纳。

（1）波音公司总结出的使项目最终获得成功的主要因素包括以下几个方面。

1）方法切实可行，目标合理。

2）管理过程严格科学。

3）实施过程的有效分析。

4）在项目实施过程中，周围环境能够提供必需的支持。同时，项目资源充足。

5）客户、供应商、管理层和团队成员对于项目有相应的承诺。

（2）莫里斯（Morris）提出成功的管理项目需要考虑以下七个方面的影响。

1）发起人的权益，业主对项目的收益和进度的期望。

2）外部环境，包括政治、经济、社会、技术、法律和环保等外部环境。

3）组织内部对项目的态度。

4）项目的定义。

5）参与项目工作的人。

6）用于管理项目的管理体系。

7）项目组织。

2. 成功项目管理的基本特点

尽管影响项目成功的因素很多，但成熟的组织和专家对成功的项目管理所表现出的特征有一致的看法，一般成功的项目管理具有如下特点。

（1）项目管理与公司战略紧密结合。

（2）加强对企业经营环境及市场需求的分析。

（3）加强风险预测和管理。

（4）实行项目目标管理。

（5）项目实施过程中强调沟通与协作。

（6）采用灵活的组织形式。

（7）从过分强调技术转移到人员开发与培养。

（8）有完善的项目管理过程文档。

（9）灵活运用各种项目管理方法和工具。

3. 成功项目管理的评判标准

在项目开始前，如果项目经理、项目团队成员和其他项目利益相关者对项目成功的评价标准有一致的认识，则会大大提高项目成功的概率。传统的观念认为，项目成功就是要达到项目的时间、成本和质量的要求。但这种想法过于简单，会对项目管理造成致命的打击。一个项目最终是要向业主交付一个项目产品（产品或者服务）的，业主虽然也很关心项目产品是否按期交付、价格合理并符合某种质量标准，但他们最关心的是这个项目产品是否可以给自己带来利益（经济效益或社会效益）。因此，时间、成本和质量只是三个约束条件，它们会影响业主对项目成败的判断，但不是最主要的。对承包商来说，他们希望只要项目按时完成就可以拿到报酬了，控制成本可以确保利润，符合规格就可以让业主接受并付款。其他利益相关者也会有各种各样的想法和目的。

尽管项目利益相关方对项目成败的判断标准不完全一样，但在成功的项目中，项目各利益相关方是在向一个共同的目标而努力的；在不成功的项目中，大家却在相互牵制，没有形成一个合力。在项目中，不同的角色可以有各自不同的关注重点，有的希望盈利，有的希望得到好的产品功能，有的希望设计方案巧妙，有的则希望在预算的范围内完成项目。然而这些都可以通过协同努力做到，从而达到一个多赢的结果，即每一个角色都实现了各自关注的目标，同时项目整体也有一个好的结果。但大家为了实现各自的目标而努力时，有时会伤害其他项目参与者的利益。实现项目共同目标的最优化并不能保证每个参与者的目标也能达到最优，反之亦然。对项目片面的评价会影响项目的成功，因此项目成功的标准必须综合考虑项目的共同目标和各方不同的利益。

对所有的项目，判断其成功与否的标准有以下几点：

（1）实现了既定的商业目标。
（2）为业主提供了满意的收益。
（3）满足了业主、用户和其他项目利益相关者的需求。
（4）满足了既定交付项目产品的需求。
（5）项目产品的完成符合质量、成本和进度的要求。
（6）项目使项目团队成员、项目的支持者感到满意。
（7）项目使承包方获得了利润。

以上评价标准除了时间和成本是客观之外，其他都是主观评价，评价结果会受到评价者的非公开目的的影响。这些标准不会是协调一致的，要做出综合判断就需要对它们进行复杂的平衡，这些指标不是相互排斥的，因此有可能全部满足所有的指标，但必须以项目目标为核心。另外，这些指标不是同时进行评测的，有些指标是在项目产品试运行之后，甚至正式运营之后再做评价的，有些指标是要在项目完成若干年后再做评价的。

4. 成功项目管理的基本原理

对待项目成功的态度和看法是实施项目管理的基础，成功项目管理的基本原理是项目成功的基础。成功项目管理的基本原理如下所述：

（1）结构化分解。通过结构化分解进行项目管理，每一个工作单元由具体的人或团队负责。把项目产品进行结构化分解，可以确定做哪些工作可以得出这些部件，并最终可以组合成项目产品。这种方法基于扎实的分析，而不是拍拍脑袋就想出来的。通过结构化分解可以将项目分解成一个个可以界定的工作单元，对这些工作单元进行管理控制就容易了很多。

项目组织结构与项目的分解结构有密切的关系，可以把某个项目的工作单元与个人或者团队联系在一起，使他们一对一地单点负责每一个项目工作单元，负责成功地将该工作单元交付出相应的交付物。

（2）注重结果。项目中采用的最主要的分解结构是产品分解结构，它把项目产品分解成部件。项目计划是以项目的最终结果（项目产品、项目的最终交付物）为核心的。也就是说，我们看待项目结果重于看待所做的工作（实现方式）。这样编制的计划是牢固的，因为它能够保证最终结果的实现；同时也很灵活，因为其没有对如何实现每一个部件、乃至整个项目产品做出死板的限制。另外，注重结果有利于更好的控制项目范围，因为在明确了项目产品的分解结构，就能够只做那些与实现最终项目产品有关的工作。如果以工作为核心编制计划，定义工作看上去可能是很好的点子，但实际上它不能产生有用的结果。

（3）通过分解结构对结果进行平衡。项目高层的计划应确保项目整体上对各个方面的工作的重视程度是平衡的，因此要通过分解结构对项目中的技术工作、人、管理体系和组织等的变化进行平衡，以确保与项目目标相适应。

（4）协商合作协议，以此组织项目。没有人是只做事不求任何回报的，团队成员之所以在项目中工作，是因为他们期望能够有利益回报。这种期望的回报有多种形式，可能是期望正的回报（如为了得到报酬），也可能是为了避免出现负的回报（如避免失业）。无论团队成员有什么样的期望回报，作为项目经理，应该与对方协商并达成协议，在协商时要权衡他们对项目的贡献和他们期望的回报，合作协议应以清晰、简洁、坦诚的计划表达，并明确对每个人所做贡献和承诺所给予的回报。现实中有些项目经理独自制定项目计划，然后告诉项目团队照此执行，这样他与团队成员之间的合作协议就是单方面的，另外一方并没有认可。合作协议必须经过双方的讨论，最终必须与项目计划相一致。

（5）清晰、简单的报告结构。计划必须清晰而且简单，这样项目组成员就可以精确地看到自己的贡献，并可以看到这份贡献与组织发展目标的关系。复杂的计划不但会把项目组之外的人搞糊涂，还会把项目组内的人也搞糊涂。此外，还需要一个简单的报告流程。在分解结构的不同层次时，都只用一页纸进行报告。

1.2.2 如何实现企业战略的项目化管理

企业项目化管理给现代企业的管理模式带来了变革的活力，一批信息技术类的龙头企业，诸如IBM、朗讯和AT&T等，通过项目化的管理模式为企业带来了新的经营活力。企业战略实现的核心是各项战略目标的实现，而各项战略目标的实现是有一定的约束条件的，比如在时间、资金、技术和交付物等方面均有一定的限制与要求。战略目标实现的过程实际上就具备了项目的特性，战略目标的项目化管理成为一种趋势。项目管理"以目标为导向"和"以计划为基础"的核心理念在企业战略的实现中起到越来越重要的作用，企业战略项目化实施的基本思路如图1-1所示。

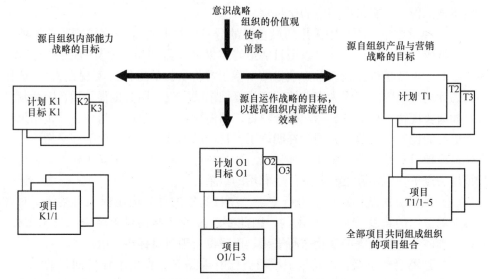

图1-1　企业战略项目化实施的基本思路

具体来说，企业战略项目化实施的过程如下所述：

1. 企业战略的目标化管理

战略目标本身具有宏观性、全面性的特点，因此企业战略的目标化管理是企业战略项目化管理的前提。然而，战略目标作为一种总目标、总任务和总要求，只有将其分解成某些具体目标、具体任务和具体要求，才便于在企业的运营中发挥作用。这种分解既可以在空间上把总目标分解成一个方面又一个方面的具体目标和具体任务，又可以在时间上把长期目标分解成一个阶段又一个阶段的具体目标和具体任务。战略目标的分解应自上而下逐层分解，形成部门的子目标，直至最基层的目标，实现战略目标的可操作性。

一项目标的形成，除了需要斟酌目标自身外，还要确定各相关目标之间的因果关系和前后一致，考虑企业其他方面所付出的代价，以及企业总体收益是否最佳等。而要达到这些要求，三维一体的企业目标体系是必不可少的，它是从纵、横及战略三个维度构成的企业综合目标框架。三维目标体系的核心是公司战略和公司级目标，是企业所有目标的出发点；横向的是部门目标系统，是公司级目标的分解和支撑；纵向的是员工目标，是战略的最终落脚点。三维目标体系的建立，把企业中许多看似不关联的竞争要素综合起来，实现公司各类资源的有效配置，确保企业实现良性的可持续发展。

2. 目标实现的项目化描述

在对企业战略进行目标化描述之后，需要明确实现战略目标的成功关键因素，包括所需的资源及各种约束。同时，还必须明确通过什么指标来反映和评价目标的达成情况，这实际上就是如何将目标的实现过程进行项目化描述。

项目是特殊的、将被完成的有限任务，它是一个组织为了实现既定的目标，在一定的时间、人员和其他资源的约束条件下，所开展的满足一系列特定目标、有一定独特性的一次性活动。然而，任何项目的实施都会受到一定的条件约束，这些条件是来自多方面的，如质量、进度、费用、环境、资源和理念等，这些约束条件成为项目管理者必须努力促其实现的项目管理的具体目标。

战略目标实现的项目化描述就是将每一目标的实现作为一个项目来对待，要明确确定每一目标实现的诸多约束条件，特别是基于目标要求的质量（工作标准）、进度和费用等要求，将战略目标实现的具体要求和条件落到实处。

3. 项目组织的矩阵化构建

战略目标项目化之后，需要明确目标实现的组织形式。企业战略目标的实现往往需要多部门的资源给予支持和保证，如何更好地发挥企业现有资源、提升资源的利用率、使资源得到动态的优化整合，就成为企业战略目标实现的基本原则。项目化管理基于的动态、柔性矩阵组织结构为战略目标的实施提供了良好的组织形式，这一组织形式充分发挥了企业多部门共同合作的优势，给传统的职能式组织带来了变革的活力。项目化管理的基本思想，资源的优化整合和高效率发挥在矩阵组织中得到了最大程度的发挥，责、权、利的有效结合成为矩阵组织的基本出发点，员工成长与企业发展也在矩阵化组织中得到了最佳结合。矩阵化组织的这些基本特点，为按项目化方式实施的企业战略目标的实现提供了组织及机制上的保证。

4. 项目工作的结构化表示

项目工作的结构化表示是指将战略目标实现的工作范围按照一定的结构层次，进一步分解为更小、更加便于控制和管理的许多具体工作内容。项目工作的结构化表示是项目管理的核心理念之一，通过结构化分解可以把项目的工作单元与个人或者团队联系在一起，使他们一对一地负责每一个项目工作单元，成功地完成该工作单元的交付物。

通过项目工作的结构化表示能够提高实现战略目标的成本、工期和资源估算的准确性，能够为战略目标实施的过程控制提供绩效度量的基准，能够明确分配实现战略目标的各项任务和责任。企业战略目标的实现通过项目化工作结构的描述，变得更为清晰。

5. 工作计划的可视化管理

项目工作计划是以项目的最终结果和目标为核心的，面向结果的计划有利于更好地控制项目范围，因为在明确了项目产品的分解结构之后，就能够只做那些与实现最终项目目标有关的工作。

有效的项目计划与控制工具必须是清晰简单、可视化的，这样项目组成员就可以精确地看到自己的工作安排及贡献，并可看到这份贡献与组织发展目标的关系。复杂的计划不但会把项目组之外的人搞糊涂，还会把项目组内的人也搞糊涂。项目管理所提供的可视化工具方法使得项目的实施变得更加简单明了。

项目的计划进度至少应包括每项工作的计划开始日期和期望的完成日期，项目时间进度可以以提要的形式或者详细描述的形式表示，相关项目进度可以表示为表格的形式，但是更常用的却是以各种直观形式的图形方式加以描述。主要的可视化项目计划表示形式有带有日历的项目网络图、条形图（甘特图）、里程碑事件图、时间坐标网络图和资源费用负荷图等，这些可视化的图表使得企业战略目标实现的过程变得更加直观与可控。

6. 计划执行的动态化控制

项目实施的有效度量分析是项目实施控制的难点，也是项目成功的关键。挣得值分析法是美国国防部提出的一种对项目进度和费用进行综合控制的有效方法。挣得值分析法通过对设定的目标预算基准（时间和成本）进行严密监控，结合项目实施的基本数据进行对比分析，从而分析项目的实际进展状态，得出项目进度、费用的综合执行情况，并可给出相应的纠正措施，预测项目完工日期和最终成本。这一项目化动态控制的管理特点，使得企业战略实现的过程控制更加科学和严格，也使得战略目标的实现具有动态可控及可量化的控制方法。

以上企业战略项目化管理过程使得战略目标的实现成为一种多层次的目标管理方式，目标实现的项目化管理又从组织上及目标实现上给企业战略的实现提供了保证。每个项目都有具体而明确的目标；项目中的每一工作都有明确的目标和要求；同时，为了便于检查目标的实现情况，还会设立一系列阶段性的目标；从企业的负责人到项目经理，直至项目团队的每一个成员都有各自的目标。企业负责人可以从战略角度上根据项目实施的目标和情况来考核项目经理，而项目经理只要求项目成员在约束条件下实现项目目标，强调项目实施的结果，项目成员根据协商确定的目标及时间、经费、工作标准等限定条件，独自处理具体工作，灵活选择有利于实现各自目标的方法，以目标为导向逐一地解决问题，来确保项目总体目标的实现，最终保证企业战略目标的实现。

企业战略的项目化管理使得企业战略的实施更加明确化、战略目标的实现过程更加条理化、目标计划的过程控制将更加科学化，这一切使得项目化管理给传统战略模式的实现带来了变革和挑战的活力，项目化管理使战略管理的实现真正落到了实处。

复习思考题

1. 简述项目管理应用的发展历程。
2. 思考现代项目管理产生的原因背景。

3. 现代项目管理的应用特点是什么?
4. 影响项目成功的关键因素是什么?
5. 成功项目管理的应用特点是什么?
6. 判断项目成功与否的标准有哪些?
7. 阐述成功项目管理的基本原理。
8. 阐述企业战略项目化管理的思路。

主要内容
> 定义项目
> 项目计划
> 项目启动
> 项目控制管理
> 项目收尾

第 2 章

波音公司项目管理体系实施过程

随着知识经济的发展和信息社会的进步，项目已经成为企业和社会创造精神财富、物质财富和社会福利的主要方式，项目管理也逐步成为发展最快和使用最为广泛的管理模式之一。全球最具发展潜力的企业都已经广泛采用了项目管理模式进行运作，如波音、ABB、IBM和摩托罗拉公司等。这些世界著名公司经过多年的发展和实践摸索，已经形成了一套成熟的企业项目管理体系和在企业中实施项目管理的完整做法，使公司在激烈的全球性竞争中获得了极大发展。我国由于市场经济发展还不成熟，仍处于初级阶段，市场经济所需要的各种法律法规还不健全，我国的企业刚完成由计划经济体制向市场经济体制的转变，建立起来的现代企业制度还处于逐步完善阶段，合同管理、成本管理等比较落后，在企业中刚刚开始实施项目管理，还在探索在企业中实施项目管理的做法，没有形成完整的企业项目管理体系。进入21世纪后，特别是随着我国加入WTO以后，我国企业要更多地参与国际竞争和国际竞标，国外企业也越来越多地与我国企业一起参加我国大型项目的竞标与建设。因此，国际合作项目越来越多，而我国企业项目管理体系与模式的建立还不够完善，在许多方面还不适应国际项目管理的要求，致使我国企业在许多国际投标项目中落标，给国民经济建设造成巨大损失。因此，我国企业必须提高自己的项目管理水平，学习了解世界著名公司的企业项目管理体系与做法。

本案例以波音公司项目管理体系为例，结合现代项目管理，介绍了波音公司的项目管理体系以及波音公司在企业内部实施项目管理的做法与过程。本案例的特点是以全球著名公司为例，介绍了企业项目管理体系和在企业中实施项目管理的规范做法，对于我国企业建立适合企业自身特性的项目管理体系具有重要的参考价值。

本案例的主要内容有定义项目、项目计划、项目启动、项目控制管理和项目收尾等；主要方法工具包括里程碑、工作分解结构（WBS）、责任分配矩阵、网络计划技术、项目估算、项目资源负荷图和项目风险分析等。

2.1 定义项目

在企业中，什么是项目？项目计划究竟应该包括哪些内容？项目管理是如何发展起来的？对于企业中的每一个项目是怎样从任务逐渐过渡成为一个项目的？在企业中进行项目管理工作时，首先必须明确这些概念性的问题。

2.1.1 项目概述

当项目客户按照所付的费用，在希望的时间内获得他们想要的东西，我们就说这个项目成功了。要想使项目成功，项目团队必须团结来自不同组织、不同部门，观点不同、立场需求也不相同的参与者。

1. 有关项目的一些概念定义

(1) 项目。项目就是从开始到结束,经历一段时间的一个一次性工作,它有明确的目标和实施工作范围,有预先设定的一定量的资金。而在通常情况下,实施项目的组织都是临时性的。项目结束后,项目组织就会解散。

简单来说,项目就像是一个系统。在这个系统中,项目团队成员在同一个环境下,通过使用设备工具和利用一些方法和材料,一起工作,最终获得项目交付物。

(2) 项目计划。项目计划是指用来描述完成项目需要采用的方法和过程的管理文件。项目计划描述了要做什么工作,需要什么资源,使用什么方法,以及在项目中的质量保证过程,项目组织结构等内容。

(3) 资源。在项目实施过程中,为了获得项目交付物而使用的一些材料、工具等,就是项目资源。通常,资源可分为五大类,即人、方法、材料、设备工具和环境设施。

(4) 项目管理的目标。对于每一个项目,都必须具备时间、费用和质量的三重约束,这三重约束是经过项目客户、供应商和管理层共同讨论得到的。项目管理的目标就是要在满足三重约束的前提下,获得客户需要的项目产品或服务。

2. 项目计划包括的基本内容

(1) 项目工作描述。
(2) 工作分解结构。
(3) 任务描述。
(4) 责任矩阵。
(5) 时间及费用估算。
(6) 网络图/进度。
(7) 资源负荷图。
(8) 风险分析及规避计划。
(9) 沟通/管理计划。

3. 项目管理工具的历史发展

项目管理技术与工具的历史发展,如表 2-1 所示。

表 2-1 项目管理工具历史发展

内　　容	使用时间(年)	计算机应用
甘特图	1917	
控制研究	1928	
流程碑图	1940	
平衡线	1941	
线性规划	1947	
计划评审技术	1956~1958	
关键线路法	1956~1958	
箭线图	1959	
费用计划评审技术	1962	

(续)

内容	使用时间（年）	计算机应用
前导图	1961~1964	
工作分解结构	1965	
费用进度控制系统标准	1965	
	1970	微型计算机
	1976	微型计算机：苹果机
	1981	IBM 个人计算机
	1990	项目管理软件

4. 项目生命周期

项目管理的内容多是以其生命周期过程为重点进行展开，它使项目团队成员能够从开始到结束对整个项目的实施有全面系统而又完整的了解。在项目生命周期内的每一个阶段，项目活动都会有所不同。

一般来说，项目生命周期包括以下五个阶段：

（1）定义阶段。

（2）计划阶段。

（3）启动阶段。

（4）控制阶段。

（5）收尾阶段。

5. 项目的三重约束

项目的三重约束为时间、费用和质量，每一个都为界定产品和服务提供了帮助，具体内容如表2-2所示。

表2-2 项目的三重约束

时间约束	费用约束	质量约束
计划项目 设计产品 生产产品	人力需求费用、材料费用设备工具费用、环境费用制造产品的方法费用	技术质量、安全性 生产和使用产品的方法

2.1.2 项目战略

项目实施开始的方式是多种多样的，了解项目为什么开始以及项目究竟要获得什么，对项目的成功与否非常重要。在整个项目管理过程中，战略思维方式将直接影响项目如何进行计划和管理。

1. 项目战略发展计划的制订

为了说明在项目实施过程中需要完成哪些具体内容，并通过一些分类对项目的长期活动进行区分，项目团队在项目正式开始前，应该制定项目的战略发展计划。只有这样，才能确保项目工作能够为项目客户带来希望的效益。

具体来说，制订战略计划的步骤如下所述：
（1）对项目利益相关者进行调查，主要包括客户、供应商和管理层。
（2）建立详细目标和相应的战略措施。
（3）建立战略计划图表，并检查是否满足所有的利益相关者。
图 2-1 显示了在企业中，从任务到项目的发展过程。

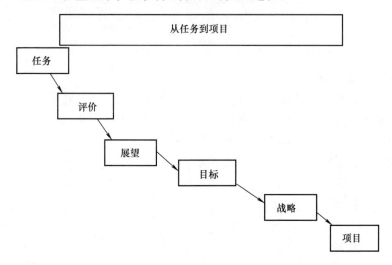

图 2-1　项目战略计划发展过程图

2. 维护项目记录

为了给项目的利益相关者和参与者进行交流建立理想的平台，同时，在项目实施过程中记录整个项目活动期间的具体内容，项目经理和项目团队从项目开始一直到结束都要将需要记录的数据记录下来，进行沟通，并注意维护。

常见的需要记录的数据，如图 2-2 所示。

```
┌─────────────────────────┐
│     项目相关内容记录本      │
└─────────────────────────┘
┌───────────────────────────────────────────┐
│  项目章程及工作描述      实际过程、资源和费用数据  │
│                                           │
│  指导                   组织图              │
│  目标                   电话号码            │
│  进度                   文件清单            │
│  政策及程序              现有的介绍           │
│  变更管理                决策记录            │
│  基础设施                工作描述变更         │
└───────────────────────────────────────────┘
```

图 2-2　项目相关内容记录本

2.2 项目计划

在定义项目阶段完成后,项目即可进入项目计划阶段。项目计划是项目实施过程中非常重要的环节,它包括项目描述、工作分解、任务描述、责任矩阵、制作网络计划、资源管理、风险分析及制定规避方案,是否具备合理完备的项目计划,对项目的成功与否至关重要。

2.2.1 项目描述

项目描述是一份图表式的文件,是对所有利益相关者最终形成的统一意见的综合描述。项目究竟需要做些什么,在项目描述中都会进行详细的描述。在项目实施过程中,如何进行授权,如何实现相关的承诺,如何完成项目计划以及如何提供实施项目所必需的知识,通过项目描述能够使这些问题更加清晰透明。

在项目计划工作中,对项目进行描述是第一步工作。要圆满完成这部分工作,除了需要了解项目描述中具体包括哪些内容之外,更重要的是,还要清楚项目客户的真正需求,进行合理的需求分析。

为了恰当地反映出项目客户以及项目管理层的真正需求,对于每一个需要为项目提供服务的个人或组织,包括项目经理、项目团队成员、客户以及供应商代表,在项目交付物确认之后,都应该开始制作自己的项目描述,并在项目工作正式开始之前完成。在项目描述中,要清楚地说明交付物是什么、有多少、什么时候完成以及一些其他的相关信息。

1. 项目描述制作步骤

(1)整理现存的所有项目文件,如项目战略计划等。

(2)研究项目目标、项目工作范围、项目交付物、交付物验收标准、三重项目约束以及前提假设和可能遇到的风险。

(3)对于项目可能出现的所有结果,客户、管理层以及供应商应一起进行讨论。

(4)制作、完善项目描述,并在项目整个实施过程中对其进行维护。

2. 项目描述中的关键信息

项目描述包含多方面的信息,其中有一些内容对计划和管理一个项目来说是非常重要的,具体如下所述。

(1)项目名称。

(2)项目目标。

(3)项目交付物。

(4)交付物验收标准。

(5) 项目主要工作的描述。
(6) 项目的前提假设和基准原则。
(7) 参考标准。
(8) 项目约束。
(9) 主要里程碑。
(10) 进度总结。
(11) 标志信号。

3. 其他相关信息

根据项目特点，如有必要，还有一些内容也应包括在项目描述中，具体如下所述：

(1) 因为项目及其结果会受到影响的人或组织。
(2) 在项目中的主要责任承担人。
(3) 项目资源需求。
(4) 项目优先权。
(5) 项目工作中可能存在的风险。

图2-3给出了波音公司一个具体的项目描述示例。

2.2.2 工作分解结构

工作分解结构是将项目产品和活动按照其内在结构或实施过程的顺序进行逐层分解而形成的结构示意图。通过这个结构示意图，能够形象地显示出为了获得交付产品或服务，以实现项目目标必需的所有工作。工作分解结构不能显示项目工作的先后顺序，但它能够说明所有项目工作的组织情况及隶属关系。利用这个工具，可以方便项目团队对项目进行观察、跟踪、检测和控制。

在完成项目工作描述之后，紧接着应该进行工作分解。要顺利完成这一部分工作，首先必须了解工作分解结构在项目过程中起到的重要作用；其次要熟悉不同类型和结构的工作分解结构图及其应用；最后要熟练掌握制作工作分解结构的技术和工具。

在进行项目计划、项目实施和管理工作的过程中，有关的细节内容有很大一部分都是通过工作分解结构来提供的。为了确定项目参与人员的职责范围、进行项目估算、建立项目工作关键路径、实现项目资源分配，以及提供风险规避方案，每一个需要向项目提供服务的人或组织，包括项目经理、团队成员、技术指导、客户和供应商代表，在确定项目交付物并完成项目工作描述之后，都应该开始制作自己的工作分解结构图。

1. 工作分解结构制作步骤

(1) 分析在项目生命周期内，项目产品和活动的特点。

```
                        项 目 描 述

项目名称：737飞机主起落架内轮毂重新设计
目标：重新设计737飞机主起落架内轮毂以降低费用并减轻重量
项目交付物：图样、材料清单、试验数据报告

验收标准：
        至少节省20%的费用
        至少减轻30%的重量
        圆满完成内部测试
        获得FAA批准
工作描述：
        讨论研究当前的设计
        研究关于轮毂的新的制造方法
        重新设计轮毂
        进行测试，最终完成新的设计

规范要求：根据已有的设计和波音标准
开始日期：1988年4月4日

主要里程碑：
        开始测试时间：1988年9月2日
        完成测试时间：1989年5月16日
        交付图样：   1989年8月24日
```

图 2-3　波音××项目描述

（2）确定工作包，并保证所有的工作包可以进行管理、监测以及分配。

（3）将已确定的工作包按照一定的逻辑关系分解成一个分级的树形结构，并对每一项工作包进行命名及编码。

2. 工作分解结构的形式

（1）多等级形式。

（2）大纲形式。

（3）组合形式。

3. 工作分解结构的类型

（1）按照产品、交付物和二级交付物进行分解。

（2）按照任务、活动和工作包进行分类。

（3）按照组织结构进行分类。

4. 建立工作分解结构的一些基本原则

（1）项目中的工作包必须是确定的。

（2）一般情况下，复杂的工作都应该分解成两个以上的工作包。

（3）在所有的工作包中应具有一定的层级关系。

（4）在建立工作分解结构时，应利用相应的技术显示出任务之间的内在联系。

（5）在建立工作分解结构时，所确定的工作包应该是可以进行管理、测量以及分配的独立的工作包。

（6）在工作分解结构中，最低层的工作一般表示了项目的过程。

（7）任务之间的所有联系不需要在工作分解结构中全部显示。

图 2-4 为波音公司某项工作的工作分解结构图。

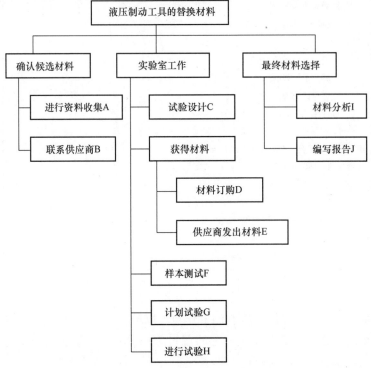

图 2-4　波音××项目工作分解结构

2.2.3　任务描述

任务描述最重要的作用是协助项目团队的所有成员明确每个工作包的具体内容，为项目参与者能够正确认识他们需要完成的工作提供依据。除此之外，任务描述还为说明工作包应该何时结束提供了相应的参考标准。

在项目计划过程中，完成工作结构分解后，紧接着应该进行任务描述这一部分工作。作为项目管理层，在做任务描述前，除了需要了解完整的工作描述对项目的重要性，还要清楚一个完整的任务描述应该包含哪些具体内容。

为了使所有的项目参与人员理解每个工作包的具体细节内容，在项目计划过程中，对项目具体实施负责的管理人员，在完成工作分解结构图之后，应该根据工作分解结构所确定的所有任务，完成任务描述工作。简单来说，任务描述就是一个针对工作分解结构中所有具体任务的描述"词典"。

1. 任务描述制作步骤

（1）将工作分解结构中所有级别最低的工作包作为描述对象，列在清单上。

（2）确定每一个工作包具体的任务交付物，以及完成这个工作包所需要的具体工作、资源、费用以及相关信息等。

（3）参考现存的过程及进程描述，将针对所有工作包的具体描述记录下来。

2. 任务描述的关键内容

一个任务描述可以包含许多类型的信息。选择那些能够确保工作被完整理解的信息，并在理解的水平上进行管理。

（1）任务名称。

（2）交付物/输出。

（3）交付物验收标准。

（4）参考标准。

（5）为了获得任务交付物而形成的完整且详细的工作描述。

（6）前提假设或基准原则。

（7）输入需求。

（8）约束。

（9）责任人的签名。

3. 其他内容

如果信息是适用的，一个任务描述中还可以包括其他方面的内容。这些内容为明确和定义任务提供参考，这些内容如下：

（1）任务目标。

（2）工作分解结构代码。

（3）工作的独立性。

（4）任务中的工作风险。

（5）风险规避计划。

图 2-5 是对波音公司××项目任务的描述。

2.2.4　责任矩阵

一般来说，在完成工作分解结构后，紧接着应该建立完整的责任矩阵。虽然在实际工作中完成责任矩阵的建立工作并没有明确的时间约束，但在项目中如果缺乏清晰的工作指派和分配，不但无法保证项目任务的按时完成，同时也使每个团队成

```
                ┌─────────────────────────────────────────────────┐
                │                    任务描述                      │
                │ 任务名称：    订购材料                           │
                │ 任务交付物：  已签署并发出的材料订单             │
                │ 任务验收标准：主管或领导签字，订单已发到选好的供应商 │
                │ 参    考：    材料订购过程标准                   │
                │ 工作描述：    使用数字模式"XXX"和步骤指导"YYY"完成订单， │
                │               并获得批准                         │
                │ 假    设：    材料在某些地方会很适用             │
                │ 信息资源：    材料分配情况，供应商情况           │
                │ 约    束：    材料费用是有限制的                 │
                │ 其他风险：    材料可能不适用                     │
                └─────────────────────────────────────────────────┘
```

图 2-5　波音公司××项目任务描述

员都不能清晰地说明他们当前的工作进度。

在制作责任矩阵时，首先要了解责任矩阵对项目的重要性，然后要能够描述出不同类型责任矩阵的特点，并掌握其建立原则及技术方法。

为了使项目团队成员清晰地了解项目中每一个任务的责任承担情况，并能在相互之间关于项目任务内容进行有效沟通，项目团队核心管理层在确定了工作分解结构之后就应该着手进行责任矩阵的制作工作，最终获得一份针对项目中每个成员完成工作的分析和记录。

1. 责任矩阵制作步骤

（1）确定工作分解结构中所有层次最低的工作包，将其填在责任矩阵列中。

（2）确定所有项目参与者，填在责任矩阵的标题行中。

（3）针对每一个具体的工作包，指派某人或组织对其负全责。

（4）针对每一个具体的工作包，指派其余的职责承担者。

（5）检查责任矩阵，确保所有的参与者都有责任分派；同时，所有的工作包都已经确定了合适的责任承担人。

2. 责任矩阵中责任代号的意义

（1）责任代号。在责任矩阵中，对每一项任务，在分配给不同的团队成员时都会有不同的代号，这是因为成员所承担的责任有所不同。只要安排合理，一个团队成员可以分配一个以上的任务，但尽可能不要使用同一个代号来进行分配。

（2）具体代号的意义。

"I"——总指挥（Initiate）：有权决定任务是否可以开始，此时，所有必需的文字工作和必要的沟通都已经完成。

"G"——主要负责人（General responsibility）：对任务负全责，有权做出相应的决策，可以分派工作给其他人；在不需要分派工作的情况下，所有工作都是由主要负责人一人完成。

"S"——次要负责人（Sub‑contracting）：对主要负责人分配的工作负责。

"A"——审批（Approval）：有权批准任务结束，并确定交付物符合验收标准。

"F"——监督人（Follow or monitor）：至少安排一个人，对分配下来的工作进行监督。

"E"——意外事件处理负责人（Exception）：当意外事件发生时，有权对如何解决做出决策。

图2-6为波音公司某项目的责任矩阵示例。

I、G、S、A、F、E 任务	Hank	Bill	Fred	BMT	Shop	Library
确定候选材料						
A.资料收集	G					S
B.联系供应商	G					
实验室评估						
C.设计实验室测试	G			S		
获得材料						
D.发出材料订单	G	A	A			
E.供应商发出材料	G					
F.进行实验	G			S		
G.性能测试	G	F	E	S		
材料选择						
H.分析实验数据	G	F		S		
I.完成报告	G	A	A		A	

图2-6 项目责任矩阵示例

2.2.5 项目估算

在项目计划过程中，进行项目估算是非常重要的工作内容。项目估算是在战略选择和费用、进度控制的基础上进行的。同时，项目估算也为控制费用和进度提供了依据和原则。

项目估算就是对项目中每项工作以及整个项目做出费用和人力需求估算，在进行项目估算工作前，必须清楚估算工作的基本过程，并了解主要估算工具的优缺点和常见的估算问题。

在制定战略决策时，项目估算可以提供必需的参考，如ROM预算；同时，在进行项目的进度费用控制时，项目估算数据为制作进度和费用基线提供基本依据。一般来说，预算估算和细节估算在制订项目的详细计划时就应该完成。项目估算有一个基本原则，就是所有参与项目实施工作的人员都应该考虑到估算中去。

1. 项目估算实施步骤
（1）建立估算假设，例如生产力、员工承受水平和固定期间等内容。
（2）使用相应的估算工具对每一个具体的工作做出估算。
1）估算出每个工作的工期。
2）估算出每个工作的平均资源利用率。
3）估算出每个工作的总工时。
（3）对每个工作的非人力资源需求费用做出估算。

2. 估算技术
（1）类比估算技术。类比估算也可以称作历史估算，它是建立在团队以前完成的项目的历史文件及数据上的，因此：
1）进行估算的工作最好与以前项目的情况相似。
2）准确度依赖于输入数据。
3）一般是建立在已存在的基准原则上。
（2）实际估算技术。实际估算也可以被称为最大可能性估算，因为它是建立在对估算目标的准确判断之上的，因此：
1）依赖团队成员的经验，以及对相似性和区别的准确调整。
2）至少是两个成员以上的意见的综合。

3. 估算类型
（1）近似估算。近似估算在项目的最早阶段进行，为是否进行项目的决策提供相应的依据。因此：
1）这种方法准确范围一般从 $-90\% \sim 100\%$。
2）一般来说，采用近似估算是没有比较数据的。
3）最好是由一个富有经验的估算人员来完成。
4）在采用这种方法时，很容易被作为约束条件来考虑。
（2）初步量级估算（ROM）。一个 ROM 估算通常都作为投资收益（ROI）计算和费效分析的一部分，初步量级估算的目的是为了形成一个数量级，通过数量级来划分项目的等级，以便进行长远考虑。因此：
1）这种估算方法的准确范围在 $-25\% \sim 75\%$。
2）这种方法没有详细的数据。
3）通常以历史数据为基础，按比例上下增减。
4）在项目程式化阶段，用在进行初始预算中。
（3）预算估算。在建立项目需求的过程中，需要使用预算估算。具体特点如下：
1）这种方法的准确范围从 $-10\% \sim 25\%$。
2）依赖于详细的、一定量的数据。
3）包括对劳动力价格、材料及设备的费用的综合估算。
4）为确定项目所需资金量提供依据。

5）最好是在项目计划已经完成，准备审批过程中，进行预算估算。

（4）详细估算。详细估算是作为项目工作内容的详细的、最终的估算。详细估算用在监督项目进程上，同时，它还能够协助项目团队成员对项目进行控制。

1）这种方法的准确范围从 $-5\% \sim 10\%$。

2）依赖于准确的数据、参考标准、图样和明确的结果。

3）最好是在项目详细计划完成后期进行详细估算工作。

图 2-7 为波音公司的项目估算模板。

项目费用估算表															
项目名称：														
项目经理：					组织：					日期：				
人力资源费用	描述：													
	1	2	3	4	5	6	7	8	9	10	11	12	13	14	总计
管理人员															
工作人员															
总计															
非人力资源费用															
材料															
计算															
交通															
联系工作															
总计															
假设/基准原则：															
提供人：					组织：					电话：			日期：	

图 2-7 项目费用估算表模板

2.2.6 网络计划

在不了解项目过程中所有工作的先后顺序时，是不可能制作项目计划的。在项目计划过程中，制作一个合理的进度计划是非常有必要的，它是对项目进行管理和控制的关键工具。利用网络图这种可视化工具显示项目的进度计划非常直观有效，网络图不仅能显示出项目工作中的关键和非关键路径，而且对项目进度影响最大的那些任务，网络图还可以协助进行资源分配。

在制作网络计划时，首先必须了解网络图对项目的重要性；其次，要熟知网络图的不同类型，熟悉制作网络图的规则和步骤；最后，对如何应用网络图也要有足够的认识。

为了使项目团队成员清楚地了解项目的每个部分是如何联系在一起的，针对项目中所有的工作，建立一个可视化的进度图，协助项目团队进行最有效的资源分配，项目核心组织应在工作分解结构工作完成之后，即开始制作网络图。简单来说，网络图就是一个按时间排列的工作关系图。

1. 网络图制作步骤

（1）确定所有工作分解结构中级别最低的工作，将这些工作的名称写在一个列表中。

（2）按照上述工作的内在先后顺序进行安排，尽可能使所有的工作并行进行（假设资源是无限的）。

（3）制作网络图，在网络图中每一个横道上面标注上估算工期，并对每一条路径进行工期计算。

（4）工期最长的路径是关键路径，根据这个时间画出横坐标的格子。

（5）建立时标网络，先画出关键路径，再画出非关键路径。

2. 网络计划技术的意义

网络计划技术既是一种科学的计划方法，又是一种有效的科学管理方法。这种方法不仅能完整地揭示一个项目所包含的全部工作以及它们之间的关系，而且还能根据数学原理，应用最优化技术，揭示整个项目的关键工作并合理地安排计划中的各项工作。对于项目进展过程中可能出现的工期延误等问题能够防患于未然，并进行合理的处置，从而使项目管理人员能依照计划执行的情况，对未来进行科学的预测，使得计划始终处于项目管理人员的监督和控制之中，达到以最佳的工期、最少的资源、最好的流程、最低的费用完成所控制的项目。

表2-3为波音公司在完成网络图前，制作的项目工作关系表。

表2-3 项目工作关系

任务名称	代号	紧前工作	总工时	工期	平均利用率
资料收集	A	—	40	2	4
联系供应商	B	—	40	2	4
试验设计	C	—	40	1	8
材料订购	D	A，B	20	1	4
供应商发出材料	E	D	0	3	0
样本测试	F	E	40	1	8

（续）

任务名称	代号	紧前工作	总工时	工期	平均利用率
计划试验	G	C	40	1	8
进行试验	H	F，G	80	2	8
材料分析	I	H	40	1	8
编写报告	J	I	20	1	4

根据项目工作关系表，可以制作基本网络图，如图 2-8 所示。

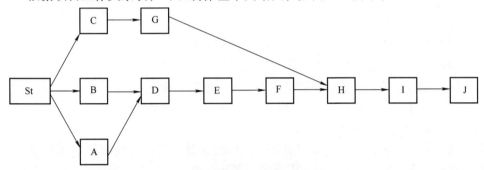

图 2-8　项目基本网络图

如果在基本网络图中加入时间概念，则得到时标网络图，如图 2-9 所示。

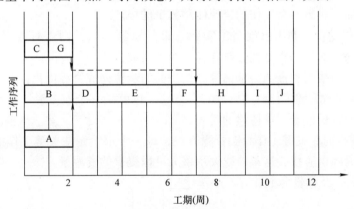

图 2-9　项目时标网络图

2.2.7　资源管理

在项目计划过程中，考虑到项目资源的有限性，必须对资源（人、物）进行有效管理。如何把资源首先分配在关键任务上，如何恰当地应用资源负荷图和资源优化工具，对项目能否获得最终成功是非常重要的。

进行资源管理工作时，必须了解资源计划对项目的重要性，并掌握制作和使用资源负荷图的技巧以及资源优化工具。

为了获得项目在实施过程中任何一个进度状态下所有的项目工作需要的资源数量，项目团队核心组织在完成时标网络图和资源估算工作后，应该进行资源管理工作。资源管理工作主要包括资源负荷图的绘制，以及根据资源负荷图对工作进行优化等内容。

1. 资源负荷图制作步骤

（1）根据网络图和估算，为每一种资源，按照先关键路径后非关键路径的原则，建立资源方块。

（2）核查资源是否超出实际中能够提供的上限。

（3）移动非关键路线上的工作，使资源优化。

（4）如有必要，重新对关键路线上的工作进行估算。

（5）重新制作时标网络图，并在图中反映出工作的移动。

2. 资源负荷图和优化过程

（1）资源负荷图。资源负荷图是一种可视工具，它能协助项目团队找出在项目进行过程中，何时对资源的需求超出了实际约束，并能确定超出了多少。资源负荷图实际上是时标网络图的延伸。

（2）时标网络图是在水平方向上对项目的进度进行描述，资源负荷图则在垂直方向上增加了对每一个工作的资源使用数量的描述。

（3）优化过程。如果出现超出实际约束的资源需求，则需对资源进行调整，缩小超出部分。这种调整过程通常称为资源平衡或优化。

利用时标网络图和资源需求估算，按下面的步骤完成资源优化：

1）为所有的关键工作画出资源需求方块，也就是一个长方形，长方形的宽代表资源利用率，长代表工作持续的时间。

2）给所有的非关键工作绘制资源方块，每一个都绘制在关键工作的上方，建立并绘制出资源供应线，这条曲线表示每天可以提供的资源量。

3）检查是否有资源超出了供应线。

4）如果有超出，首先调整非关键工作的时间，以实现资源优化。

5）最后再重新规划或调整关键工作。

6）根据调整结果，重新绘制时标网络。

根据上述步骤及方法，制作项目资源负荷图，如图 2-10

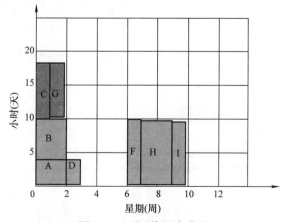

图 2-10　项目资源负荷图

所示。

根据优化理论，对上面的资源负荷图进行优化，优化结果如图2-11所示。

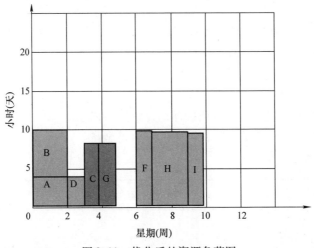

图2-11 优化后的资源负荷图

2.2.8 风险和风险规避

在项目实施过程中，存在一些特殊的事件，可能会导致项目最终失败。对于这些事件进行的分析就是风险分析。在风险分析中，一旦确认了项目可能面对的风险，项目团队就必须制定出相应的战略方案来降低或避免风险。

在进行风险分析、制定风险规避方案时，首先必须了解如何确定项目中的风险范围，通过分析风险的水平，预测项目中的冲突，确定是否需要制订应急计划、规避计划和恢复计划。如果有必要，应制定相应的备选方案，并在备选方案中进行分析和选择。

1. 风险分析

为了找出那些会导致项目失败的潜在可能事件，并估计出事件对项目的影响，以便项目团队成员增强对项目潜在失败的认识，并为制定相应的风险规避方案提供依据，项目核心组织应该在制作战略计划时就开始进行风险分析的工作，并将其作为项目详细计划的一个重要部分。总体来看，风险分析工作应该贯穿整个项目的实施和收尾阶段。

风险分析工作一般使用风险分析表来完成，具体步骤如下：
（1）检查工作分解结构中的所有基本工作。
（2）确定项目中存在的可能导致项目失败的潜在风险。
（3）根据项目的三重约束，针对每个约束，估计可能存在的风险。

2. 建立风险规避计划

在完成风险分析工作后，相应地应该建立风险规避计划。为了找出最好的方案来降低已确定可能出现的风险，项目管理层以及客户等项目利益相关者在开始制订战略计划时就应该开始制定风险规避计划，并将这项工作贯穿在整个项目实施和收尾过程中。

建立风险规避计划的具体步骤如下：
（1）制定风险规避的目标和策略。
（2）制定风险规避方案。
（3）进行方案比选。
（4）按照确定的规避方案对项目详细计划进行修改。
（5）讨论如果当前任务失败，需用的应急资金量。

图 2-12 为风险降低过程示意图。

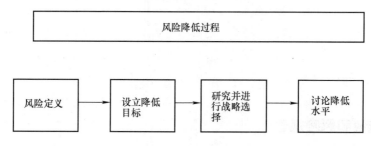

图 2-12　风险降低过程示意图

3. 常见风险规避方案

（1）风险反应。面对风险时，基本上有三类反应。

1）避免风险。如果有可能通过其他工作来减小风险，或者如果有其他方式能消除风险，就应该放弃原先的计划。

2）转移、分担风险。可能会有项目团队以外的人员，由于其自身原因愿意承担全部或部分风险，这时就可以将风险转移或分担。

3）接受风险。如果风险带来的影响较小，或者即使最坏的事情发生，项目团队也能够应付，这时就应该采取接受风险的方式，待其出现时再进行处理。

（2）改变基准计划。对于风险的另一类反应是改变原有计划以应对风险。有经验的项目设计者在进行项目设计时，就已经考虑到应该如何规避风险了。

（3）应急。这是项目经理和客户、管理者关于资金、时间和质量约束的一定的余量。当项目经理判断项目任务有可能会失败时，可以使用应急资源。例如延长工作时间，只要不是在计划内的资源就是一种应急方式。

（4）管理储备。它属于管理层的关于资金、时间和质量的一定的余量。当项目质量出现问题时，项目经理可以要求客户和管理层对项目的进度、费用和最终可能出现的结果重新进行讨论磋商。

表 2-4 为波音公司在进行分析时使用的风险分析表示例。

表 2-4　波音公司风险分析表

风险分析表

任务名称：_____　　WBS 代码：_____

（通过回答下面的问题描述可能出现的风险）
当进行这项任务时，什么事情可能会出现不好的结果？
_____

质量
（通过完成下面问句确定风险）
　1. 我知道，如果出现 _____的时候，质量目标会无法完成。
　2. 如果这个任务的质量目标不能完成，对项目会有什么样的影响？
　　　很大　　中等　　较小
　3. 无法完成任务质量目标的可能大吗？
　　　很大　　中等　　较小
　4. 在上述基础上，你认为需要规避计划吗？
　　　需要　　不需要
费用……
进度……

2.3　项目启动

对于项目来说，在项目计划阶段结束之后，项目客户的需求已经由一个"模糊"的目标变成一个具体的可以执行的项目方案，接下来的工作就是如何通过项目规划、项目执行来实现这个既定目标。在这之前还需要完成一些工作，才能使项目真正启动起来，这些工作就是项目活动的组织工作。

在项目启动阶段，对项目活动进行合理地组织和规划对项目的成功非常关键，这个阶段中，项目已经获得批准可以开始实施，有关项目的所有约束条件也已经确定。当所有的项目参与者按照要求对他们的工作时间和需要提供的资源做出相应的承诺后，项目经理根据这些情况，很快就能弄清楚项目是否在朝着一个良好的方向发展。

要圆满地完成这一阶段的工作,首先必须了解启动项目所必需的一些要素,其次还要认识到在组织项目活动中变更管理的一些基本原则,最后还需要了解在项目实施过程中哪些与项目相关的信息需要保存下来等。

为了使项目最终获得成功,项目经理或是项目管理层在完成项目详细计划的工作之后,应该对项目活动进行有效组织和管理,完成团队建立、组织和培训工作,并对项目中所需要的工具、设备和材料进行必要的确认。

1. 项目活动组织步骤

(1)对项目工作中必需的所有资源(人、材料、工具、设施和资金)进行确认。

(2)建立项目团队。

(3)建立管理队伍。

(4)完成必需的团队及客户培训。

(5)项目实施过程中需要使用的理论技术以及管理工具,包括变更管理、可视化控制等,都已获得批准并可以在项目中使用。

根据项目活动组织步骤,得到项目工作准备程序,如图2-13所示。

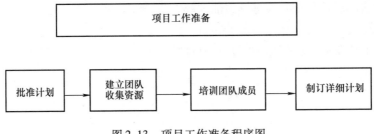

图2-13 项目工作准备程序图

2. 组建团队

(1)原则。为了成功地计划和管理项目使其最终能够圆满完成,项目团队必须拥有合适的团队成员。

(2)组建团队的关键要素。

1)在组建团队之前,首先必须指定一个组建团队的人。

2)团队中的每个成员都应该具备相应的技能和知识。

3)组建团队过程中,必须给每个团队成员提供必需的培训。

4)团队的目的就是集中力量实现项目成果。

3. 变更管理

(1)基本原则。

1)在项目实施过程中,变更是不可避免的。

2)对于项目中的变更,项目组织会存在自然的抵触。

3)变更会对项目产生影响。

（2）进行变更管理的目标。建立和维护项目中的范围、需求、设计、过程和计划的全面控制。

（3）变更管理的基本步骤。

1）为了成功地建立项目基准制定相关规则。

2）为了成功地建立项目基准制定相关规范。

3）对于变更，进行跟踪并记录。

4）对于因变更而受到影响的团队，及时进行沟通。

4. 其他

在组织项目活动的过程中，还有一些资源需要注意，具体包括：

（1）技术资料库。

（2）工程数据管理。

（3）支持服务项目计划和控制。

（4）政策、过程和进程。

（5）手册、文献和标准。

（6）组织特定的过程文件。

（7）波音电话本。

（8）培训。

（9）办公室可视通信/电子邮件。

5. 项目文件

在项目活动组织过程中要注意维护项目文件，其中最主要的原因就是为了保存与项目相关的历史信息。项目文件是一个核心文件，它记录了所有与项目有关的历史记录和相关文件。保存项目文件具有很重要的价值和意义，除了能够保留历史数据，为项目实现有效的控制提供足够的依据，项目文件还能协助项目团队每天进行合理的工作分派，完成项目状态报告等。

一般来说，项目文件包括以下几类：

（1）项目章程。

（2）工作描述。

（3）预算、进度和计划。

（4）WBS。

（5）指令性文件。

（6）备忘录。

（7）工作授权。

（8）报告。

（9）会议的记录资料。

（10）讨论。

（11）函件。

(12) 变更要求。
(13) 项目文件的存放。
(14) 实际过程、资源和费用数据。
(15) 组织图。
(16) 培训课。

2.4 项目控制管理

有效进行项目控制管理，对于项目最终获得成功意义重大。它能协助项目团队在约定的时间和费用要求下，得到符合质量要求的项目交付物。在进行控制管理过程中会使用一些常见的项目可视化工作，并运用一定的领导艺术对项目进行管理。

2.4.1 项目可视化控制

管理项目需要一个好的计划，计划是检查进度的基准。没有好的计划，项目就很难成功。在项目实施过程中，应该不断将项目状态同基准计划进行比较，对基准计划和实际情况之间的差别进行分析。这样可以减少项目冲突带来的不利影响，并为项目团队制定正确的决策提供参考。

要实现有效的项目控制，首先必须了解项目控制的一些重要原则，并能有效使用控制工具，进行沟通、跟踪和控制系统的设计工作。项目管理层在指定项目章程时即可开始进行项目控制，并持续进行到项目结束。

1. 项目控制基本步骤

（1）确定项目信息载体。
（2）为所有的项目组成员建立沟通目标。
（3）建立进度、费用和质量的沟通目标，为实现目标制定相应的战略。在进行这一步步骤时，需要注意在实现沟通目标时所使用的媒体、活动时间的选择以及一些沟通细节问题。

2. 控制实施参考依据

控制项目实施的依据是可以进行测量计算的，作为依据可利用的信息有很多种，比如测量数据。很多数据都可以在工作描述中找到，比如验收标准、参考标准和交付物特点等。一般来说，控制实施依据包括：

（1）过程测试结果。
（2）与说明书是否一致。
（3）各部分的实际测量结果。
（4）一系列连续的试验。
（5）团队指出的所有风险。

（6）数字、类型或费用错误。
（7）结构、功能数据。
（8）使用的难易程度。
（9）返工数量。
（10）设计的稳定性。
（11）设计论证。

3. 进度可视化表格的类型

进度可视化表格的基本类型包括：
（1）运行表格。
（2）控制表格。
（3）柱状图。
（4）分配表。

4. 控制过程

控制过程的基本步骤如下，这些工作应在设计阶段尽早考虑，确保控制工作作为计划的一部分。

（1）PLAN。
1）确定需要考核哪些内容。
2）确定是否存在持续有效的方法来实现考核。
3）确定考核进行的频率。
4）选择合适的方法来分析考核数据。
5）确定交流考核结果的沟通工具。

（2）DO。
1）参照计划监测项目。
2）使用相应的方法对项目进行考察。
3）对出现的偏差进行考核。

（3）CHECK。
1）分析考核数据。
2）根据考核结果提出相应的问题。
3）使用良好的工具和技术解决出现的问题。

（4）ACT。
1）采取正确的措施对项目进行管理。
2）根据需要重新制定项目计划（覆盖原计划）。
3）重复上述过程。

5. 主要技术工具

在控制过程中，要用到很多特定技术、方法和工具，具体包括以下几个方面。
（1）资源的使用控制技术。

（2）数据的独立性核对技术。
（3）考评制度或检查报告的建立技术。
（4）定期进行项目、设计或状态讨论会。
（5）使用 Go/No，Go 决策树。
（6）生产、监督和更新控制状态表。

在对项目进行可视化控制时，可以采用的图表有很多，波音公司在进行进度控制时采用的里程碑图如图 2-14 所示。

	1988	1989	1990	1991	1992	1993	1994
市场定位	▽1–21						
概念研究	12–1▽						
配置选择		▽3–5					
项目计划设计		12–30▽					
项目授权			11–9▽				
详细计划设计开始				▽1–1			
工具设计和制作开始				▽2–8			
开始生产					▽1–20		
最后组装						▽1–22	
飞行实验							1–3▽
FAA认证							11–20▽

图 2-14　进度控制里程碑计划图

2.4.2　领导

拥有合适的能够胜任的领导层对项目的成功与否至关重要。当然，很少有人是天生的领导，大多数人都是通过在项目中锻炼相应的技能来提高自己的领导水平。

要实现有效的领导，首先要了解常见的项目问题，并拥有必要的领导艺术；其次要了解基本的领导职责；最后还要认识一些管理和解决项目冲突的工具。

为了使团队成员对自己的工作投入足够的精力，项目管理层包括项目经理、项目团队、客户以及供应商。在整个项目实施过程中都应该时刻注意保持人、项目、管理层和客户的需求平衡，注意借助领导艺术解决出现的问题。

1. 管理问题和技术

（1）问题会出现在每一个项目中，最常见的问题有如下几个。

1）资源不足。

2）不实际的项目基准。

3）不受约束的团队成员。

4）不够充分的计划。

5）沟通障碍。

6）目标和资源变更。

7）部门之间的冲突。

8）项目管理技能。

（2）当许多问题超出了项目经理的控制时，领导艺术将能有效减轻问题对项目团队和项目交付物的影响。一个有魄力的领导的基本技能包括以下几项：

1）沟通能力，包括倾听、说服和谈判、引导会议、面试、报告（介绍、演讲）和实现头脑风暴。

2）组织能力，包括计划、目标设置和分析。

3）团队建设能力，包括投入、激励和团队精神。

4）领导能力，包括模范带头、果断和公平。

5）应对能力，包括灵活性、创造性、忍耐和坚持不懈。

6）技术水平，包括经验、项目知识和学习技术能力。

2. 冲突管理

（1）冲突来源。在项目中总会出现冲突，最容易出现冲突的地方有：

1）资源限制。

2）约束。

3）多目标组织。

4）团队成员。

5）沟通。

（2）冲突管理方法。处理冲突有以下五个常见方法：

1）撤退。

2）调和。

3）妥协。

4）强制。

5）综合。

2.5　项目收尾

任何一个项目都会有收尾。项目的关键就是要提供客户需要的产品和服务，这些项目交付物必须满足质量要求，并满足预先商定的时间和费用要求。

在项目实施过程中，确实存在一些因素可以提高项目最终获得成功收尾的可能性，这些因素包括严格的交付物验收标准、详细的项目计划以及用来确保资源实现再分配的制度等。

为了说明项目已经完成而且完成得很好，项目经理、项目团队、管理层、客户和供应商按照项目战略规划，在判断项目已经发展到收尾阶段后，也断定使项目实现成功收尾的必要条件已经频繁出现时，应采取相应的措施完成项目收尾工作。

1. 实现项目成功收尾的关键因素

（1）必须使客户对项目交付物满意。

（2）项目必须满足约定的目标包括时间、费用和质量。

（3）客户在接受产品和服务时，应根据一定的文件进行接收，如项目描述、清晰的验收标准和差异分析等。

2. 影响项目成功收尾的外在因素

（1）清晰、稳定的目标。

（2）公司目标的合作。

（3）管理上的支持。

（4）项目优先权。

（5）客户的知识是否丰富。

（6）机构合理调整。

（7）科技创新。

3. 影响项目收尾的内在因素

（1）计划和控制能力。

（2）承诺和接受。

（3）主动的监督、控制和重新计划。

（4）沟通。

（5）收尾计划。

（6）结构管理。

（7）适当的 WBS 工作包。

1）太复杂的工作，对一些人太难。

2）太简单的工作包，会被认为没有激励和挑战。

4. 收尾活动

每一个项目收尾时都有一些行政活动必须完成，这些活动应该包括在项目详细计划中。

（1）移交管理。

（2）重新分配资源。

（3）记录并公开有益的经验。

1）遇见的问题。
2）尝试使用的战略。
3）解决方案。
4）使用技术（包括最新的）。
5）未来项目的推荐。
（4）召开一个有意义的报告会。

复习思考题

1. 波音公司实施项目管理所遵循的一般过程是什么？在实施项目管理过程中主要应用哪些项目管理技术与工具？
2. 项目计划的基本内容有哪些？
3. 如何进行项目工作分解？应注意的问题有哪些？
4. 如何进行项目估算？
5. 常见的风险规避方案有哪些？
6. 项目启动阶段主要包括哪些要素，应完成哪些工作？
7. 项目可视化控制的程序是什么？

主要内容
- ➢ 成功企业的项目管理应用理念
- ➢ 项目沟通管理应用案例
- ➢ 项目冲突与风险管理应用案例
- ➢ 项目团队管理应用案例

第 3 章

项目管理理论和理念的应用案例

3.1 成功企业的项目管理应用理念

3.1.1 向波音公司学项目管理⊖

美国著名项目管理专家詹姆斯·刘易斯的著作《全球最成功的项目管理实战案例》，主要从波音公司的777飞机研制项目的成功出发，总结出成功项目管理的黄金法则，分别是携手合作、梦想蓝图、明确目标、项目计划、人人参与、从数据求解放、透明管理、适度抱怨是可以接受的、提出计划——寻求办法、彼此倾听——相互帮助、保持心情愉快和享受工作乐趣，这12个法则指导了777飞机项目从启动、计划到执行控制，再到顺利交付客户的全过程，历经5年、遍布44个国家、涉及人员成千上万。777机的成功不仅仅是工程技术上的成功，也使得整个波音公司在项目管理水平上取得了长足的进步。那么，我们可以从波音公司学到哪些项目管理的理念和技能呢？

1. 项目战略定义的正确

这里有两个要素：一是要和该项目所有利益相关者进行充分沟通，了解、分析、过滤与项目任何相关的信息；二是要将项目战略和最大利益相关者的需求紧密结合起来。在777项目启动之初，项目团队就与设计人员、市场销售人员、采购、法律顾问、客服人员及工程人员一起合作，了解什么样的飞机更适合消费者的需求、对消费者更加友好，如何便于制造、维修等，然后将收集到的信息进行分析、过滤。在对所有的信息进行前期处理之后，还要进行权重的排序，把最大利益相关者（消费者）的要求和项目目标紧密结合起来。项目战略类似于公司做的产品规划，项目战略的成功可以保证选择"做正确的事"，即做适合市场的产品，不做完美的产品，不做"无头小鸡"项目（杀鸡时先去掉脑袋后身子还在动，而实际上鸡已经死了，因为死亡信息的传递太慢了，意指注定死亡的项目还要继续做）。在制定项目战略的过程中，"携手合作"是波音公司一条人人自觉遵循的行为准则，也是保证制定正确的项目战略的要求之一。

2. 描绘项目目标即"梦想蓝图"

项目目标的描述要做到"SMART"原则，即具体的、可测量的、可达到的、现实的、有时间限制的，分别是以这五个英文单词为开头的字母组成。在777飞机项目启动之初，项目经理艾伦·穆拉利就为人们描绘了项目目标："在炎热一日跨越丹佛和火奴鲁鲁"，并且把它制成卡通形的徽章给成员佩戴，以便让大家时刻了

⊖ 张雄华，向波音公司学项目管理——读《全球最成功的项目管理实战案例》，项目管理联盟网站（www.mypm.net）。

解团队的"梦想蓝图"。一旦定下了项目目标,就不能随便偏移,一定要"咬住青山不放松","以终为始",让它成为我们一切工作的出发点。在史蒂芬·柯维博士的《高效能人士的七个习惯》中,他提出了一个有趣的观点:任何创造实际上都要经过2个层次,一个层次是"心智的创造",在项目管理过程中可以指制定项目的目标;另一个层次才是"实际的创造",即执行项目目标。其中,心智的创造(制定目标)尤为重要,因为它是做事的源头和起始,难度更大,更为难能可贵。在我们平常的项目管理过程中,产品一般也会以按财季上市为目标(例如2006年4月10日完成量试,2006年4月20开始批量),这就是团队的目标和"梦想蓝图",我们应该让公司内外所有的项目利益相关者都了解这个目标并且要考虑自己该如何做才能最终达成"梦想蓝图"。

3. 以计划为基础即"计划先行"

没有目标就无法做计划,没有计划就无法去控制,因为你不知道你现在身处的地方和你应该在的地方是不是同一个地方。在有项目运作的组织里,经常会听到这样的话:"时间太紧了,哪有时间做计划,赶紧干吧。"有一份调查,当被问及"项目成功最密切的因素是什么"时,被调查者的回答显示"好的计划"和"对客户需求的正确理解"高居前两位。人们总是有时间去返工而没有时间去做计划,在多数公司传统的开发流程中,也是奉行着项目任务来了就开干的作风,很少有人去考虑让项目组成员坐在一起大家来制定一个可行的计划。而在国际领先的产品开发流程 IPD 中,在概念阶段就严格规定了所有项目成员都要参与制定计划,并且在计划阶段还要进行调整。在波音公司,项目计划的制定是一个人人参与的过程,协同的项目计划使所有人的步调一致,大家的语言一致,因此可以避免项目中出现不规则的"布朗运动"。

4. 按计划执行即"正确地做事"

有了计划,就有了路标,就要去执行,就要去"正确地做事"。执行的方法可以通过流程去引导,执行的效果可以通过计划去控制。但在项目执行的过程中,有一些大家公认的、形成习惯的行为模式也是很有必要的。在波音公司,倡导的是"从数据求解放、透明管理、适度抱怨是可以接受的、提出计划-寻求办法、彼此倾听-相互帮助"等管理法则。基础数据的整理和分析是一个比较烦琐的过程,但对于及时发现一些项目风险和遗漏之处以及提高项目管理水平等方面都有益处,同时也可以作为历史的经验库供后来者借鉴,提升整个公司的项目管理成熟度水平。"透明管理"在波音公司的由来是在一次777飞机项目例会上,有一个人报告了本部门的工作进展,当他结束发言时,来自另外一个部门的人说"我们不这么认为",并给出了一些相反的陈述。然后第一个人承认自己没有完全说出目前项目面临的问题。于是大家就提出"不能一边保密,一边管理,如果大家都保守秘密的话,那干脆都回家去好了"。这就是"透明管理"这个法则的由来。我们也经常有项目的周例会,主要目的就是通报进度、找出问题、提出解决方案。但在项目组内信息不流畅就会产生很多的问题，问题不能掩盖，要大家一起协作解决。艾伦·穆拉利对他的项目成员说："只要不养成万事抱怨的习惯，那么在你需要安慰的时候，尽可以告诉我们。"尽管我们有"梦想蓝图"，但人毕竟是感情动物，有喜、怒、哀、乐，所以你在工作上如果有什么怨气的话，尽可以找人谈谈，释放掉自己的心理压力。遇到了困难，可以和成员们一起来"提出计划、寻求办法"。没有什么大不了的事，睡一觉起来，地球照转，又是一个艳阳天。"彼此倾听、相互帮助"，说的就是沟通的重要性。史蒂芬·柯维说过："先理解他人，再寻求被理解。"项目中的沟通是一个很常见的动作，但在沟通中也极易产生矛盾。沟通的六个要素为信息发送者、信息接收者、通道、反馈、噪声和背景，任何一个要素产生问题都会影响到沟通的效果。

5. 团队精神的发挥即"愉快地工作"

"保持心情愉快、享受工作乐趣"也是波音公司所极力倡导的。有一个说法：当你要发怒时，先要从一数到十，然后再去发泄，而不要立即就发泄你的怒气。实际上，当你从一数到十后，你的怨气基本上已经消掉了3/4，剩下的也会很快平息。艾伦·穆拉利在给777飞机项目组的全体成员说过："我们的愉快情绪可以给整个团队带来稳定和希望，这样大家才能提出计划，找到解决问题的方法。如果我们不这样表现，那么团队就会成为一盘散沙。"詹姆斯·刘易斯在该书中写道：任何人之所以能够得到一份工作，唯一的原因就是某个组织有一些问题要让他来解决。在工作的过程中，当一个人放弃的时候，他就放弃了组织交付给他的责任。所以，我们每个人的工作对于组织来说都是必要的、必需的，我们的存在是因为我们可以创造价值。在项目运作过程中，每一个项目成员都是一个项目利益相关者，每个人只有保持心情愉快地工作，精诚合作才能促使"梦想蓝图"的实现，既享受了过程中的乐趣，成就了个人的成功。

在777飞机项目的每周例会上，艾伦·穆拉利都会和大家一起回顾他们的这些管理法则，可以说是不厌其烦。文化的改变是通过不断地强化和重复来实现的，这就像一般的广告——如果只做一次，那么这则广告基本上对你不会产生任何影响。但如果连续打好几周、好几个月，人们就会开始关注它，广告也就会取得比较好的效果。这些法则不能算是灵丹妙药，也不是万金油，但波音777飞机项目因为这些法则而取得了巨大的成功，波音公司也在不断地推行、强化这些法则。就像艾伦·穆拉利在读完本书初稿后所说的一些想法：这本书是一个机会，让我为人们做一点特殊的贡献，为许多人创造价值和意义。在这个环境中，我们感到自己非常安全，没有互相取笑，没有互相牵制，只有彼此欣赏、相互帮助和学习，以及年复一年高效地工作和发展。

管理大师彼得·德鲁克说过："管理是一种实践，其本质不在于知，而在于行；其验证不在于逻辑，而在于果。"了解了波音公司的项目管理基本法则，就是要和我们的实际结合起来，和我们的团队成员一起"携手合作"，运用到我们的项目管理中去，成就我们自己的"梦想蓝图"。

【案例点评】在777飞机项目的研制过程中，波音公司不仅在进度、成本、质量、风险和采购等各个方面对项目进行了全方位的管理，更从启动、计划到执行、控制再到顺利交付客户进行了全过程的管理。波音公司在777飞机项目研制过程中不断推行并强化的12条项目管理法则，是保证777飞机项目质量、提高经济效益及研制顺利进行的重要因素。而这些项目管理法则，也正是项目管理核心技术的关键所在。只有系统地了解项目管理的核心技术，才能将其与实际结合起来，运用到项目管理实践中，并使项目最终走向成功。

3.1.2 解析 IBM 的矩阵组织结构

1. IBM 矩阵关系"官僚化"

人们通常嘲笑那些只会在文件上签"同意"的某些具有官僚作风的人。实际上，在美国国际商用机器公司（IBM）前 CEO 郭士纳大胆引进"矩阵式组织结构"之后，也逐渐出现了类似的多重领导局面，而且一度给员工带来不小的麻烦。

在盈科中心 IBM 办公大楼里，财务部朱利（Juley）正在为查尔斯（Charles）核算财政支出，看看是否还有余额为他招收一个计划外的业务人员。查尔斯首先通过内部的 notes 系统给朱利和人事部雪莉（Shelly）发送了一封邮件说明情况。在朱利核算之后，查尔斯需要经过大中华区 CEO 周先生的同意，然后再由人事部总经理和财务部总经理签字通过，之后雪莉才可以发出招聘启事。这整个批复过程大概需要3~4天的时间，当然，这位业务人员的行为由查尔斯负责，朱利和雪莉不承担责任，她们只是提供建议而已。

在 IBM，朱利是战略与发展部的财务人员，同时也是 IBM 财务部的业务人员。雪莉和朱利一样，也身兼两职。这样，她们就直接对两个人负责：一个是财务部和人事部的总经理；另一个就是战略与发展部总经理查尔斯。然而，朱利和雪莉并不是 IBM 员工中上司最多的人。通常，许多的 IBM 业务人员同时要对3~4个甚至5个人负责。

这正是前任 CEO 郭士纳先生为 IBM 引进矩阵组织结构后带来的一个结果。新进入 IBM 的员工需要花很长时间来寻找自己的领导，弄清楚自己的年终总结需要通过哪些人的审核，经过多少道程序才可以得出结论。

有咨询师甚至用"官僚化"来比喻这种多人批复一个文件的现象，但是正当人们质疑这种现象的时候，IBM 却已经用矩阵组织结构给它带来的利益说明了一切。

2. IBM 从矩阵中获得了惊人的利益

多重领导所带来的麻烦只是 IBM 矩阵的一个侧面而已，IBM 从矩阵中更多的是获得利益。而其中最为直接的效果就是大大削减了人力成本。

在这种组织结构中,多重领导是指每一个员工都肩负着几个不同的职责,就像是朱利和雪莉一样。这样也就意味着每一个员工可以做更多的工作。

IBM雇员的高峰期达到了45万人,经过郭士纳改革,最低谷达到了26万人左右。现在随着公司业务的发展,目前的雇员达到了32万人。IBM每年大概节约了25亿美元人力成本,而目前IBM的年营业额在850亿美元左右。

而且,通过多个领导审核可以最大限度地降低决策失误。即使是解决一个小客户的投诉电话,IBM通常也需要调动两三个部门的五六个员工,这样可以保证决策的正确性。

通常情况下,使用IBM产品的企业一旦遇到了问题,他们首先找到的是软件部。因为,企业通常认为运行速度慢是软件出了问题。但实际上,当软件部的研究人员到达时,发现是客户的整个硬件过于滞后。因此软件部在为客户做了应急措施之后,必须马上找到负责客户的人,由他来统一调配人员,为这个客户重新设计一套管理系统。而这其中可能涉及的人员有BCS部门的行业咨询师,软件部的研发人员,某个硬件产品的负责人,还会有这个区域的负责人。

当然,在这个业务中,每一个员工都有自己负责的一个领域,负责P系列服务器的员工不会因为Browser界面出了问题而负责任。通过这样的团队组合,IBM可以最大程度地确保决策的正确性。

矩阵结构给IBM带来的另一个管理上的好处就是它让每一个IBM员工都明白自己属于IBM而不属于某一个区域总经理,因为这个区域总经理不再是唯一的领导。这样就分散了区域总经理的权力而集中了公司整体的决策权和统一调配权。事实证明,现在的IBM总裁可以直接通过全球统一的信息交流平台将信件发送给每一个员工,再也不会出现相关信件被区域总经理拦截的现象。

"矩阵式组织结构的一个特点就是关注客户,结构中每一个节点都是一个客户群的集合。"管理学专家吴春波教授说,这一点在IBM的矩阵组织结构中尤为突出。它的每一个客户都有三个以上的IBM员工关注,这样可以让更多的人了解IBM甚至购买IBM的产品,这也是矩阵组织结构为IBM带来的一个决定性利益。

当上海国泰君安正面临营业部过于分散的困扰时,IBM准确地判断出了需要为其量身定做的FINSTO01系统需要IBM的RS6000/S80服务器(现在为P系列)和Browser界面。这在以前,那个对客户需求反应迟钝的IBM组织是做不到的。当时单纯地按照职能将IBM分为市场推广、营销和技术研发等部门,我们很难想象一个身在北京总部的市场部突然有一天发现上海的国泰君安需要IBM。

而实行矩阵式组织结构之后,国泰君安这个企业至少有三四个IBM员工关心它。最突出的就是IBM上海金融部,他们会最早发现整个上海甚至整个大中华区的证券公司都面临着管理体系跟不上企业的发展速度的行业问题。而IBM软件部和系统部的员工也会马上跟进,因为他们可能需要提供产品来支持FINSTO01系统。为了给国泰君安设计全新的系统,IBM动用了几十人的人力。这样IBM可以最大限度地关照每一个客户，从而争取到更多的客户。"现在，IBM 的客户都在以每年成倍的速度在增加。"查尔斯说道。

罗伯特·格林伯格也许能够让员工更容易地工作。

正如查尔斯所说："并不是所有企业都能尝试使用矩阵，IBM 也是最近两年才真正消化了这个错综复杂的结构。员工是否能在多重领导的基础上更高效率地工作，是引进矩阵能否成功的关键。"IBM 的员工之所以愿意如此勤奋地工作，首先是因为他们意识到这个企业并不属于某几个股东，而是属于他们。因为大部分高层经理人都持有公司的股票期权，有一些是公司统一发放，有一些是通过入股形式持有。而且，IBM 内员工包括福利在内的固定收入都只占总收入的一小部分，他们的大部分收入是与公司的股价直接挂钩的。另外，他们的工资并不是单纯以个人的业绩或者是单个部门的业绩来核算，而是同时核算公司的整体表现。

另外，IBM 的业绩考核制度也推动员工在不断地为整个公司工作，而不是为个人或者某个部门工作。他们通过结果、执行和团队三个方面来考核一个员工在本年度是否合格。而最后"团队"这一项就决定了 IBM 员工必须积极主动配合临时组建的解决方案小组，这种临时的小组只有在矩阵组织结构中才会出现。也就是说，IBM 的业绩考核体系直接支持着组织结构，而没有让组织结构孤军奋战。

当然，在大家愿意积极工作的基础上，还必须为员工创造能够积极工作的条件。而 IBM 的员工之所以能够高效率地工作，就是因为 IBM 内部信息系统的不断完善。

"他们通常都是通过内部的 notes 系统通知开会，通过公司的内部数据库可以准确地找到我的空闲时间。而且我也可以很快收到开会通知，因为 IBM 对每一个员工的要求是随时带上自己的笔记本。这比打电话快了许多。"IBM 的员工说。这种信息化的交流方式可以为他们节省 20% 的精力。

但是矩阵多个领导的弊病给 IBM 员工带来的麻烦也是他必须解决的。IBM 全球 CIO 罗伯特·格林伯格近日给 IBM 中国带来的"随需应变的工作场所"，也许这可以解决由复杂的矩阵组织结构给 IBM 员工带来的多重领导的困惑。

这一次，罗伯特·格林伯格和他的团队为 IBM 全球的每一个员工制作了一张电子名片，上面包括员工所有的信息，如联系方式、工作部门、以往经历和专长，这些电子名片被储存在 IBM 全球共享的数据库当中。"我们希望他们能够更容易地工作。"他在描述这套工作理念时说。而查尔斯也很骄傲地说："它可以帮助 IBM 员工在 24 小时内找到自己需要找的人，无论他在地球的哪个角落，而且他们找到的都是专业人士。这样可以尽量减少员工找人的时间。"但是，这个理念给 IBM 带来的最有意义的一项改革就是员工可以通过内部的交流系统直接进行部分文件批复，这也是 IBM 针对多重领导做出的一个回应。IBM 中国才刚刚开始执行这套系统，其员工也都在不断地学习和适应这套新的运作理念，他们将在一种更为开放的环境中工作。

3. 信息块：多维矩阵式组织结构

一个企业不再单纯地以地域、产品、职能或者行业来划分部门，他们同时用其中的两个或者多个方法来划分。这样可以最大限度地覆盖自己的客户群，而且可以很好地保证决策的正确性。目前，一些全球跨国公司，例如惠普、微软，都在采用这种组织结构。但是，多维矩阵组织结构的一个弊病就是每一个员工有多个领导，导致沟通困难。

矩阵组织结构是有机的，既能够保证稳定地发展，又能保证组织内部的变化和创新。所以，IBM 公司常常流传着一句话："换了谁都无所谓。"

【案例点评】IBM 公司在引入矩阵式组织形式之后，虽然给公司员工带来多重领导的困扰，但是公司更多地还是从矩阵式组织形式中获得利益。其中最为显著的就是极大地降低了人力成本。由于一个员工会身兼多职，所以一个员工所做的工作、所创造的价值也就更多了。这种组织形式使员工明确了自己的归属，不属于某个区域或者经理，而属于公司，这样的认识也使得员工更加关注自己所服务的客户和所创造的价值。从某种程度上来说，IBM 公司建立的内部信息系统也解决了矩阵式组织形式给员工带来的困扰。总之，矩阵式组织形式能够保证企业快速响应外界变化且提高自身创新和适应环境的能力。

3.1.3 项目管理为华为产品研发带来的管理变革⊖

在中国南方一个新兴的城市——深圳，成立 30 年时间，诞生了许多优秀的科技型企业，华为公司就是最为成功的企业之一。

华为公司成立于 1984 年，从 3 万元人民币开始创业，至 2008 年合同销售收入超过了 1 200 亿元，历时 24 年。

华为公司研发项目管理模式是从国外引入的，要追溯于 20 世纪末期，当时华为公司销售额已经达到几十亿元。为了谋求更好的发展，任正非总经理取经于国内外，请中国人民大学的教授做过《华为基本法》，对公司的文化理念进行了系统阐述。后来，由于华为基本法也解决不了产品开发中遇到的质量和成本问题，1998 年任正非开启的美国之行为这个难题的解决打开了一片天空。

1999 年，华为公司正式引入 IPD（集成产品开发）咨询，在产品研发管理方面和西方发达国家走到了一起。有人说，任正非的产品研发管理是东方文化和西方科学管理的结晶体。

IPD 咨询开始于 1999 年，第一期合同额 3 000 万美元，合作期为 5 年。在这 5 年期间，华为公司在 IPD 咨询顾问的带领下，对华为公司的产品和流程进行重整，对项目管理体系也进行了细致梳理。下面对华为公司的研发项目管理特点进行比较

⊖ 本案例由深圳汉捷研发管理咨询公司副总裁郭富才撰写提供。

详细的介绍。

1. 基于流程的产品开发项目管理体系的形成

华为公司提倡流程化的企业管理方式,任何业务活动都要有明确的结构化流程来指导,如产品规划、产品开发和供应链等业务活动。

产品研发项目是企业最常见的一种项目方式,华为公司也不例外。为了把产品研发活动管理好,华为公司建立了结构化的产品开发流程,以 LPDT(产品开发项目领导)管理项目工作。

华为公司的产品开发流程分为 6 个阶段,分别是概念阶段、计划阶段、开发阶段、验证阶段、发布阶段和生命周期管理阶段。为了让大家了解产品开发的总体概况,华为公司首先建立了产品开发流程的袖珍卡。袖珍卡就是一个产品开发概略图,给人一个产品开发的全貌。因为可以做成像卡片一样放在口袋里随时可以拿出来学习,所以取名为产品开发袖珍卡。

因为袖珍卡在指导产品开发项目团队方面还不以具体化、可操作,所以针对袖珍卡的每个阶段又进行了展开,制作了阶段流程图,针对流程图中的每项活动描述了活动含义,针对项目文档制作了文档的模板。

按照 IBM 咨询顾问指导设计的产品开发流程,和原来华为公司产品开发模式进行对比,其中一项比较大的差别是:概念阶段和计划阶段明显比原来的流程周期长,更加重视概念阶段对产品的定义以及各领域策略的制定,重视计划阶段对技术方案的制定以及各领域实施方案的制定。后来华为公司经过几个产品开发团队(PDT)的验证,反而整个产品开发项目的周期缩短了。其原因是在引入 IPD 之前,由于概念阶段和计划阶段时间短,产品定义模糊、方案不具体就进入了开发和验证阶段,导致开发和验证阶段周期加长,反而导致整个项目开发周期加长。

因此,华为公司的产品研发项目是基于产品开发流程的项目管理,LPDT 带领项目团队成员实施产品开发,要按照公司定义的流程来完成项目目标。

2. 对产品开发项目实施端到端的管理

有些企业由于对产品开发没有实施端到端的管理,从而出现了许多问题。比如有个医药企业,产品开发阶段完成了,要去销售产品才发现注册工作还没有做。还有一些企业的产品开发是串行的,从一个部门传递至另外一个部门,各个部门保证部门利益最大化而导致产品开发项目进度延迟。此类现不胜枚举,究其原因,都是因为在这些企业中缺少了端到端管理项目的特征。

在华为公司,"端到端"在 IBM 顾问引入后,是很常见的一个术语,它提示我们做产品开发项目要从市场中来,最终通过项目活动满足市场需求。也就是说,产品开发项目不仅仅是技术体系一个部门的工作,还需要其他部门参与形成跨部门的团队才能完成产品开发目标,保证市场的需求。

为了完成最终的产品开发目标,我们需要市场人员的参与(提供产品需求定义、制定产品宣传方案和实施等)、销售部门的参与(销售预测及销售渠道建立等)、注册部门的参与（注册方案制定及实施）、技术部门的参与（产品技术实现及目标成本达成等）、制造部门的参与（产品试制及生产测试设备开发等）等。只有各个部门都参与了，才能完成了产品开发的任务，丢三落四、顾此失彼开发模式不是"端到端"的产品开发管理方式。

为了完成产品开发项目"端到端"目标，产品开发项目团队成员是跨职能部门组成的，项目经理是这个团队的领导。

3. 建立有利于多部门协作的跨部门项目管理模式

在引入IBM咨询之前，华为公司是采用职能式的产品开发模式，将产品开发任务按照职能分配到各个职能体系，没有明确的产品开发项目经理，或者最多指定一个协调人。由于项目成员沟通不顺畅，产品开发周期和竞争对手相比较长。因此，必须改变这种按职能模式进行产品开发的现状。

1999年，当时IBM在给华为公司做咨询的顾问对华为人讲："我们这次不光是带给你们一种产品开发的管理模式，更重要的是我们会带给你们做事的文化，那就是跨部门沟通的文化。"IBM咨询顾问说到也做到了，他们在IPD咨询过程中为华为公司建立了许多跨部门的业务团队，如产品组合管理团队（PMT）、集成技术管理团队（ITMT）等。其中产品开发团队（PDT）是最典型的，团队成员分为核心组和外围组，分别来自市场、销售、财务、质量、研发、制造、采购和技术服务等部门，他们在LPDT（产品开发项目领导）的带领下共同完成了由IPMT（集成组合管理团队）下达的产品开发目标。

现在，华为公司产品开发项目团队是采用强矩阵式的管理模式，由LPDT和部门经理共同协商确定PDT成员，PDT成员在LPDT的领导下完成产品开发项目目标，职能部门经理由原来既管事又管人转变为只管人。也就是说，在引入IPD后，职能部门经理的职责更多关注培养部门的能力，包括对部门人力资源规划与培养、部门技术的规划及开发、部门的管理体系建设以及向PDT团队提供合格的人力资源等。

在矩阵管理模式下，LPDT对团队成员具有考核的权利，在考核周期，各LPDT将核心组成员的考核意见汇总到职能部门经理处，由职能部门经理统一给出对项目成员的最终考核结果。

4. 将研发项目按不同业务类型进行分类管理

华为公司一直重视研发，每年将上年度销售收入的10%投入到研发中。但具体到对研发管理，在IBM咨询顾问的指导下，将研发分为预研和开发，因此又将研发投入金额的10%投入到技术研究中去。

很多专业书籍将研发分为基础研究、应用研究和工程化开发，华为公司研发费用大量投入在工程化开发中，另外兼顾应用研究。

华为公司将研发体系的项目重点分为产品预研、产品开发、技术预研、技术开发共四大类：

（1）产品预研。在市场前景尚不明确或技术难度较大的情况下，如果该产品与公司战略相符且有可能成为新的市场增长点，那么可以对该产品进行立项研究，着重探索和解决产品实现的可行性，使得能够在条件成熟时转移到产品开发。

与产品开发相比，产品预研有以下特点：①产品预研的目的是验证或引导客户的潜在需求，把握正确的市场方向和抓住市场机会；②产品预研着眼公司未来发展和未来市场，一般在一年内不产生大量销售；③市场前景尚不明确；④存在较大的技术风险；⑤主要关注核心功能的实现，一般不做商用要求。

（2）技术预研。在产品应用前景尚不明确或技术难度较大的情况下，如果有利于增强公司的产品竞争力，那么可以对这些前瞻性技术、关键技术或技术难点进行立项研究，着重探索和解决技术实现的可行性，使得能够在需要时为产品开发提供支撑。

与技术开发相比，技术预研有以下特点：①技术预研的目的是验证产品技术方案或产品技术，并做技术储备；②着眼公司未来发展和未来市场；③产品可能还没有明确的需求；④技术预研实现难度较大；⑤主要关注核心功能的实现，一般不做商用要求。

华为公司各类型研发项目的特点如表3-1所示。

表3-1 华为公司各类型研发项目的特点

	产品开发	产品预研	技术开发	技术预研
目的	根据项目任务书中要求，保证产品包在财务和市场上取得成功	验证或引导客户的潜在需求，把握正确的市场方向和抓住市场机会	开发公共技术和平台，使之符合用户产品的业务目标	验证产品技术方案或产品技术，并做技术储备市场
市场	针对公司近期的目标市场和客户，有明确的市场需求	着眼公司未来发展和未来市场，一般在一年内不产生大量销售，市场前景不明确	满足公司当前产品对技术的需求	着眼公司未来发展和未来市场，可能产品没有明确需求
技术难度和风险	较小	大	较小	较大

之所以将研发项目分类，也是为了考核的需要。针对预研项目，由于预研项目风险大、结果难以预知，因此对进度、结果考核的权重要小一些；而针对开发项目，由于进度、结果可以预知，质量可以控制，因此对开发项目，进度、质量、财务往往成为考核的目标。另外，不同类型的项目对人力资源的要求不同。预研项目，技术倾向明显，往往是技术水平高的人进行预研工作；而开发人员往往工程化倾向明显，华为公司提出的"工程商人"大部分是针对开发人员而言的。

5. 依靠过程审计保证项目流程体系的完善执行

为了保证研发项目结果的成功，华为公司引入IBM咨询了研发流程；为了保证项目团队成员按照流程做事，引入了过程审计的概念。

在华为，有专门部门组织公司的流程建设与优化，建立的重大流程包括产品规划流程（又称为市场管理流程）、产品开发流程、集成供应链流程和需求管理流程等，每个流程都对应一个业务团队（或称项目团队）。流程管理部门有专门人员对流程建设、优化负责。

为了保证流程体系得到执行，华为公司引入过程审计的概念，由 PQA（产品质量保证）承担过程审计的任务。在每个产品开发项目启动阶段，公司质量部会为项目指定一个 PQA。PQA 定位于项目中的流程专家。其具体职责为：作为项目的过程引导者，培训项目团队熟悉流程和管理制度；作为过程组织者组织技术评审，包括选择评审专家、撰写评审报告；独立于项目团队之外，负责过程审计，以审计项目团队成员是否按照公司规定的流程实施项目。

在华为公司，研发管理是东方的文化和西方的科学管理相结合的产物，提倡"三权分立"，就是管理优化部门负责流程的制定，研发团队在执行流程的过程中接受 PQA 的审计，以保证流程得到有效执行。

6. 通过项目经理的认证体系引导项目经理的发展

IPD 咨询引入后，华为公司发现产品开发项目有两个角色的人员最为欠缺，一个是项目经理，另一个是系统工程师。关于系统工程师的培养，在此部分不做论述。

华为公司为了培养项目经理，专门成立了项目管理能力建设组，制订了培养规划，并对项目经理的资格条件进行了规定。

华为公司在项目管理建设愿景中明确表示：以不断提升公司的项目管理能力、各业务领域多项目管理能力为龙头，牵引项目经理不断提升个人的项目管理能力，促进公司各业务领域持续提高项目成功率、不断满足客户需求。

华为公司通过和外部合作，建立一致的项目经理项目管理能力标准、培训课程与平台、认证程序与平台，并在第一目标中（2002 年）计划培养 100 名种子项目经理。

关于项目经理认证，华为公司从知识、技能、行为和素质四个方面进行认证，并对项目经理认证规定了五个等级，其中从第二级开始规定资格认证的条件，其对应关系如表 3-2 所示。

表 3-2 华为的项目经理认证

APM	PM	SPM	DPM
助理项目经理	负责管理简单项目或协助复杂项目经理	负责管理复杂项目	公司或业务领域多项目管理
二级	三级	四级	五级

7. 体现了技术管理和项目管理两条线管理的思路

华为公司的研发项目管理体现了技术线和管理线分开管理的思路，在项目团队中有两个非常重要的角色，一个是项目经理，另一个就是系统工程师。

PDT 经理来源于研发、市场和制造等各个领域，PDT 经理类似于一个新成立公司的首席执行官，他将业务计划提交给 IPMT，并争取获得项目开发所需的资金。PDT 经理全面负责新产品的成功开发，并组织项目开发团队，对团队的结果负责，代表整个团队在产品开发合同上签字。

系统工程师在预测需求及指导产品开发满足这些需求方面扮演重要的角色。系统工程师与 PDT 开发代表和其他代表一起将市场需求转化成产品包需求，更进一步以技术规格表示出来。系统工程师监视整个产品的开发过程，以确保开发过程一直满足预先规定的产品需求和规格。系统工程师开发产品的总体架构，并推动产品集成和测试策略和计划的实施。

因此在研发项目中，项目经理更像是管理专家，协调各个部门与角色的关系；而系统工程师更像是技术专家。

华为公司作为中国新兴的科技型企业，短短的 20 年时间，从 3 万元开始，2009 年基本没有任何悬念进入世界 500 强企业，这首先得益于项目管理的应用及带来的管理变革。华为研发项目管理的成功实践有许多方面可被中国其他企业所借用，因为项目管理的模式是相通的。

【案例点评】华为公司为了谋求发展引入了基本法，但由于基本法无法解决产品研发质量和成本问题，因此对公司产品和流程及项目管理体系进行重新调整，建立结构化产品开发流程，形成了基于流程的产品开发项目管理体系。对产品的开发实行"端到端"的管理，这种管理方式也有利于跨部门之间的合作。公司按照不同的业务类型将研发项目进行分类管理，按照不同的研发项目设定不同的考核指标。公司在完善项目管理体系之后也开始关注对项目经理和系统工程师的培养，制定了不同的资格能力标准。华为公司的研发项目管理，从技术线和管理线两个方面展开，确保了产品研发质量和成本，为公司成为世界 500 强企业奠定了基础。

3.1.4　塔里木油田一体化项目管理体系

在 20 世纪 90 年代勘探开发的塔里木油田地处我国西北部，塔里木油田公司成立之初在继承中国石油工业优良传统的基础上突破传统会战模式，不搞"大而全、小而全"，而是以项目管理为基础实现专业化服务、社会化依托、市场化运行、合同化管理。围绕油田勘探开发重点工作，坚持在勘探开发全过程中实施项目化管理。油田基本不配备各种作业队伍，全部采用甲乙方合同制的办法，各项专业技术服务依靠国内外石油行业主力，辅助生产、生活后勤服务依托当地社会基础，全方位开放石油勘探开发市场，按照公开招标、公平竞争的原则择优选择服务商和供应商，依照合同进行管理。油田作为投资主体和总甲方，只设立精干的管理和研究机构，主要掌握投资使用方向，对勘探开发工作进行决策部署，确定勘探开发目标、施工项目、标准和要求等，形成了以甲乙方体制创新为核心的管理方式，创立了油田开发管理新模式，实现了"人员少高效化"的运作。

随着油田业务的快速发展和我国经济体制改革的深入，油田公司在项目管理方面的弊端凸显出来。尽管在20多年的发展中，公司在项目管理方面积累了一些成功的经验和做法，比如在项目市场管理、招标管理、合同管理和安全管理等方面形成了一些管理制度，但油田公司的项目组织实施方式仍按照职能分工，将项目实施按专业拆分开来，由各职能部门各管一摊，缺少协调统一，缺乏围绕项目的一套规范的管理制度。因此，油田公司的项目管理只是零散的项目管理在某些方面的应用，没有从企业整体形成一套规范的管理体系。为了实现油田公司的跨越式发展，借鉴国外油田公司的管理模式，公司提出了建立并实施一体化项目管理的战略。

1. 一体化项目管理的理念

一体化项目管理包括项目投资纵向一体化和项目市场横向一体化。投资纵向一体化是指一体化项目涵盖范围可包含油田公司从勘探、评价、地面建设和开发前期、生产全过程的工作，在进行投资分析和项目后评价时可直接将油田公司上游业务工作成果与产量、收入等指标联系起来，通过一体化项目可综合考量对比不同的勘探开发方案。市场横向一体化就是利用企业外部市场资源实现油田公司的项目管理，油田公司只抓最核心的东西，其他采用市场化合作方式。

一体化项目管理倡导项目各参与方遵循"一个团队，一个策略，一个目标"的管理理念，通过各方管理人员的共享和互补，缩短指挥链，减少界面协调工作量，达到项目费用、进度、质量和安全的有效控制，产生经济效益和社会效益。

2. 一体化项目管理组织

一体化项目管理组织包括公司层面的一体化项目管理组织和项目层面的一体化项目管理组。公司层面的一体化项目管理组织以油田公司目前的组织结构为基础，构建了项目决策中心、行业管理中心、监督和服务中心、项目实施中心和支撑中心。项目层面的一体化项目管理组组建时要考虑项目所涉及的油田公司各个层面、各个组织系统的人员，通过矩阵式组织方式形成一体化项目管理组。

3. 一体化项目管理体系

一体化项目是对油/气田勘探开发、生产全过程工作的组合。一体化项目立项时，明确项目全生命周期包含的工作范围，确定项目边界，形成符合实际的完整的一体化项目过程。从项目管理过程（如项目立项与可研、组织与策划……）和项目管理要素（如项目范围管理、时间管理、质量管理……）两个维度，构建一体化项目管理的流程体系。

一体化项目管理体系构建时，应特别注重以下方面。

（1）项目目标一体化（油田公司内部、利益相关方）。"一体化"考虑了项目内部及各利益相关方的兼容性并使得他们各自核心价值观统一及兼容，形成"一体化"的项目管理组的核心价值观及统一的项目目标。

（2）项目管理平台一体化。项目管理平台一体化中考虑了程序、制度、标准的一体化和信息沟通平台的一体化。一体化项目管理全生命期过程各个阶段的程序、制度、标准都要进行一体化，项目的各利益相关方的信息沟通数据交互基于相同的沟通平台，使用同一平台基础结构、沟通形式、沟通的制式模板。

【案例点评】塔里木油田公司尽管实行了多年的项目管理，但没有形成体系。油田公司的一体化项目管理模式的提出，就是从项目的组织、计划、控制、信息、沟通以及文化等方面构建了公司项目管理体系，实现了项目组织方式的柔性管理、企业资源的动态配置，满足了公司管理的需要，促进了公司可持续性快速发展。

3.2 项目沟通管理应用案例

本节选择了两个典型的项目沟通管理案例作为学员分析沟通管理中存在问题的背景，提升对沟通管理知识的分析与应用技能。案例选自项目管理联盟网。

3.2.1 案例一

1. 案例背景

凯茜·布福德是一个项目团队的设计领导，该团队为一个有迫切需求的客户设计一项庞大而技术复杂的项目。乔·杰克逊是一位分派到凯茜的设计团队里的工程师。

一天，乔走进凯茜的办公室，时间大约是上午九点半，凯茜正埋头工作。"嗨，凯茜。"乔说，"今晚去观看联赛比赛吗？""噢，乔，我实在太忙了。"接着，乔就在凯茜的办公室里坐下来，说道："我听说你儿子是个非常出色的球员。"凯茜将一些文件移动了一下，试图集中精力工作。她答道："啊？我猜是这样的。我工作太忙了。"乔说："是的，我也一样。我必须抛开工作，休息一会儿。"

凯茜说："既然你在这儿，我想你可以比较一下，数据输入是用条形码呢还是用可视识别技术？可能是……"乔打断她的话，说："外边乌云密集，我希望今晚的比赛不会被雨浇散了。"凯茜接着说："这些技术的一些好处是……"

她接着说了几分钟，又问："那么，你怎样认为？"乔回答道："噢，不，它们不适用，相信我。除了客户是一个水平较低的家伙外，这还将增加项目的成本。"凯茜坚持道："但是，如果我们能向客户展示它能使他省钱并能减少输入错误，他可能会支付实施这些技术所需的额外成本。"乔惊叫起来："省钱！怎样省钱？通过解雇工人吗？我们这个国家已经大幅度裁员了，而且政府和政治家对此没任何反应。你选举谁都没关系，他们都是一样的人。""顺便说一下，我仍需要你对进展报告的资料。"凯茜提醒他，"明天我要把它寄给客户。你知道，我大约需要8~10页。我们需要一份很厚的报告向客户说明我们有多忙。""什么？没人告诉我。"乔说。"几个星期以前,我给项目团队发了一份电子邮件,告诉大家在下星期五以前我需要每个人的数据资料。而且,你可能要用到这些为明天下午的项目情况评审会议准备的材料。"凯茜说。"我明天必须讲演吗?这对我来说还是个新闻。"乔告诉她。"这在上周分发的日程表上有。"凯茜说。"我没有时间与篮球队的所有成员保持联系,"乔自言自语道,"好吧,我不得不看一眼这些东西了。我用我6个月以前用过的幻灯片,没有人知道它们的区别。那些会议只是一种浪费时间的方式,没有人关心它们,人人都认为这只不过是每周浪费2小时。""不管怎样,你能把你对进展报告的资料在今天下班以前以电子邮件的方式发给我吗?"凯茜问。

"为了这场比赛,我不得不早一点离开。""什么比赛?""难道你没有听到我说的话吗?联赛。""或许你现在该开始做这件事情了。"凯茜建议道。"我必须先去告诉吉姆有关今晚的这场比赛。"乔说,"然后我再详细写几段。难道你不能在明天我讲述时做记录吗?那将给你提供你做报告所需的一切。"

"不能等到那时,报告必须明天发出,我今晚要在很晚才能把它搞出来。""那么,你不去观看这场比赛了?""一定把你的输入数据通过电子邮件发给我。""我不是被雇来当打字员的。"乔声明道,"我手写更快一些,你可以让别人打印。而且你可能想对它进行编辑,上次给客户的报告好像与我提供的资料数据完全不同。看起来是你又重写了一遍。"凯茜重新回到办公桌并打算继续工作。

2. 案例思考问题

(1) 交流中的问题有哪些?
(2) 凯茜应该怎么做?
(3) 你认为乔要做什么?
(4) 凯茜和乔怎样处理这种情况会更好?
(5) 为了防止出现凯茜和乔之间的交流问题,应该怎么做?

3.2.2 案例二

1. 案例背景

Multi Project 公司是一家拥有400名员工、经营良好的咨询公司,它同时为多个客户进行许多项目。这家公司有良好的信誉,有近30%的业务来自老客户。考虑到将来的业务,它瞄准了成长中的公司,并且也有很大的收获。由于业务的扩大,一些事情变得很紧迫,员工要尽力完成工作,让老客户满意,还要满足新客户的要求。Multi Project 公司一直在雇佣人员,事实上,在过去两年里,员工已从300人增加到400人。

Multi Project 公司采用矩阵型组织结构,有了新项目后,就任命一位项目经理。根据项目规模,一个项目经理可能同时有好几个项目。项目价值为2万~100万美元,期限一般为一个月至两年。绝大多数项目期限是6个月,价值为60万~80万美元。公司提供一系列咨询服务，包括市场研究、设计生产制造系统和招聘人员等。客户是一些大中型组织和机构，包括银行、生产企业和政府机构。

一天，Multi Project 公司接到 Growin 公司的电话，同意进行 Multi Project 公司近 6 个月前提出的一个项目。这个消息很是令 Multi Project 公司的股东们感到意外，他们本以为这个项目已经没希望了。另外，他们也非常希望能给 Growin 这个迅速壮大的公司进行第一个项目，Multi Project 公司很有可能将来为 Growin 公司做几个大项目。

杰夫·阿姆斯特朗被任命为项目经理，负责 Growin 公司的项目。他于一年前加入 Multi Project 公司，一直急于管理一个有意义的项目。Growin 公司项目的计划报告是由他来完成的。

泰勒·博尼拉是一个高级系统工程师，已经在 Multi Project 公司工作了 8 年。他很有名气，那些曾经与他合作过的老客户通常都要求在他们的项目中要有他参与。尽管非常忙，但他还是干得很起劲。目前，他正专职为一家老客户 Goodold 公司的项目工作。Goodold 说，他们不选择另一家咨询公司而是与 Multi Project 公司合作的原因之一就是因为泰勒在他们项目中的出色工作。

詹妮弗·弗尔南德斯是系统工程经理，已经在 Multi Project 公司工作了 15 年。她是泰勒的直接领导，但由于泰勒工作任务繁重，经常出差，除了每月的员工会议，他很少见詹妮弗。

负责 Goodold 公司项目的经理是朱丽·卡普里奥罗（Julie Capriolo），她在 Multi Project 公司工作 2 年了。泰勒被分配到她的项目中专职工作。这个项目时间很紧，每天都要加班。朱丽工作压力很大，幸好她有一个不错的项目团队，泰勒更是得力助手。她曾听一位与杰夫工作过的朋友说泰勒很爱面子，会不惜一切使自己出色。朱丽对此并未在意，因为她与杰夫有各自的项目，很少打交道。

在杰夫被任命为 Growin 公司项目的项目经理当天，他在走廊碰见了泰勒。他告诉泰勒："我们争取到了 Growin 公司的项目！"

"很好。"泰勒回应道。

杰夫接着说："你也知道，他们之所以把这个项目给了我们而不是其他咨询公司，一个主要原因是我们允诺要由你负责这个项目的系统工作。泰勒，当我们提出计划报告时，他们对你印象很深。你认为什么时候可以开始在这个项目中工作？"

"很不巧，我帮不上忙。我在 Goodold 项目中脱不开身。事情确实很忙。我还得在这个项目中再工作 4 个月。"泰勒说。

"不行！"杰夫嚷道："Growin 公司的这个项目对我，我是说对我们，实在是太重要了，我要做好这个项目。"

"那么你最好去找詹妮弗。"

杰夫到了詹妮弗的办公室。詹妮弗正忙着，但他打断了她："我要让泰勒参加我的 Growin 项目，他想参加，但说我应与你谈一谈。"

詹妮弗说:"不可能,以后的 4 个月时间他已经被分配在朱丽的 Goodold 项目中工作。"

"朱丽?她是谁?我不管,我要找她解决这个事情。你最好给她的项目分配其他人员。"

杰夫边说边冲出办公室,找朱丽去了。

詹妮弗喊道:"这由我决定,不是你或朱丽说了算!"但这时杰夫已不见了,没听到她的话。

朱丽正在会谈室里与她的项目团队开会。杰夫敲开了门,问:"这里是有位叫朱丽的人吗?"

"我是朱丽。"她回答。

"我要尽快与你谈一谈,非常重要,噢,顺便抱歉打扰。"泰勒也正在开会,杰夫看到他,说:"嗨,泰勒,等我与朱丽谈完后,就找你,老兄。"说完便关上门回去了。朱丽对此很是恼火。

散会后,朱丽打电话给杰夫:"我是朱丽,你这么着急与我谈什么?"

"要把泰勒调到我的项目中来。他也愿意,我已经与詹妮弗谈过了。"杰夫说。

"不可能,他对 Goodold 项目很重要。"朱丽拒绝道。

"实在抱歉,但如果 Growin 的项目成功了,我们就能从那儿获得更多的业务,绝对要比 Goodold 公司的多。"

"已经六点多了,我需要离开一个星期。我一回来就会与詹妮弗讨论这个事。"朱丽打断了他的话。

"好吧,随便你。"杰夫答道。

第二天,杰夫召集詹妮弗和泰勒开会,他首先宣布:"这次会议是要确定泰勒尽快开始参加 Growin 项目工作的时间,以及你(看着詹妮弗)什么时候能派人接替他在那个叫什么名字的项目中的工作。"

詹妮弗说:"我认为朱丽应该参加这次讨论。"

"她来不了,显然她正在出差,而我们需要马上开始着手进行 Growin 的项目。我们要准备好下周与他们的会议。没错吧,泰勒?"

"嗯,既然你问起来,我就明说吧,我对 Goodold 项目的工作已感到厌倦,我学不到任何新东西。我是说,Goodold 项目工作没错,但我想变一变。"泰勒回答道。

詹妮弗感到很惊讶:"你从来没向我提起过这些,泰勒。"

杰夫说:"好了,我认为这个问题已解决好了。詹妮弗,你给 Goodold 项目分配一位稍感兴趣的人员。朱丽回来后,跟她说一声。同时,我和我的伙伴泰勒要做许多事情。安排好下周与 Growin 公司的会议。"

2. 案例思考问题

(1)杰夫急于 Growin 项目开工的原因是什么?

(2)为什么泰勒这么抢手?

（3）杰夫处理这个情况时错在哪里？
（4）詹妮弗怎样解决这一情况？
（5）这个案例所表明的矩阵型组织有哪些优点？
（6）这个案例所表明的矩阵型组织有哪些缺点？

3.3 项目冲突与风险管理应用案例

3.3.1 项目冲突管理应用案例⊖

1. 案例背景

亚通网络公司是一家专门从事通信产品生产和电脑网络服务的中日合资企业。公司自1991年7月成立以来发展迅速，销售额每年增长50%以上。与此同时，公司内部存在着不少冲突，影响着公司绩效的继续提高。

因为是合资企业，尽管日方管理人员带来了许多先进的管理方法，但是日式的管理模式未必完全适合中国员工。例如，在日本，加班加点不仅司空见惯，而且没有报酬。亚通公司经常让中国员工长时间加班，引起了大家的不满，一些优秀员工还因此离开了亚通公司。

亚通公司的组织结构由于是直线职能制，部门之间的协调非常困难。例如，销售部经常抱怨研发部开发的产品偏离顾客的需求，生产部的效率太低，使自己错过了销售时机；生产部则抱怨研发部开发的产品不符合生产标准，销售部门的订单无法达到成本要求。

研发部胡经理虽然技术水平首屈一指，但是心胸狭窄，总怕他人超越自己。因此，常常压制其他工程师，这使得工程部人心涣散、士气低落。

亚通公司的冲突有哪些？原因是什么？如何解决亚通公司存在的冲突？

2. 案例分析

调查表明，企业经理要花费20%的时间用于处理冲突，冲突管理能力因此被认为是管理者事业成功的关键因素之一。

冲突是指一方（包括个体、群体和组织）认识到另一方正在或将要采取阻碍、危害自己实现目标的行动的过程。冲突发生的条件有：双方存在不同的利益；双方均认为对方会损害自己的利益；察觉到对方正在采取不利于自己的行为或预测到对方将会采取类似的行为。

根据冲突范围，可将冲突分为人际冲突、群际冲突和组织间冲突。

（1）亚通公司的管理层与中国员工之间的冲突。这种冲突存在于不同组织层次之间，可称之为纵向冲突，它属于群际冲突。产生这种冲突的原因有多种，在这

⊖ 本案例选自 Allen Lee's Magic 的博客。

里主要有以下三种。

1）权力与地位：管理层运用行政权力要求员工加班，但没有赋予任何报酬作为补偿；而员工则没有（充分的）权力维护自身的利益。

2）价值观不同：中国的员工在价值观上不同于日本的员工，要求员工（长时间）加班，如果没有相应的报酬，一般很难调动员工的积极性，久而久之就会削弱员工的工作动机强度。

3）资源缺乏：管理的重要性很大程度上体现在对资源的合理配置，而可用的资源总是有限的。要求员工加班，通常需要提供合理的加班费作为补偿；而主管们则希望把人力成本维持在一个较低的水平。

这样，没有能力外逃的员工就会表现出工作动机不强、工作效率低下，而有能力的明星员工则会想方设法跳槽到更好的工作环境。如果情况长时间没有得到控制和改善，企业将会变成一个过滤器，把有能之士赶到竞争对手那里，并把平庸之士保留下来。我实在想象不出更糟的情况，可能把企业关闭比这还好。如果管理者仅能把所谓的"优秀"方法照搬过来，而不能因地制宜地活用各种管理方法，就会断送企业的命运。

解决方法已经明摆在眼前，管理层应该根据具体的情况合理设计报酬系统，重新激发员工的积极性，并在人力成本与员工绩效之间取得一个动态平衡。

（2）各部门之间的冲突。这种冲突存在于统一组织层次的不同部门之间，可称之为横向冲突，它是另一种群际冲突。由于亚通采用的组织结构是直线职能型，出现这种类型的冲突就不足为怪了。

直线职能型组织结构的优点是分工细密、任务明确、职责清晰、统一指挥及结构稳定。但其缺点也很明显，包括中央集权、横向联系弱、目标不统一、信息传递较慢及环境适应性低。因此，产生这种冲突的原因有以下两种。

1）任务相互依赖：由于各部门之间存在着任务依赖性，而组织结构的先天缺陷却削弱了各部门之间必要的沟通量，从而导致任务的不协调。它们的部门间关系是团队关系。

2）目标不相容：各部门都有自己的绩效目标，例如销售部希望增加产品线的广度以适应多样化的市场需求，生产部则希望减少产品线的广度以节省成本，即销售部门的目标是顾客满意、生产部门的目标是生产效率。

解决的办法也很明显，企业通过信息管理系统来促进信息的流通，让各部门及时得到有用的数据。目前稍有规模的企业都希望上 ERP 项目，充分利用信息技术来增强企业的信息管理能力。不过，更根本的原因是目标不相容，各部门同属于一个企业，但未能看到企业的统一目标，而只是看到各自的绩效目标。企业可以实施关联性绩效评估，把具有依赖性的部门的绩效关联起来。如果某些部门只顾实现自身绩效而不顾与之关联的部门的绩效，就不能达到整体平衡，实现整体最优绩效。这样即使自身绩效达到最优，绩效评级也不会高。不过这种做法还有一个小问题，就是如果主管本身的整体观念不强，实施的效果还是会令人失望的。企业可以考虑对主管进行恰当的培训，实在不行就要考虑换人了。

（3）经理与其下属之间的冲突。这种冲突存在于两个或两个以上的个体之间，称之为人际冲突。产生这种冲突的原因也有很多种，在这里主要有以下三种。

1）人格特质：优秀的员工未必能成为优秀的经理。盖洛普对此给出两种解释：其一与当事人的独特优势相关；其二与他们当经理的动机相关。接下来，我们来看一些实例吧。

杰夫异常好胜，他当销售代表时什么事都想赢。在这种不夺第一死不休的欲望推动下，杰夫年复一年取得佳绩。杰夫成为经理后，他全力推动部下力争第一。从表面来看，这无可厚非。然而作为经理，杰夫不仅与其他地区竞争，而且与自己手下的销售代表竞争。他始终要超过他们。遇到大客户，他总要争做主讲人；他无法忍受当旁观者。每次他与员工谈话，总要压倒对方。本来是与员工谈个人发展，他却忍不住吹嘘自己如何技压群芳。结果，这种盛气凌人的言行气走了许多销售高手。

特洛依的一个标志性主题是"统率"，具有这一主题的人善于掌控对话的进程。特洛依的绝招是成交，他向客户做完演示后，对方难以说不。但是，特洛依当上经理后，他的部下却难以忍受他的"统率"风格。特洛依不与部下讨论指标，而更愿向销售代表"推销"新的配额，然后逼他们接受。结果，他的部下感觉被愚弄了。特洛依做销售时，这些成交的绝招使他受益无穷，却无助于他当经理。

苏珊以为，当了经理就会减轻指标压力。但她很快就发现，现在她要操心的，不再是她本人的指标，而是8个部下的达标。而如果他们不达标，她就会承受巨大压力。"作为一名销售代表，我只要出去，抓个大客户就行。"她说，"可作为经理，事情可没那么简单。不仅指标落空，而且你干着急、没招。真能把我气死。"

2）缺乏信任：人与人之间越是相互猜疑，越会产生冲突；越是信任对方，越能互相合作。经理心胸狭窄，总是疑心别人会超越自己，抢了自己的饭碗。这会极大地影响团队的凝聚力，导致团队效率低下。

3）归因失误：当个体的利益受到他人的侵害，他/她就会弄清对方为什么如此行动。如果确认对方是故意的，就会产生冲突和敌意；如果对方不是故意的，冲突发生的概率就会很少。没有（良性）竞争就没有进步，如果把良性竞争错误地归因为恶性竞争，就会出现各种误会和冲突。归因行为在很大程度上依赖于人格特质与行为动机，而且归因失误还会导致信任程度减弱。

在以上三点原因中，人格特质是最为关键的。如果现在的经理真的不适合作为一名管理者，让他待在这个位置上肯定会出现问题的。所以，企业只好考虑换掉经理。但现任经理技术了得，是企业的明星员工。如果处理不当，将有可能把现任经理赶到竞争对手那里去。体面地解决替换现任经理所引起的问题有多种方法，企业可以试探他的工作动机，设计合适的报酬机制来重新吸引并激励现任经理。

3.3.2　项目风险管理应用案例[一]

该项目为浙江省杭州市千岛湖环城公路上一座中承式钢管外包混凝土拱桥,桥宽10.5米,桥跨218米。合同工期为2009年8月~2009年11月,设计合同额为140万元。

项目业主:千岛湖环城公路投资公司
地方政府:浙江省淳安县、水务部门、文物部门、林业部门
当地居民:线路所经区域乡镇村各级政府及居民
设计监理:设计监理单位
外协单位:航拍单位、地勘单位

该项目为桥梁设计项目,在项目实施前应和项目业主和地方政府进行充分沟通,和业主方确认项目范围和相关要求,和地方政府就征地拆迁、地方居民出行、航道、林业等问题进行沟通落实,制定信息、沟通和冲突管理计划。

该项目费用较低,为了占领市场,为承接后续项目做准备,公司决定接受本项目。

该项目涉及的主要内容有航测、地勘、测量、设计和评审等环节,在项目进度、人力资源和费用安排上需要统筹考虑。

该项目外业期间正是雨季,台风季节,安全生产和风险管理也是项目实施过程中(地勘、测量)的重点工作之一,需要在全过程贯穿安全生产和风险管理的理念,并制定相应的管理计划。外业工作对工期的影响很大,业主在合同中没有明确天气对工期的影响,需和业主进行进一步沟通。由于本设计为一阶段设计,所以需要业主准确移交前期工作(工可方案及评审意见)。

该项目有如下特点:
(1) 工期紧,任务多,设计工期仅为4个月。
(2) 协调量大。
(3) 外业期间正值雨季,易造成工期延误。

项目风险管理团队组建完成后,根据本项目相关的制约因素,如项目的成本要求、工期要求等,结合本项目的进度计划、工作分解结构、人力资源安排计划,并在此基础上召开了专题会议,对收集的资料进行归纳总结,主要采用头脑风暴法对本项目的风险进行识别,确定了本项目实施过程中存在的主要风险,即工期风险、技术风险、费用风险、安全风险、自然风险和管理风险。

在风险识别的基础上,项目组成员在项目经理的主持下,采用专家经验法聘请有类似项目经验的专业人士对本项目潜在的风险进行分析、估计,并对风险发生的概率与影响程度进行评价,从而确定各风险的风险值。最后结合本项目具体情况,大家集思广益制定出了相应的应对方法。具体内容如表3-3所示。

[一] 本案例选自一次 IPMP 认证的案例讨论结果。

表 3-3　项目风险管理表

风险种类	风险来源	风险识别		风险评估				风险应对措施
		潜在风险因素	风险发生的后果	可能性	严重性	风险值	处置方法	应对措施计划
工期风险	业主	工可资料的提交及对方案的确认	反复修改方案，延误工期	4	8	32	减轻	及时与客户沟通，明确客户需求
	航道及水利部门	对方案的确认	反复修改方案，延误工期	6	8	48	减轻预防	加强与各职能部门的联系沟通，及时了解相关规定，出的合理要求，并将处理结果及时反馈给对方
	地方政府	地方协调对方案的确认	反复修改方案，延误工期	6	8	48	转移	通过分包，转移风险。加强对分包单位的监督，检查，提高资料准确性。出现问题，责任索赔
技术风险	地勘资料	资料准确性	设计内容出现偏差，返工	8	10	80	预防	严格审查技术方案，确保计算准确性
	设计风险	结构计算分析	设计不符要求，返工	5	10	50	减轻	资金不按时到位，责任索赔
费用风险	业主	资金不到位	工作无法开展，延误工期	4	9	36	减轻	制定周密的资金使用计划，加强管理，预留后备资金
	本方	成本增加	费用增加，利润减少	4	6	24	预防	做好安全教育，配备必要的安全防护设备
安全风险	人员	遭受意外	影响工作进度，增加造成不利影响	6	9	54	预防	做好安全教育，制定设备使用章程，并严格按章程内容执行
	设备	外业作业中受损	影响工作进度，费用增加	6	9	54	预防	
自然风险	自然条件	地形、天气、雨季、台风期	外业工作无法正常开展延误工期，费用增加	8	7	56	减轻	与当地气象机构联系，及时掌握未来天气变化情况，合理制定相应的外业作业计划
管理风险	组织机构	项目管理不力	管理混乱、冲突不断	2	9	18	预防	制定行之有效的管理制度并严格执行，制定风险事件责任制度，制定激励和惩罚制度

3.4 项目团队管理应用案例[一]

3.4.1 案例正文

项目迟迟无法收尾，新考勤制度无法执行，平衡计分卡无人买账。总经理和研发总监寻思该如何收拾这盘残局，是兵不由将还是兵来将挡？

在蓝意技术有限公司总经理赵康宁办公室里摆着一盘已经下到中局的棋。赵康宁正和研发总监郭文超在棋盘边上就公司项目开发、新考勤制度、平衡计分卡系统等问题进行探讨，两人貌似平静，暗藏机锋。几个回合下来，双方逼近对方的九宫，不料却引出了郭文超的去留问题。

1. 兵不由将

郭文超其实不想和赵康宁争论，只是一想到现在自己的处境，就感到自己的太阳穴突突地跳，像要裂开一样。自己部门负责的项目迟迟无法收尾，公司又要实行新的考勤制度，而总经理赵康宁力推的平衡计分卡系统无人买账。面对这些难题，搞技术出身的郭文超有点力不从心。

对于赵康宁新近在公司推行的平衡计分卡系统，郭文超不是太感兴趣，他认为那都是在赶管理时髦。郭文超当初提出对研发部门实行特殊考勤制度的建议没有得到赵康宁的认同，平衡计分卡系统本来是要考虑各部门之间的平衡，但在郭文超看来，这对自己部门是不平衡的。因为研发部门是用脑子工作，一切都要度量的做法很难让人接受。

不过研发部的考勤记录又让郭文超头疼。手下的人都有迟到、早退的情况，这令部门成为公司管理的"软肋"。人力资源总监吴佩茹就特意把研发部这个月的考勤记录递到郭文超面前，宣布将执行新的考勤制度，对迟到、早退者施以警告和罚款，还关照郭文超要严肃部门劳动纪律。

尽管郭文超对新制度本来就有意见，他认为自己部门的人是用脑子工作，不能靠打卡来计算工作时间。不过他没法理直气壮，因为他也觉得自己部门的人似乎有点过于散漫了。经常是到了上午 10 点，部门里还有人手里端着杯豆浆、嘴里吃着包子大摇大摆地走进公司。

另外，郭文超还要帮公司催账。想起这事，郭文超就像哑巴吃黄连——有苦说不出啊！他们部门为华夏管理学院做的校园一卡通系统运行三个月了，对方以系统还不稳定为由迟迟不愿付最后一笔款。项目是总经理赵康宁揽来的，客户方是他的母校，所以郭文超他们对客户不但得有求必应，还得降低收费标准。

想起昨天部门开会的情景，郭文超感到头皮发麻。开会不但没有解决问题，反

[一] 本案例选自项目管理联盟网站，案例提交人戴孟。

而在唇枪舌剑中让赵康宁发现了自己部门在项目管理上存在很多漏洞。手下的人觉得现在的项目都比较低端，无法提升自己的研发水平，表现出对前途的迷茫和焦虑，担心自己掌握的技术会过时，自己也会被淘汰。尽管每次部门开会都会出现这样的情形，但郭文超也不知道该如何来安慰手下的人，因为他跟他们一样没有安全感。

说实话，郭文超对公司也有一些不满。虽然这几年公司经常搞一些培训，比如冲突管理、团队拓展、礼仪、演讲技巧，但在郭文超眼里全是些没用的技巧，他想不通成天对着电脑搞开发的工程师学演讲技巧干什么。他自己不起劲，也不鼓励自己部门的人报名。在他看来，那些培训不仅浪费钱，还浪费时间。

最急于解决的劳动纪律问题则成为手下的人爆发的"导火线"。郭文超就像是捅了马蜂窝，遭到在场所有人的猛攻。迟到次数最多的技术尖子林晓风因为要被处罚，甩手而去，而且临走还撂下话，说要辞职走人。

2. 兵来将挡

赵康宁比郭文超年长十几岁，在他眼里，郭文超一直是个技术能力强、肯吃苦、爱钻研、不计得失的人。他认为蓝意公司要想活下去，必须要有郭文超这样的技术灵魂人物支撑。这些年来，他一直煞费苦心地想把郭文超培养成一个技术型的管理者，为此给他安排了很多培训机会。

但是，赵康宁发现这些培训对郭文超起的作用好像并不大，而且听人力资源部的人讲，他也不太感兴趣，嫌耽误时间。赵康宁还从侧面了解到，郭文超在技术上的确是能收服研发部那帮工程师的，但在其他方面却很难镇得住，比如平衡计分卡系统在他们部门就推不动。

喜欢接受新鲜事物的赵康宁此次找郭文超，正是想了解他们部门平衡计分卡实施的情况。赵康宁兴致勃勃地向郭文超讲解战略地图和平衡计分卡的意义，认为公司今年想提高利润率，要把精力转向高端卡的设计开发，那就意味着要考核研发人员设计高端产品的能力。

不料却被对方反将一军，郭文超想到华夏校园一卡通的事，指出公司目前承接低端项目的做法恰恰与开发高端产品的战略目标相背离。赵康宁只好避实就虚。

郭文超趁势再攻，又牵出考勤制度的话题，告诉赵康宁自己部门的人被打卡的做法弄得士气低落，而这恰巧是赵康宁急于改变的问题。赵康宁予以正面回击："蓝意不再是过去那个小公司了，一切都要规范化，这样客户才能信任我们。没有规矩不成方圆，就拿下棋来说，双方虽是在攻城略地，但卒不得退缩，帅不得冲杀，士不出九宫，炮打隔山子，谁都得遵守这规矩。"

搞技术出身的郭文超原来想凭自己的技术服人带人就行了，可如今管理变得越来越复杂，他简直无所适从。心力交瘁的他以退为进，流露出想辞去总监、专心搞技术的意愿。

这一招却倒真是难住了赵康宁。他想应允郭文超，但又吃不准。他怕郭文超只是虚晃一枪，说几句气话，心里并不真想辞职，而他如果当真，对方可能会离开公司。而且，换下郭文超谁又来顶这个角色呢？郭文超可是研发部技术最好、资历最老的，他如果都降不住那群秀才，换了别人行吗？

左右为难的赵康宁寻思该如何应对，最后决定还是应该再走两步看看，暂时不表明态度。他针对郭文超对承接低端产品的不满提出公司即将开发3G网络用的SIM卡，希望借此先稳住郭文超。但又表示会本着对公司负责、对员工负责的态度，慎重考虑郭文超辞去总监的意愿。

郭文超的心也悬着，他对管理者的位子其实还是有几分留恋的，尽管辞去总监专心去搞技术的想法时常浮上心头。他今天本想随便说说，使个以退为进的招数，没料到赵康宁认真地听了去。郭文超有一种覆水难收的感觉，想要收回，已不容易。

3.4.2 案例分析一塑型"外圆内方"

赵康宁需要适度加入"方"的规则，把蓝意从"外圆内圆"的柔性形态带入"外圆内方"的塑形过程。

组织的管理形态不外乎两种，一种是圆，另一种是方。所谓的"圆"是指偏向软性管理，而"方"则是指较为刚性的制度与规范。无论"圆"还是"方"，都没有绝对的对与错，关键要看是否与环境相匹配。蓝意公司在管理上呈现的是一种"外圆内圆"的形态，这给处于变革之中的赵康宁与郭文超带来了一些挑战。

第一，从整个企业来看，蓝意公司当前最主要的问题是平衡计分卡系统推行不力。面临制度变革，一向习惯于软性管理的知识工作者（尤其是研发部门）一时间无法接受加诸而来的规范，依旧以传统的观念看待变革的用意。其实，在一个脑力、智力与创造力高度密集的组织里，由管理者引导的企业文化是维系整体团队士气以及保障组织纪律的命脉。公司在推行新制度时，多半都会遇到内部阻力。此时如果有深厚并且环环相扣的企业文化作为基础，则会使员工与新制度之间的摩擦力减到最小。蓝意公司应尽快建立一套包括企业愿景、使命、价值观，企业的核心竞争力、精神、制度，以及员工风格与管理风格在内的企业文化体系，利用企业文化的感染力去深化政策与制度的精神意涵，借以提高内部支持度。

第二，从个人层面来看，知识工作者的特质之一就是工作上的自主程度较高。就这点而言，外圆内圆的管理形态似乎可以达到高度授权的目的。然而，被高度授权的员工必须具备高度的自我管理能力，才能在个人创造力得到尊重的同时兼顾到整体效率。因此，可以适度加入"方"的规范。赵康宁不妨赋予团队自主决策权与考核权，刚柔并济，双管齐下。公司可以依照项目的性质和需求的不同，进行弹性组合，形成"矩阵式管理"的决策体系。并结合平衡计分卡系统，切实对绩效进行考核。比如，对郭文超这种只想钻研技术而不重视管理的骨干人才，就得把对他的培训与企业文化以及绩效制度结合起来，一面给予辅导，一面给予评估压力，促使他自我提高。

第三，外圆内圆的管理形态还给蓝意公司团队间的分工与沟通带来了问题。处在外圆内圆形态中的蓝意公司，销售人员与客户需求开发之间的衔接制度不甚完善，也没有建立追踪服务的制度。对此，蓝意公司可以利用信息网络平台，促进知识分享，加速部门沟通，方便资源整合。借助信息网络，公司内部有关人员和业务单位可以同时获得相关的信息和反馈，中层主管传统上那种承上转下或下情上传的功能也大大减少了，这无形中也促进了组织的扁平化。

领导知识工作者团队，不能一味放任或无为而治，必须重视制度层面的规划和执行，这就好比在"圆"的体制里要有"方"的依据。因此，赵康宁现在要做的是放下棋子，把蓝意公司从"外圆内圆"的柔性形态带入"外圆内方"的塑形过程。

3.4.3　案例分析二提供发展舞台

蓝意公司需要稳定人心，对员工的职业发展进行管理，调动他们的积极性，填平技术岗位和管理岗位的鸿沟。

蓝意公司面临的烦恼不少，如新管理工具推行不力、管理制度实施受阻、对主要管理者使用不当、员工对职业发展感到困惑等，但细究下来，根子上的问题还是"人"的工作没做好。

从案例中可以看出，蓝意公司研发部的员工普遍存在着迷茫和焦虑情绪——认为在公司工作没前途，缺乏成就感，学不到新的知识和技能；就连研发部总监郭文超本人也有一种职业不安全感。试想，在这种情绪下，员工如何能安心工作、开拓创新？

总经理赵康宁的当务之急是要对员工的职业发展进行管理，特别是对郭文超这样的技术灵魂人物的职业发展进行管理。

建立一个以能力评价为核心的职业发展与资格认证体系，即一个有效整合人员管理框架的、多梯晋升的体系，是帮助蓝意公司解决目前问题的有效方式。因为从职业发展与资格认证体系的建立过程和所涉及的内容来看，它有着明确的导向性，能体现不同阶段公司对员工的不同要求及所提供的发展机会。

在整合资格标准时，需要根据公司目前的研发战略，对绩效、能力、经验、贡献等维度进行统一标准的设计和提炼，这样就可使公司的战略发展方向与员工的个人职业发展紧密结合在一起。而在确定研发人员所需要的核心能力时，必须对研发团队所需要的知识技能重新进行梳理和确认，这将有利于研发团队的知识管理，从而为公司研发队伍的管理提供规范化和系统化的支持。

另一方面，从职业发展与资格认证体系的结果来看，当蓝意公司的技术人员既能清晰地看到自己的职业发展路径，又能感受到自己取得发展后与之配套的薪资、福利等不同的待遇时，他们就能体会到公司对他们的重视和认可，工作积极性也会被真正调动起来。

而对于研发总监郭文超,该体系也将为他提供新的发展舞台。作为蓝意公司的技术灵魂人物,郭文超的能力和特长充分表现在技术方面,而不是管理方面。赵康宁需要重新考虑对郭文超的使用,应该使之成为企业的技术核心,而不是把他继续留在令他如坐针毡的"管理宝座"上。

因此,赵康宁应在职业发展与资格认证体系中努力填平技术岗位和管理岗位之间的鸿沟,建立起一套行之有效的技术人员激励机制,或隐性或显性地使技术岗位及其他非管理岗位也与管理岗位一样"有面子",一样吸引人。对郭文超这样资深的技术专家,不但要给予他们与管理岗位对应的薪资、福利等经济待遇,同时要赋予他们与管理岗位对应的"政治待遇"。比如,到了一定级别后可以配备助理和独立的办公室,让他们从技术专家的角度参与高层决策等。

如果能做到这些,郭文超这类知识型员工的任用问题便能较好地解决,他们也能在最恰当的位置上发挥最大的作用。

3.4.4 核心观点——团队管理应基于个人发展

案例既然是说典型团队管理的,而团队管理是基于个人发展的,因此就应从个人发展方面来讨论案例所说的四个方面——项目研发、考勤制度、平衡记分卡和去留问题。

最关键的是去留问题,其实就在于双方对研发总监的个人发展的目标没有达成一致。总经理对这个目标是有设定的,但是总监本人并没有认可。关于这一点其实还是双方没有对这一目标进行有效沟通,问题可能出在总经理是否真的对研发总监的个人发展目标有一个清晰的界定,这可不是一个简单的词"技术管理者"所能概括的。如果这个目标传达到位得到认可,就不会让总监觉得是在浪费时间了。如果实在达不成一致,那只能走马换将了。

考勤制度可能争议会比较大,一直都是困扰大家的问题,关键是要从实际出发。那个技术尖子之所以很生气,最可能的原因不是他本人很散漫,而是他废寝忘食进行技术攻坚的时候无法在考勤制度上体现出来,而因此造成的迟到、早退却在考勤上体现得淋漓尽致。如果制度上不允许特殊对待而必须推行的话,可能就需要一些补充措施,以避免适得其反。

平衡记分卡本来是一个可以用来制定个人发展目标的工具,但推行不力,关键是用它制定的目标并不切合研发本身的实际状况。可能是总经理造成的,也可能是总监造成的。不管是谁,如果这个工具使用得当,就应该不会给大家造成太大的困扰。

项目研发,更多的是总经理的管理问题。

复习思考题

1. 分析波音777飞机项目成功的关键点,思考波音公司项目管理的案例启示。

2. 分析 IBM 的矩阵组织结构的价值与作用，探讨矩阵组织应用的特点及问题。
3. 分析华为产品研发项目管理的变革。
4. 分析塔里木油田一体化项目管理体系的作用。
5. 项目如何做好沟通管理，沟通的重点及计划如何确定？
6. 项目冲突的解决方式有哪些？
7. 不同的风险应对措施适合哪些风险？
8. 在项目团队管理中如何更好地发挥项目成员的作用？

主要内容
- ➢ 团队管理及里程碑计划在项目启动过程中的应用
- ➢ 工作分解结构在项目范围管理中的应用
- ➢ 网络计划技术在进度计划编制中的应用
- ➢ 资源费用曲线在项目计划编制中的应用
- ➢ 挣值分析法在项目费用进度综合监控中的应用
- ➢ MS Project 在项目计划制订中的应用

第 4 章

项目管理方法和工具的应用案例

项目论证就是从技术上和经济上对投资项目的可行性进行系统综合的评价，以评判投资项目的可行性和必要性。项目论证对于项目的投资决策非常关键，一个成功的项目论证将有助于项目未来的实施和运行。本章给出了两个项目论证的综合应用案例，对于读者进行项目论证书的编写具有一定的参考价值。

4.1 团队管理及里程碑计划在项目启动过程中的应用

"项目不是在结束时失败，而是在开始时失败！"做过项目的人大概都会对这句话感触颇深。要想顺利地实施项目，项目启动阶段的工作不容忽视。只有在项目的可行性研究结果表明项目可行，或项目实施阶段必备的条件成熟或已经具备的时候，项目才可以启动。

任命项目经理、建立项目管理班子是项目启动阶段完成的标志之一。一般来说，应当尽可能早地选定项目经理，并将其委派到项目中去。无论如何，项目经理都要在项目计划执行之前到岗。

在项目启动过程中，制订里程碑计划是一项重要的工作。里程碑计划是一个目标计划，它表明为了达到特定的目标需要经历的中间结果或状态。里程碑计划通过建立里程碑和检验各个里程碑的到达情况，来控制项目工作的进展并保证总目标的实现。

这里以"全自动路口安全系统模型项目"为例，说明项目团队管理及里程碑计划在项目启动过程中的应用与实践，本项目为模拟案例。

4.1.1 项目概况

目前，国内有很多报道公路与铁路交叉处人员被撞伤或发生意外，造成人员伤亡和车辆损毁的严重后果。而在某些边远山区或是其他不适合人工操作的公路与铁路交叉处（以下简称路口），要求由一定的自动化设备来代替人工操作。"全自动路口安全系统"很好地满足了上述需求，实现了路口的无人控制，并可以降低事故发生率，提高路口使用效率，减少人力、财力耗费，对国家发展和人民的安全都有着持续长久的作用。

全自动路口安全系统的工作原理是：利用光敏元件把信号传送给计算机，计算机控制气阀，将活塞下压，使安全手臂挡住道口，禁止通行。一定时间间隔后，计算机控制气阀把活塞上顶，安全手臂打开，允许人流通行。例如，在距离道口3千米的地方安装光敏元件，光敏元件对面的强光平时一直打开，负责供气的空气压缩机也一直打开。当火车开过来的时候，火车车身挡住了光源，光敏元件把这一信号传送给计算机，计算机控制气阀把活塞往下压，让安全手臂挡住道口，禁止通行。这时候，计数器开始计时，5分钟后，计算机控制气阀把活塞往上顶，安全手臂打开，允许人流通行。

"全自动路口安全系统模型项目"需要的资源主要有模型零件、电路板、连接线、数据线和计算机等。

4.1.2 组建项目小组

通常来讲，组建项目小组的方法有两种。一种是在明确项目小组的成员之后再选择项目经理，这种按照工作需求组建的团队比较利于工作的执行，但沟通和协调可能会存在一定的难度。另一种是任命项目经理之后，由项目经理依据工作情况和管理情况组建项目小组，这样组建的项目团队非常利于工作中的沟通和协调，也有利于开展项目工作。所以实际工作中，采取后一种方式的较多。

"全自动路口安全系统模型项目"项目小组的组建结合上述两种方式，在工作责任分析和个人能力结合的基础之上组建了团队。

1. 工作岗位责任分析

工作岗位责任分析的目的是为了更好地了解项目目的与项目所涉及的工作内容，该项目的目标是组装并设计一个工业机器人模型——全自动路口安全系统，涉及的工作包括前期的零件熟悉阶段、后期的创意设计阶段等。根据项目的目标，项目组设置了项目经理、项目经理助理、质量控制、技术总工程师、人事管理、资源调度、零件管理、技术装配员和项目验收小组等九个岗位。

2. 团队成员资格要求

结合工作分析，有针对性地收集有关工作的特征及所需的各种数据，重点收集工作人员的特征信息是组建项目团队的基础条件。本项目团队的组建在考虑了项目成员技术条件的同时，还考虑了沟通协调的便利性。比如，张红芳善于人际沟通，具有很强的领导能力，做事情认真负责，适合担任项目经理；彭博和王红艳对各种文字处理软件比较熟悉，打字速度比较快，而且王红艳与项目经理共同经历过多个项目，便于沟通，所以由他们两人做经理助理；易选强动手能力强，对机械方面比较了解，所以由他做技术总工程师；赵亮做事情细心，所以由他负责零件管理；王志锋负责资源调度并与王柏栋一起负责质量控制；沈生祥办事公证、工作积极热情，由其负责人事管理；张翠林经验丰富，所以由他担任项目顾问。上述这种工作特性和个人特性相结合的方式非常有利于项目工作的顺利进行。

3. 团队成员和组织结构图

团队成员包括张红芳、张翠林、易选强、王志锋、王红艳、王柏栋、沈生祥、赵亮和彭博。组织结构图如图4-1所示。

4. 职能分配

为了使项目的每一项具体工作分配到责任者，在上述工作的基础上形成了职能分配表，如表4-1所示。

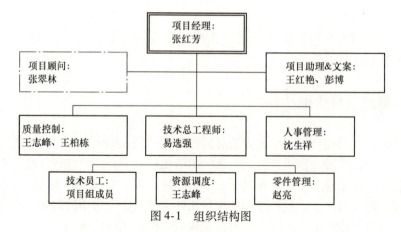

图 4-1 组织结构图

表 4-1 职能分配表

职位	职能	责任人
项目经理	➢ 负责项目全生命周期的资源配置和协调 ➢ 对项目总体目标及三重约束进行协调与科学决策 ➢ 全面负责项目的计划、组织、指挥、协调和控制	张红芳
项目顾问	➢ 对项目进展情况及过程中出现的问题进行指导	张翠林
项目助理 & 文案	➢ 辅助项目经理对项目进行协调和控制 ➢ 负责项目文档资料的制作和管理	王红艳 彭 博
技术 总工程师	➢ 负责制订创意模型组装过程进度计划并对此进行控制 ➢ 根据技术员工的能力和特点对其进行工作任务分配 ➢ 拟定创意模型方案、进行装配技术指导	易选强
质量控制	➢ 负责监理项目各个阶段的装配进度与质量 ➢ 对成果性创意模型进行检验	王博栋 王志峰
资源调度	➢ 制定资源调度制度,制作资源调度作业表 ➢ 与本单位设备管理人员协调合作 ➢ 负责本项目组内与外部资源进行协调,批准资源是否可外借、向其他项目组借用可得零配件 ➢ 按时记录资源调度情况	王志峰
零件管理	➢ 负责协调内部资源的装卸 ➢ 详细记录零配件的借还、装卸及损失情况	赵 亮
人事管理	➢ 监督项目组成员的工作情况,严格记录迟到、早退和请消假人员情况 ➢ 进行工作分析 ➢ 对项目组成员实施绩效考评	沈生祥
技术员	➢ 按照技术总工程师的安排选择并装配零组件 ➢ 协助技术总工程师完成各模型的组装、编程、调试和拆卸等	项目组全体
项目验收 小组	➢ 对项目交付的技术成果进行验收测试 ➢ 对项目完成的工作情况进行验收总结	张翠林 张红芳 王柏栋

5. 人力资源管理

人力资源是项目各种资源中最重要的资源，它直接影响项目三重约束目标的完成情况以及项目的总体效益。因此在本项目实施过程中，人力资源管理遵循了以下原则。

（1）强调团队建设。
（2）注重高效快捷。
（3）注重目标导向。
（4）在生命周期的不同阶段选用不同的方法管理。

通过对"全自动路口安全系统项目"进行分析，把项目组的成员分成资源调度、质量控制和人事管理等几个部分。把实验过程分为零件熟悉阶段、工程模型组装阶段、创新方案设计阶段和创新模型组装和调试阶段，并做如下规定。

首先，每个部门相互独立又相互关联，各个部门既要制订自己的计划与管理方法，又要与其他部门协调，并随时与项目经理联系。

其次，当一个部门的计划与整体计划发生冲突时，要以整体计划为准，并及时进行调整。在实验的不同阶段采用不同的管理方法。比如，在零件熟悉与组装阶段，要求项目组每个成员必须到场；而在创新阶段，则可以自由分配、定期进行碰头。

最后，制作考勤表，对成员的迟到、早退、缺勤等情况进行严格限制，最后由项目经理根据每个部分完成实验的情况和出勤情况给出一个合理的分数。

4.1.3 确定里程碑计划

里程碑是具有特定重要性的事件，通常代表项目工作中一个重要阶段的完成。里程碑计划是针对项目中重要的事件而制订的计划。里程碑计划制订的意义在于：

（1）与公司整体目标体系和经营计划一致。
（2）变化多发生在活动级上，计划稳定性较好。
（3）在管理级和活动级之间起着良好的沟通作用。
（4）明确规定了项目工作范围和项目各方的责任与义务。
（5）计划报告简明、易懂、实用。

1. 项目目标分解

工作目标的分解是制订进度计划、资源需求、成本预算、风险管理计划和采购计划等的重要基础，同时也是控制项目变更的重要基础。本项目的目标分解如图4-2所示。

其中，质量管理是指导、控制某组织与质量有关的彼此协调的活动，通常包括质量目标、质量方针、质量策划、质量控制、质量保证和质量改进等。

本项目的质量目标和方针是在项目进行全过程中通过质量管理手段实施有效的

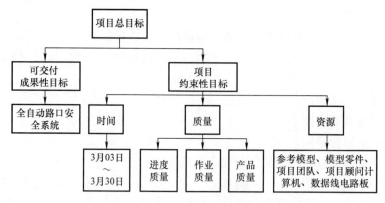

图 4-2 项目目标分解

质量控制,以保证项目目标的圆满实现。该项目中的质量管理工作的主要内容为监控项目全过程、及时反馈质量信息、积极调整项目进度和阶段目标。

本项目中的质量控制内容主要有三方面:一是控制进度质量,主要是以测评形式记录和监控进度;二是控制作业质量,主要是监控进度中各项工作的进行状况;三是控制产品质量,主要是测控各项工作是否达到目标要求。

2. 里程碑计划

根据上述目标分解结构树,形成的"全自动路口安全系统"的里程碑计划如表 4-2 所示。

表 4-2 全自动安全系统里程碑计划

项目名称:全自动路口安全系统　　项目经理:张红芳　　制定时间:2006.3.3

项目阶段	里程碑代号	内容简述	标志交付物	完成时间	被核查人	核查验收人
准备工作	1.1	熟悉管理工具、模型零件、基本分工	参考模型	3月3日	易选强	张红芳
项目立项	1.2	组建团队、定目标、方案可行性研究	可行性研究报告	3月14日	沈生祥 张红芳	王柏栋
项目计划	1.3	制定 WBS、RAM PERT、资源需求计划、风险分析研究	项目计划书	3月18日	沈生祥 易选强 王志峰	王柏栋
项目实施	1.4	模型组装、调试、测试、与方案比较分析、(项目变更)	创意模型	3月25日	易选强 王柏栋 赵 亮	方 炜 陈俊杰 王柏栋
项目竣工	1.5	人员绩效考评、编制并整理项目及个人工作总结报告	工作总结报告	3月31日	沈生祥 张红芳 团 队	王柏栋 张红芳 张翠林
答辩	1.6	汇报项目完成情况		4月1日	团 队	方 炜 陈俊杰

3. 项目工作流程

根据项目里程碑，细化后的项目工作流程如图 4-3 所示。

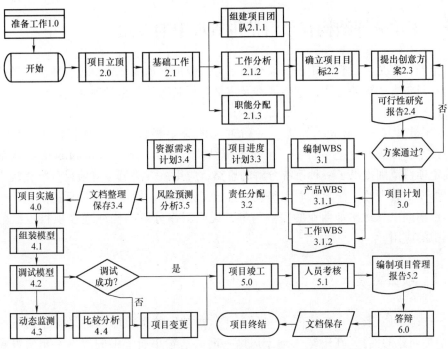

图 4-3 "全自动路口安全系统模型"项目工作流程图

4.1.4 总结

项目启动是一个十分重要的阶段，它关系到一个项目能否成功实施，能否达到项目利益相关者的期望和有效获得项目利益相关者的支持。

在项目管理中，启动阶段的工作占项目经理在整个项目中工作量的 50% 以上。一个项目的成功与否，在于计划做的是否完善、预见到的问题是否全面。在整个项目的启动阶段，项目经理的工作就是引导整个项目团队有目的地制订项目计划，综合各个方面的实际情况，完善项目计划；在该阶段，项目经理大部分的精力用于沟通，通过不断地沟通了解该项目利益相关者的期望，并根据不断沟通使项目利益相关者了解整个项目的情况，使其产生一个合理的项目结果预期。项目利益相关者不单指用户，还有内部与项目相关的人员，包括项目的技术、管理人员。项目经理通过和外界的沟通明确项目的工作目标，通过和项目团队的沟通达到让合适的成员做合适的工作的目标。

此外，在项目启动阶段，项目经理要对整个项目负责，项目经理在明确项目目标的同时还需要明确对整个项目团队的要求，并对项目团队的每个人负责，应该明确地告知项目团队在整个项目实施过程中的权责,定义好工作的汇报机制,完成人员的培训工作。

4.2 工作分解结构在项目范围管理中的应用

范围管理是项目管理中不可缺少的部分,范围管理保证项目包含所有要做的工作而且只包含要求的工作,它主要涉及定义并控制哪些工作是项目范畴内的、哪些不是。

"工欲善其事,必先利其器"。一个项目经理要想真正做好项目范围,没有必要的技术和方法肯定是不行的。工作分解结构(Work Breakdown Structure,WBS)为确定项目范围提供了一种系统分解的思路,应用该方法可以将项目分解成较小的和更加便于管理的工作,从而明确该项目的工作范围,便于项目目标的实现。

本案例以《送给加西亚的信》为例,说明工作分解结构原理在项目工作范围管理中的应用。

4.2.1 项目背景

一段时间以来,一本流传了一百多年,曾被无数次重印和翻译的小册子——《送给加西亚的信》,在中华大地上风靡一时。这本小册子中的故事,相信很多人都读过或听过。说的是 1898 年 4 月,美西战争爆发之际,美国总统麦金莱急于与在南美古巴崇山峻岭中打游击反抗西班牙统治者的起义军首领加西亚将军取得联系,但是没有人知道加西亚将军的确切地点。陆军情报局于是推荐了一名年轻的军官安德鲁·罗文中尉,让他务必把一封重要的联络信交给加西亚将军。罗文中尉什么也没说,拿了信就走。其后冒着生命危险,历尽艰辛,硬是找到了加西亚并把信交给了他,从而创造了"美国陆军史上一个可歌可泣的奇迹"。

从罗文送信的故事来说,罗文无疑是成功的,他是一个智勇双全的大英雄。他的英勇事迹,尤其是他的敬业精神,值得我们每个人学习和效仿。

故事中罗文的行动深深地打动了每一位读者。然而,当我们从项目管理的角度来分析这个故事时会发现:虽然这个"送信项目"最终由于罗文个人的出色表现而成功了,但从项目管理技术的角度来说,整个"送信项目"却很难说是完美的。事实上,这里面存在着很多"硬伤"。比如说,麦金莱总统和陆军情报局的瓦格纳上校根本没有项目管理的基本思想,有许多方面的问题都没有考虑到,没有计划、没有控制、没有风险分析、没有进行资源配置、甚至没有激励和沟通。不过,考虑到这个故事发生在一百多年前,那么这些问题的存在亦无可厚非。对此,我们应当给予理解,因为当时项目管理的基本概念还没有建立起来。

4.2.2 从现代项目管理视角分析《送给加西亚的信》

现在，不妨设想一下，假如我们处在与当时完全相同的条件下，如果我们懂得应用现代项目管理知识体系，那么我们是不是可以做得比他们当时所做的更好呢？以下就是运用科学的现代项目管理理念来分析这个"送信项目"，看看我们可以并且应该怎样运作。

（1）项目定义。这里的项目就是"送信"，也就是在一定的时间（如30天）和预算范围（如50万美元）内，在充分考虑风险的情况下，通过严密的组织、计划和控制，将信送给加西亚将军本人。这里预算不是主要约束条件，主要约束条件是时间。在项目质量要求方面，只有一条——就是信的内容绝不能泄密。

（2）目标描述。项目目标是项目预期的结果或最终产品。目标描述是指对项目的目标进行描述性的表示。通常，目标描述涉及项目目标、项目进度和项目成本三个方面。具体来说，"送信项目"的目标为以下三点。

1）可交付成果：将信送给加西亚将军本人。
2）时间：30天。
3）成本：50万美元的预算范围。

（3）主要利益相关者分析。项目利益相关者指的是和项目工作相关的工作人员。具体来说，"送信项目"的利益相关者包括以下几点。

1）麦金莱总统（代表美国政府）。他相当于企业的总经理，负责项目战略控制、资源授权以及项目成果评价与奖惩。

2）瓦格纳上校（代表陆军情报局）。他应担当起项目经理的角色，负责主持制定项目计划、进行资源配置、安排项目实施、控制项目进展、组织项目风险评估和应对，并负责项目集成管理。在组织结构链上，他直接对麦金莱总统负责，应及时向总统汇报项目进展。

3）罗文中尉。他是项目执行组的组长，主要负责"送信项目"的实质性执行。

4）项目组织成员。在故事中，项目执行者只有罗文一人。但在我们的项目管理中，项目组的成员是一个团队，所以故事中可以分为五个小组。

① 执行组成员3~5人，由罗文领导，负责执行送信使命。一旦罗文因被捕、伤亡或其他原因不能正常履行使命，其他成员要负责确保将信的正本或副本继续送达到指定地点。

② 安全组成员12人左右，应挑选忠诚、精干、老练的特种兵组成敢死小分队，负责保护罗文和其他执行组成员，甚至在关键时刻不惜以生命掩护他们以助其完成使命。

③ 后勤组成员8~10人，负责为送信项目提供资金、武器、装备、设施和一

切必要的物资支援。

④ 信息组成员 4~6 人，负责对有关信息进行收集、整理、分析、编码、发布、接收和解码，以确保信息的准确、及时和畅通，对项目各阶段的进展、风险进行分析、评估和发布。

⑤ 专家顾问组成员 15 人左右，覆盖众多专业领域，如国际政治专家、军事专家、信息学家、项目管理专家、地理学家、气象学家、心理学家、语言学家、南美民俗专家和野外生存专家等，为本项目提供全方位的专业知识咨询和智囊支持。

5）古巴盟友。在故事中，没有人告诉罗文他可能得到谁的帮助。罗文经猜测分析后想到，在牙买加有古巴联络处，可能会获得他们的帮助。于是他单独去寻找并经过一番努力后找到了在牙买加的古巴人，得到了他们的自发帮助。但在项目管理中，一切都要经过周密的筹划、组织，古巴盟友的出现应该是在计划之内的，要确保其在我们需要的时候能够准时到位，并为我们提供一切必要的支持。

6）西班牙统治者。这一点包括的范围和人数均较多，可能有西班牙军队、警察、情报人员、其他政府机构成员甚至所有可能告发这一项目的西班牙人，他们是"送信项目"坚决的反对者和阻挠者。

（4）项目风险分析。在任何地方都有可能存在风险。在项目管理中风险指的是所有影响项目目标实现的客观不确定性事件或因素的集合，它是在项目管理中不希望发生的。具体来说，"送信项目"可能存在的风险可以分为以下四类。

1）组织风险，如政府和军方可能有许多更重要的项目要做，则"送信项目"优先级别低，得不到足够的重视，也不能得到足够的资金、资源和信息支持。

2）项目管理风险，如资源配置不够、项目时间安排不合理、项目计划的质量不够、项目管理原则应用不足等。

3）技术、质量或绩效风险，如寻找加西亚的方法、路径有可能出错，项目有可能泄密，有可能无人知道加西亚的去处，甚至有可能加西亚已经不在人世等。

4）外部风险，包括外部阻挠风险，如西班牙人的盘查、扣留和扼杀，以及不可抗力风险，如地震、洪水、动乱等。

由于"送信项目"事关国计民生，总统亲自部署，优先级别极高，因而第一类组织风险极低，对此类风险可以不予重点考虑。而对于第二类项目管理风险，只要组织重视，计划得当，项目管理团队充分应用项目管理知识体系，那么也可以降到最低。这里第三类和第四类风险是应该重点考虑的，应有针对性地制订出风险控制计划，采取减缓、转移、规避等措施来进行控制。当然，对于不可抗力风险，可采取紧急情况下的补救方法。

4.2.3 项目描述

在以上分析的基础上，对"送信项目"进行项目描述，如表 4-3 所示。

表 4-3　项目描述表

项目名称	送信项目
项目目的	把联络密信送给加西亚将军
项目意图	与加西亚将军取得联系，共抗西班牙统治者
项目发起人	麦金莱总统（代表美国政府）
项目经理	瓦格纳上校（代表陆军情报局）
项目组成员	执行组、安全组、后勤组、信息组和专家顾问组全体成员
完成期限	30 天
总预算	50 万美元

另外，该项目的假设条件、约束条件和重要里程碑如下所述。

1. 假设条件

（1）加西亚将军健在并且还在领导起义军反抗西班牙人。
（2）一定有知情者知道加西亚将军活动的地区范围。
（3）一定有志愿者愿意为寻找加西亚将军提供支援。
（4）通过某些途径和方法有可能找到这些知情者和志愿者。

2. 约束条件

（1）时间：必须在 30 天内找到并把信送给加西亚将军本人。
（2）质量：任何情况下不得对西班牙统治者泄密。
（3）西班牙统治者的阻挠和干扰是项目成功的最大障碍。

3. 主要里程碑

（1）第 3 天，项目组成立并召开项目启动会议。
（2）第 5 天，项目组有关成员出发。
（3）第 17 天，项目组有关成员抵达牙买加。
（4）第 19 天，项目组有关成员抵达古巴。
（5）第 29 天，见到加西亚将军本人，并把信交到他手里。

4.2.4　工作分解结构

为了进一步制订计划、配置资源、明确责任，以利于项目的实施和控制，还要对该项目进行分解。项目工作分解结构如图 4-4 所示。

如图 4-4 所示的是 WBS 分解的"树形"结构，这种结构模式可以很清楚地表达出项目所要从事的具体工作内容。由于工作分解结构为三层次，工作编码采用三位编码。但 WBS 不能完整地表达每项工作的责任人等信息，因此，还需要用列表的形式表现，如表 4-4 所示。

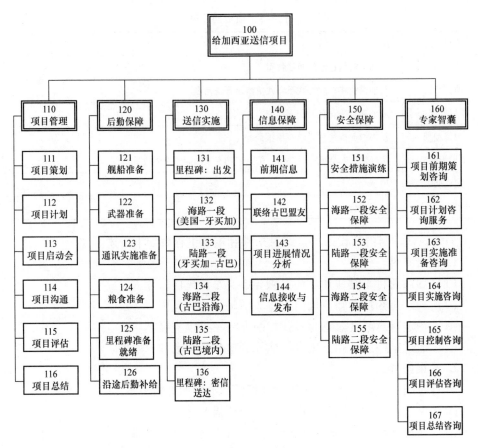

图 4-4 "送信项目"工作分解结构图

表 4-4 "送信项目"工作分解结构（WBS）列表

编码	任务名称	工期	起始日	结束日	紧前任务	主要责任人
100	送信项目	30 天	4月8日	5月7日	—	加西亚
110	项目管理	30 天	4月8日	5月7日	—	项目组全体成员
111	项目策划	3 小时	4月8日	4月8日	—	总统、上校
112	项目计划	2 天	4月8日	4月9日	111	项目组全体成员
113	项目启动会	3 小时	4月10日	4月10日	112	项目组全体成员
114	项目沟通	1 小时/天	4月10日	5月7日	113	项目组全体成员
115	项目评估	2 小时	5月7日	5月7日	136	总统、军情局
116	项目总结	3 小时	5月7日	5月7日	115	项目组全体成员
120	后勤保障	27 天	4月11日	5月7日	—	后勤组
121	舰船准备	3 小时	4月11日	4月11日	113	后勤组
122	武器准备	1 小时	4月11日	4月11日	113	后勤组、安全组
123	通讯设施准备	2 小时	4月11日	4月11日	113	后勤组、通讯组
124	粮食准备	2 小时	4月11日	4月11日	113	后勤组
125	里程碑：准备就绪	0 小时	4月11日	4月11日	121～124	后勤组

（续）

编码	任务名称	工期	起始日	结束日	紧前任务	主要责任人
126	沿途后勤补给	26 天	4月12日	5月7日	131	后勤组
130	送信实施	25 天	4月12日	5月6日	—	执行组
131	里程碑：出发	0 小时	4月12日	4月12日	125	执行组、安全组、后勤组、信息组
132	海路一段（美国—牙买加）	13 天	4月12日	4月24日	131	执行组
133	陆路一段（牙买加—古巴）	2 天	4月25日	4月26日	132	执行组
134	海路二段（古巴沿海）	2 天	4月27日	4月28日	133	执行组
135	陆路二段（古巴境内）	8 天	4月29日	5月6日	134	执行组
136	里程碑：密信送达	0 小时	5月6日	5月6日	135	执行组
140	信息保障	30 天	4月8日	5月7日	—	信息组
141	前期信息收集	3 天	4月8日	4月10日	111	信息组
142	联络古巴盟友	14 天	4月11日	4月24日	141	信息组
143	项目进展情况分析	1 小时/天	4月10日	5月7日	113	信息组
144	信息接收与发布	3 小时/天	4月10日	5月7日	113	信息组
150	安全保障	27 天	4月11日	5月7日	—	安全组
151	安全措施演练	4 小时	4月11日	4月11日	113	安全组
152	海路一段安全保障	13 天	4月12日	4月24日	131	安全组
153	陆路一段安全保障	2 天	4月25日	4月26日	132	安全组
154	海路二段安全保障	2 天	4月27日	4月28日	133	安全组
155	陆路二段安全保障	9 天	4月29日	5月7日	134	安全组
160	专家智囊支持	30 天	4月8日	5月7日	—	专家顾问组
161	项目前期策划咨询	2 小时	4月8日	4月8日	111	专家顾问组
162	项目计划咨询	2 天	4月8日	4月9日	111	专家顾问组
163	项目实施准备咨询	2 天	4月10日	4月11日	113	专家顾问组
164	项目实施咨询	2 小时/天	4月12日	5月6日	131	专家顾问组
165	项目控制咨询	3 小时/天	4月12日	5月6日	131	专家顾问组
166	项目评估咨询	2 小时	5月7日	5月7日	136	专家顾问组
167	项目总结咨询	2 小时	5月7日	5月7日	115	专家顾问组

以上 WBS 的分解只是一个简单的 WBS 表，只分解到第二层任务。但从这个简单的 WBS 表中就已经可以看出，这样一个重大项目，其任务与活动之复杂，需要的参与者之众多，确实并非一百多年前的总统和上校所想象的那样简单。而在做出让罗文一个人单独地完成如此重大项目的决策之际，总统和上校当时究竟有没有想到可能出现的风险与后果，有没有考虑万一罗文失败了又该怎么办，有没有研究多种备选方案和确保万无一失的保证措施等问题。不过，从已知的史料记载来看，似乎的确考虑的欠周到。而从罗文的角度来看，他"一句话不说，拿了信就走"，固

然可谓服从命令、果敢行动，但其行为方式亦有待推敲。试问，在这样一项重大任务面前，他为什么不咨询各相关领域内专家的意见？他为什么不与军情局相关人员充分沟通，一同研究一整套可行的计划方案，分析途中可能得到哪些援助，并且全面分析自己即将面临的风险和所能采取的措施？他有没有跟军情局高层讨论如何保持联系？何时用电报传递信息？用什么样的密码与暗号进行沟通？

虽然罗文最后成功了，但这种成功完全是建立在其个人出色的能力基础上的，而且带有极大的偶然性，甚至有点"悬"。在整个送信途中，罗文可谓一路"吉星高照"，居然好几次侥幸逃命，有惊无险。试想，如果不是罗文"运气"这么好、一再传奇般地躲过厄运，那么这个项目还能成功吗？事后，美国军方人士都认为这是一件不可思议的事情，用军方高层的话来说，罗文中尉"创造了一个奇迹"。从专业精神、敬业态度和机智勇敢等方面来说，罗文中尉值得我们每一个人学习。

然而在当前的项目管理实践中，按照现代项目管理理念，我们所追求的不应当是奇迹的发生，而是要确保项目的成功，项目的范围管理是项目成功的基础。换句话说，我们要运用现代项目管理理论来运作项目，尽可能减少项目成功的偶然性，增加其必然性。

4.3 网络计划技术在进度计划编制中的应用

在市场经济条件下，企业要想获得生存与发展，必须不断地推出适合市场需求、满足用户要求的新产品。因此，研发工作在企业中占有重要地位。在我国，企业一般采用职能管理方式，研发工作直接由研发或设计部门负责，但在实际实施中还存在一些问题。研制新产品不仅要考虑设计方面的因素，同时也要考虑产品设计完成以后的后续工作，如生产、工艺、资金和市场等。因此，研发工作与企业的各部门都有关系，各部门都应参与到企业的研发工作中去，所以需要按照项目的方式对研发工作进行组织管理。企业应对研发项目实行项目管理，按照项目管理思想进行管理控制，才能避免职能式管理的缺陷。

本案例以某企业电动自行车研制项目为例，说明工作分解结构（WBS）及网络计划技术在实践中的应用及作用。

4.3.1 项目概况

1. 项目背景

金龙公司在自行车行业中产量排名第三，但是最近的销量却在减少，市场空间急剧萎缩。公司面临两个选择：一是退出自行车行业，二是开发电动自行车。为此，公司对市场做了如下分析。

人民生活质量的提高和生活节奏的加快，代步工具成为人们追求的热点。机动摩托、助动燃油车由于受上牌费用、燃油价格、尾气排放等因素的影响，其发展速度受到一定程度的制约。与其相比，电动自行车却因具有能耗低、噪声小、无污染、运行费用少、维护方便等特点而逐步受到人们的青睐。而且随着电动自行车上的可充电电池、电机、控制器等关键部件相关技术的日渐成熟，电动自行车很有可能会成为我国工业经济的又一个新的增长点。

据资料统计，目前全国自行车拥有量为 5 亿辆左右，大城市有 20% 的人有购买电动自行车的愿望。假如全国平均有 20% 的自行车换购电动自行车，则每年有 1 000 万辆的需求，年产值至少有 150 亿元。所以，电动自行车是一个前景光明的产业。目前，很多地方政府部门、企业都已经准备或积极投入到该行业中。

电动自行车虽有诸多优点，但也存在一些问题。因为目前社会上对电动自行车究竟是机动车还是非机动车仍难定论；国家相关部门暂时也没有出台电动自行车的产业政策；大部分省市对电动自行车上路行驶的合法性还没有做出明确的规定，消费者的权益得不到保障。因为电动自行车符合我国国情和消费者的需求，所以其具有潜在的巨大商机。要挖掘出电动自行车的市场潜力，关键在于解决它本身的技术缺陷。现在电动自行车所使用的电机和电池性能不稳定，容易发生故障，影响到电动自行车整体的性能和使用寿命。预计三年后，一种完全无污染的电动车将会出现，电动自行车将真正做到轻便、舒适、快捷、无污染。高科技解决电动自行车自身技术缺陷的同时，会使其生产成本大大降低，其价格也会随之降低。

通过上述资料的分析，为了抢占市场，争取更大的发展空间，金龙公司决定着手进行电动自行车的研制，计划投资 500 万元，专门组建项目组用半年的时间研制出新型电动自行车。研制工作从 2002 年 1 月 1 日开始进行。

2. 项目特点

经过研究分析，电动自行车研制项目具有如下特点。

（1）电动自行车是在自行车技术的基础上做出改进，金龙公司有一定的经验。

（2）电动自行车的研制面临许多新的技术，如电动机的研究与试验、配套电池的研究与试验。

（3）由于国家即将出台有关电动自行车的标准，所以在自行车的重量及电池的标准上要符合有关规定，尽量开发轻便、无污染的产品。

4.3.2 项目范围的确定

1. 项目目标与项目描述

为了完成电动自行车研制项目的任务，项目负责人与公司高层领导多次研究协商，确定了项目的主要目标为以下三点。

（1）交付物成果：新款电动自行车样品。

（2）工期要求：研制总工期为 6 个月，从 2002 年 1 月 1 日起至 2002 年 6 月 30 日。

（3）成本要求：项目投资总额为500万元。

同时为了使项目各相关方和项目团队成员准确理解项目内容、明确项目目标，项目组用简单的表格形式对项目进行了描述，如表4-5所示。

表4-5 电动自行车研制项目描述

项目名称	电动自行车研制项目
项目目标	6个月内交付电动自行车的样品，总投资额500万元
交付物	电动自行车的样品
交付物完成准则	符合即将出台的电动自行车国家标准，满足公司未来产品开发战略要求，样品必须经过组织的专家评审团的评估验收
工作描述	为了确保项目目标的实现，整个项目应分为总体方案设计、车体研制、电动机研制、电池研制核总装与测试几个阶段，将各阶段工作分解落实并配备相应的资源。确定各阶段工作结果并予以检验，通过与公司的交流，最终保证通过专家评估，提交令公司满意的电动自行车样品
工作规范	依据国家建设建筑工程的有关规范
所需资源估计	人力、材料、设备和资金的需求
重大里程碑	开工日期2002年1月1日、总体方案设计完成日期2002年2月4日、车体研制完工日期2002年4月8日、电动机研制完工日期2002年5月6日、电池研制完工日期2002年4月22日、总装与测试完工日期2002年6月3日
项目负责人审核意见：按要求保质保量完成任务	
签名：×××　日期：2002年1月	

2. 项目重大里程碑

针对项目的目标要求，制定该项目的重大里程碑计划，制作该项目实施的反映重大里程碑事件关系的里程碑计划图。

（1）项目里程碑计划是项目实施的战略计划，显示了为实现项目总目标在实施过程中项目所需达到的一系列状态。

（2）项目里程碑计划是根据项目的特点和业主的要求，为了确保在某一特定时间项目可交付成果而编制的。

（3）本项目里程碑包括总体方案设计完成、车体研制完成、电动机研制完成、电池研制完成以及总装与测试完成。

根据项目工期要求，制订的里程碑计划如表4-6所示。

表4-6 项目里程碑计划

项目名称 里程碑事件	1月	2月	3月	4月	5月	6月
总体方案设计完成		▲4日				
车体研制完成				▲8日		
电动机研制完成					▲6日	
电池研制完成				▲22日		
总装与测试完成						▲3日

4.3.3 工作分解结构在项目工作分解中的应用

为了确定项目的工作范围,项目组在历史信息和咨询专家意见的基础上,应用工作分解结构的原理,对项目进行了分解。经过与公司高层管理者协商,最终确定的项目的工作范围如图 4-5 所示。

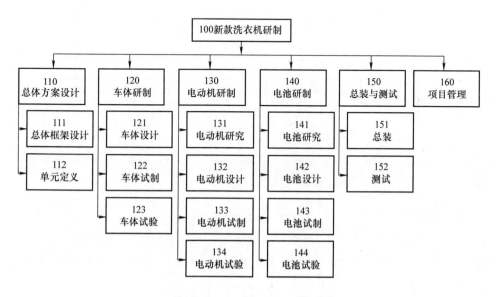

图 4-5 电动自行车研制项目工作分解结构示意

4.3.4 网络计划技术在项目进度计划编制中的应用

为了准确编制项目进度计划,需要确定项目各项工作的先后关系,同时估计各项工作的工作量和延续时间。在项目实施过程中,有些工作之间存在明确的先后关系,有些工作可以平行进行,先后关系不明确,这些工作的先后顺序影响了项目的总工期。由于项目工作工序很多,且工作之间存在一定的先后约束关系,如果对工作量估计不准,就会引起一系列的连锁反应,甚至会使项目工期延长和费用增加。为此,项目组遵循工作独立的原则,经过认真分析研究,综合协调各方面的情况,并结合历史信息,通过与公司高层管理者多次讨论,确定了项目各项工作的先后关系,如表 4-7 所示。根据对项目各项工作的工作量做得比较客观准确的估计,以及初步计划的人力资源情况,对每项工作的工作时间做了初步估计。

在上述工作的基础上,项目部依据项目的工作分解结构和各种限制约束条件等,制定了以单代号网络计划图表示的项目进度计划,如图 4-6 所示。

表 4-7 电动自行车研制项目工作先后关系

工作名称		工期（天）	紧前工作
110 总体方案设计	111 总体框架设计	10	
	112 单元定义	15	111
120 车体研制	121 车体设计	20	112
	122 车体试制	15	121
	123 车体试验	10	122
130 电动机研制	131 电动机研究	15	112
	132 电动机设计	25	131
	133 电动机试制	10	132
	134 电动机试验	15	133
140 电池研制	141 电池研究	20	112
	142 电池设计	15	141
	143 电池试制	15	142
	144 电池试验	5	143
150 总装与测试	151 总装	10	123，134，144
	152 测试	10	151
160 项目管理		120	

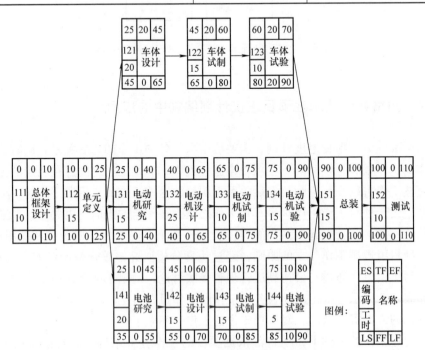

图 4-6 电动自行车研制单代号项目网络图

4.4 资源费用曲线在项目计划编制中的应用

4.4.1 项目概况及甘特图计划

1. 项目概况

某发电厂为了从根本上提高供电能力，规划建设装机容量为 8 台 600MW 等级的燃煤发电机组，一期先建设 1 号、2 号各两台国产 600MW 亚临界燃煤机组。二期工程扩建容量亦为 4 台 600MW 等级燃煤发电机组。项目建设要做到 12 个一次成功，即锅炉水压、风压、酸洗、制粉投入、电汽动给水泵启动、汽机扣盖、抽真空、冲转、发电机充氢、厂用受电、机组并网一次成功。具体来说，项目的主要目标如下所述。

（1）项目交付物：一期 1 号、2 号两台 600MW 机组工程施工合同完成。

（2）项目工期目标：从 2001 年 10 月 1 日至 2004 年 6 月 30 日竣工移交。

（3）项目费用目标：51 000 万元。

（4）项目质量目标：高水平达标投产；创 600MW 机组精品工程；创国家优质工程、鲁班奖。

（5）项目安全目标：人身死亡事故零目标；重大人身伤亡事故零目标；重大机械设备事故零目标；重大交通人身伤亡事故零目标；重大火灾事故零目标；重伤事故频率≤0.3‰；负伤频率≤2‰；环保达标。

2. 项目特点

（1）工期紧：自 2001 年 10 月 1 日开工，工期 33 个月，大大少于当时同类型机组的工期指标。

（2）气候条件差：项目所在地区地域特殊，属台风多发地带，雨季来临早，降水量大，空气湿度大，给施工组织与现场施工带来诸多不便。

（3）施工环境特殊：现场基础为岩石基础，往往是边爆破边施工，增加了施工组织难度，使施工进度和安全管理更难控制。

（4）新工艺、新技术多：大体积混凝土排水管冷却技术；小汽轮机弹簧基础施工；凝汽器冷钛管自动焊接技术；EDTA 锅炉清洗技术；大口径预应力砼管道施工技术等一大批新技术的应用，对项目的施工技术管理提出了挑战。

3. 项目管理特点

（1）地区文化的差异：地区文化的不同，造成许多意想不到的管理困难，特别是在沟通方面。比如供应商的经营方式不同，造成部分物资、机械组织上不能及时到位。

（2）施工技术条件：施工图样不到位，造成边设计边施工，变更频繁且滞后，给施工的技术准备工作带来相当大的困难。

（3）远程施工：由于距离公司本部较远，给人员、机械、物资的调拨带来诸多不便，同时也加大了工程成本控制的难度。

4. 项目 WBS 及进度计划

任何一个项目在计划过程中都必须完成相应的各类可操作管理计划，其中资源计划和费用计划极为重要。而这两类计划的编制，除了需要掌握国际通用的现代项目管理方法工具外，还必须对项目的范围和进度完成初步的确认。

依据项目的目标及主要工作内容，项目首先编制了 WBS 分解和总体进度计划，如图 4-7 所示，以作为资源和费用计划编制的主要依据。

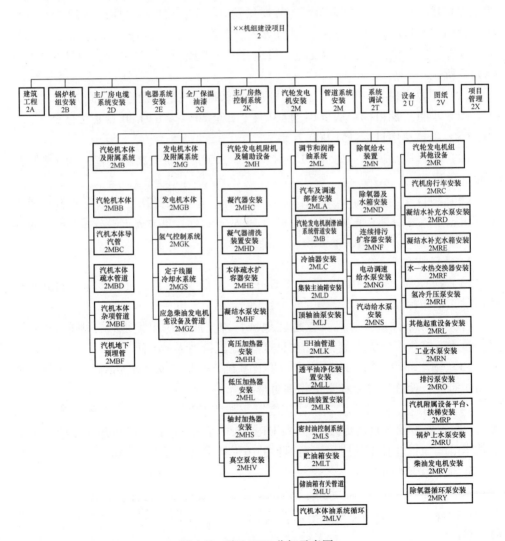

图 4-7　项目 WBS 分解示意图

根据项目的主要工作内容和时间要求，项目建立了详细的进度计划体系，其中一级计划为组织层面的里程碑控制计划，主要关键工作及时间节点如表4-8和图4-8所示。

表4-8　关键工作时间结点表

关键工作	时间结点
浇灌第一方砼	2001年11月1日
主厂房钢架结构吊装	2002年2月28日
锅炉钢架吊装	2002年5月1日
主厂房封闭完	2002年9月15日
锅炉汽包就位	2002年11月15日
汽机台板就位	2003年4月10日
发电机定子吊装就位	2003年7月10日
锅炉水压试验完成	2003年7月31日
厂用受电	2003年10月30日
汽机扣盖	2003年12月1日
锅炉酸洗完成	2004年3月8日
机组冲管开始	2004年3月28日
汽机冲转	2004年4月18日
一次并网	2004年4月28日
168结束	2004年6月30日

4.4.2　资源负荷图的应用

项目资源配置是根据项目WBS所界定的项目工作包内容和进度计划所要求的时间期限配备人力和物力资源，并根据人力和物力资源的可利用性对作业时间和逻辑关系进行调整。

项目管理中的资源一般指人力资源、材料和机器资源及借用资源（工程分包），资金资源是上述资源的转化形式和通用形式。

一般来说，项目中的资源配置在项目的不同管理层面、不同项目阶段会以不同的形式进行。从形式上，项目的资源计划可以分为三种类型，即职责性资源配置、计划性资源配置和工作指派性资源配置。这三种类型中，职责性资源配置最常见的形式即为结合项目组织结构设计完成工作责任分配矩阵，是为项目组织层面用于协调整体资源的主要工具；而工作指派型资源配置则是针对项目操作层面应用的具体到个人的工作分配。在项目实施过程中，对计划性资源的配置是针对同类型资源而设置的计划工具。

ctivit ID	作业说明	原定工期	Early Start	Early Finish
2号机组				
里程碑控制点				
LCB01	第一方砼浇注	0	011031A	
LCB02	主厂房钢结构吊装	0	020228A	
LCB03	汽机房封闭	0		020910A
LCB04	台板就位	0		030411
LCB05	发电机定子吊装	0	030629	
LCB06	汽机四缸扣盖完毕	0		031129
LCB07	锅炉钢架吊装	0	020428A	
LCB08	汽包就位	0		021107A
LCB09	锅炉水压完	0		030731
LCB10	锅炉酸洗完	0		040307
LCB11	厂用受电	0		031025
LCB18	机组吹管开始	0	040222	
LCB19	汽机冲转开始	0	040405	
LCB20	首次并网	0	040426	
LCB21	机组168小时满负荷运行完成	0		040621

图 4-8　项目里程碑计划

1. 资源计划表

根据项目的工作内容，在完成资源计划过程中，首先根据 WBS 设计，针对每个工作包对所需人力资源做出预算；再根据进度要求，将项目实施过程中每个时间单位内所有工作包所需资源进行累积，即可得到资源计划表，如表 4-9 所示。

2. 人力资源负荷图

根据项目资源计划表，可利用资源负荷图直观形象地表示出资源的计划内容。

根据表 4-9，资源负荷图横轴为项目实施的时间，纵轴为资源所需数量。在绘制资源负荷图的过程中，可不区分资源类型完成整体人力资源负荷示意图，如图 4-9 所示；也可针对不同类型的资源绘制单个资源负荷图，如图 4-10 所示。

3. 物资需求计划

在资源配置中，物资资源配置又称为项目的物资需求计划。物资需求计划是不同专业人员根据项目的任务清单提出的物资需求，是采购人员编制物资供应（汇总）计划、物资采购计划、物资储备计划的基础资料。由于项目对物资的需求种类繁多，一般物资需求计划是按照不同的类别分别编制需求计划表，表中一般包含品种、类型、名称、数量、规格和需求时间等内容，如表 4-10 所示。

第4章 项目管理方法和工具的应用案例

表 4-9 项目人力资源计划表

序号	资源类型	2001年四季度 平均	2001年四季度 高峰	2002年一季度 平均	2002年一季度 高峰	2002年二季度 平均	2002年二季度 高峰	2002年三季度 平均	2002年三季度 高峰	2002年四季度 平均	2002年四季度 高峰	2003年一季度 平均	2003年一季度 高峰	2003年二季度 平均	2003年二季度 高峰	2003年三季度 平均	2003年三季度 高峰	2003年四季度 平均	2003年四季度 高峰	2004年一季度 平均	2004年一季度 高峰	2004年二季度 平均	2004年二季度 高峰
1	木工	250	300	270	300	180	230	140	160	80	120	50	80	40	60	15	25	10	10				
2	钢筋工	160	200	120	150	100	140	80	100	50	60	20	40	20	30	15	15	5	5				
3	砼工	80	100	80	100	50	80	25	50	10	20	8	10	8	8	5	5						
4	架子工	50	100	50	80	50	80	50	90	35	80	10	20	20	40	25	40	30	70	10	20	10	10
5	瓦工	5	10	20	40	20	40	20	30	100	120	100	120	50	80	40	60	25	40	25	25	15	15
6	机械工、空调工	15	20	20	30	15	25	20	30	60	100	50	50	30	45	30	50	25	30	10	10	5	5
7	水暖工					55	70	20	40	25	40	35	45	40	50	60	60	30	30	20	20	10	10
8	锅炉钢架工			20	40	50	60	80	100	90	130	80	100	50	70	30	50	40	60	40	40	10	10
9	加热面共											120	150	180	80	100	100	50	60	20	20		
10	汽机工							20	40	20	40	50	70	60	90	80	90	60	80	40	40	10	10
11	管道工					20	60	20	20	60	80	70	90	90	120	70	120	50	60	60	80	20	20
12	辅助工					20	60	30	50	30	35	45	70	60	110	70	110	80	110	60	60	15	15
13	电工	10	25	30	30	30	40	40	40	80	80	90	120	120	100	80	100	50	60	40	40	10	10
14	仪表工									5	10	50	80	60	80	80	100	120	120	100	100	20	20
15	高压焊工	20	20	40	40	40	60	40	85	60	80	80	100	60	90	40	40	10	10	5	5		
16	中低压焊工	20	40	40	40	60	60	70	90	80	100	80	100	80	100	50	50	120	120	5	5		
17	结构焊工	20	40	40	50	40	60	20	40	20	20	15	15	10	10	20	20	40	60	40	40	20	20
18	铆工	30	40	40	50	40	80	30	90	80	100	60	80	40	40	30	30	20	20	30	30	10	10
19	保温油漆工	5	10	10	10	30	40	30	80	30	70	90	100	140	180	150	180	100	120	100	120	50	50
20	起重工	5	5	10	20	40	50	20	40	80	100	80	120	60	80	60	80	60	60	40	40	10	10
21	技术人员	15	20	20	30	30	40	30	40	40	60	60	80	80	80	100	100	80	80	30	30	20	20
22	管理人员	30	30	30	30	40	50	30	60	60	60	60	60	60	60	60	60	50	50	30	30	20	20
	合计	695	920	800	1 025	850	1 165	1 035	1 355	1 165	1 555	1 293	1 680	1 338	1 653	1 210	1 435	905	1 070	515	565	210	215

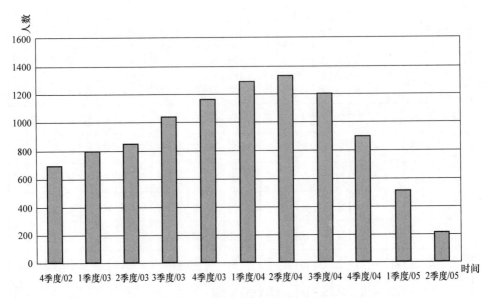

图 4-9　项目人力资源负荷图

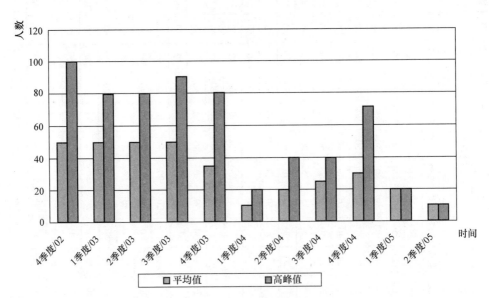

图 4-10　项目"架子工"资源负荷图

表 4-10　项目物资需求计划表

序号	机械名称	型号	数量	计划进场日期
1	液压提升装置	GYT-200	1	2002-10-01
2	250t 履带吊	CC1400	1	2002-01-10
3	150t 履带吊	P&H7150	1	2001-10-01

(续)

序号	机械名称	型号	数量	计划进场日期
4	50t 履带吊	QUY50	1	2001-10-01
5	40t 履带吊	P&H400	1	2001-10-01
6	50t 汽车吊	NK500	1	2001-10-01
7	40t 汽车吊	NK400	2	2001-10-01
8	20t 汽车吊	NK-200BE	1	2001-10-01
9	100t 塔吊	DBQ3000	1	2002-03-10
10	50t 龙门吊	LMQ5042	2	2001-10-01
11	63t 龙门吊	LMQ6342	2	2001-12-01
12	10t 龙门吊	LMQ1022	1	2001-10-01
13	双笼施工电梯	SCD200/200	2	2002-03-10
14	电动葫芦	GQ1010t	2	2002-03-10
15	低驾平板车	DJ-250	2	2001-10-01
16	解放载重车	CA4170	3	2001-10-01
17	解放载重车	CA4120	4	2001-10-01
19	日野载重汽车	ZM443	2	2001-10-01
19	叉车	CPCD5A2Z	2	2001-10-01
20	液压盘车机	DYP	2	2003-02-01
21	液压扳手	HY-10XLT	1	2003-02-01
22	车床	C620G/2000	2	2001-10-01
23	车床	CW6163/3000	1	2001-10-01
24	摇臂钻	Z3050*16	2	2001-10-01
25		……		

4.4.3 费用负荷图与累积曲线的应用

项目费用计划包括项目成本预算和资金收付计划，成本预算是从费用的角度对项目进行规划。作为实现成本控制的项目工程预算，在完成工程招投标的费用预算方面，要估算出招投标的工程造价费用，确定项目承包或分包的可行性，成为与甲方或与分包方签订承包合同及进行费用结算的依据。

项目根据施工图样完成施工图预算，同时根据图样的变更、甲方委托工程等实际情况对工程可能发生的各种合同变更费用及附属合同费用进行预算，经过商务经理批准的施工图预算成为签订工程分包合同的基础，同时为网络施工进度计划中的资源分配提供基础数据，使其成为工程项目资金使用计划的基础数据，同时为材料采购预算提供参考，作为材料支出和材料费用控制的依据。在完成造价预算后，项目对每一个 WBS 结点套定额进行计算，得到各个结点的各个基本直接费的测算数据，并根据定额费率可以得出其他直接费、现场经费、间接费等预算费用，并汇总出各分项工程、分部工程、单位工程的预算成本，得出各项工程的工程造价费用作为项目成本控制的依据。这里以总包工程费用为例进行说明。

根据本项目建设内容，其中，总包工程费用依据工作包按照人工费、材料费、机械费、其他直接费和管理费五个科目进行预算，再根据进度计划进行累积，可得总包工程费用的费用预算表，如表 4-11 所示。费用负荷图如图 4-11 所示，费用累积曲线如图 4-12 所示。

表 4-11 总包工程费用预算表

	四季度/02	一季度/03	二季度/03	三季度/03	四季度/03	一季度/04	二季度/04	三季度/04	四季度/04	一季度/05	二季度/05
人工	138	401	425	441	612	738	821	1005	1428	1210	860
材料费	177	610	554	603	941	1198	1358	1842	2878	2194	1469
机械费	224	428	510	475	486	543	663	786	1243	970	665
其他直接费	24	64	177	96	201	172	210	258	556	367	147
管理费	56.3	150.3	166.6	161.5	224	265.1	305.2	389.1	610.5	474.1	314.1
合计	619.3	1 653.3	1 832.6	1 776.5	2 464	2 916.1	3 357.2	4 280.1	6 715.5	5 215.1	3 455.1
费用累计	619.3	2 272.6	4 105.2	5 881.7	8 345.7	11 261.8	14 619	18 899.1	25 614.6	30 829.7	34 284.8

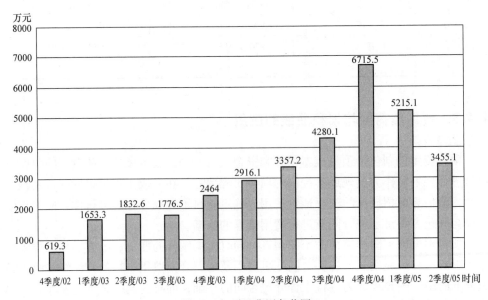

图 4-11 项目费用负荷图

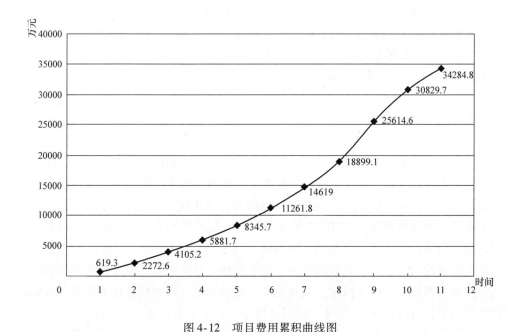

图 4-12　项目费用累积曲线图

4.5　挣值分析法在项目费用进度综合监控中的应用

对项目进行管理控制的目的是通过恰当合理的安排项目的各项实施活动，有效实现项目的目标，从而使项目实施的效果达到最优。项目的质量、进度、费用是项目实施过程中的三项关键内容，它们之间相互配套、相互协调、相互影响、相互制约。任何一方面的变化，都对另外两方面产生影响。在全面质量管理思想的指导和贯彻下，对项目的质量控制强调得较多，一般也能较容易地得到有效控制，但项目的进度和费用控制相对复杂，很难实现最佳控制，因此在项目控制管理过程中，项目进度和费用控制是项目控制的主要目标，项目质量控制是达到费用/进度最佳控制的基础。以往将项目的质量、进度和费用三方面割裂开来，分别进行控制管理，相互间缺乏紧密联系，带来了许多问题。要达到项目的控制目标，实现项目的有效控制，必须将项目的质量、进度和费用三方面综合起来考虑，在质量控制的基础上，对项目的费用/进度进行综合检测控制。挣值分析法（又称赢得值原理）是目前国际上广泛采用的一种对项目的费用/进度进行综合控制的方法。

本案例以 CD 合成剂项目的化工装置设计为例，说明运用挣值分析法对工程项目的费用/进度进行跟踪检测分析的一般过程。运用挣值分析法进行项目费用/进度综合控制的重点（或者说难点）是对三个基本参数 BCWS、ACWP、BCWP 的确定，本案例给出了对各费用参数进行计算的详细过程，通过本案例的学习可以更清楚地了解费用/进度综合监控对项目成功的直接影响。

本案例的主要内容包括：项目的有关情况，管道设计工作 BCWS、ACWP、BCWP 三个基本参数的确定和人工时/进度综合检测过程，装置设计工作 BCWS、ACWP、BCWP 三个基本参数的确定和人工时/进度综合检测过程等。

4.5.1 概述

工程公司对项目管理的主要目标是通过恰当的计划和控制，使项目的各项实施活动达到最好的成绩，实现资金、进度和效益的预期要求，圆满完成项目任务，并使公司取得最大限度的利润。达到这一目标的重要手段就是实行有效的项目控制，其主要内容有质量控制、进度控制和费用控制，这些控制贯穿于项目的全过程。其中进度和费用控制是项目控制的主要目标，质量控制是达到费用/进度最佳控制的基础。以往的情况是对它们分别管理，相互间缺乏紧密联系，带来了很多问题。例如，当项目进行到一定阶段时，累计花费的成本与累计计划预算成本相当，但实际已完成的工作量（进度）并没有达到计划量。到了项目预算已经超出而还有剩余工作量要完成时，要完成项目就必须增加费用，此时要打算在预算内完成项目进行成本控制就已经太晚了。这说明累计实际成本与累计预算成本比较只能说明一个侧面，并不能真实反映项目的成本控制状况。项目成本与进度之间的联系非常紧密，成本支出、资金消耗量的大小与进度的提前或滞后有直接关系。一般来说，累计成本支出与项目的进度成正比的，但是单纯的观察成本消耗的大小，并不能对成本趋势、进度状态做出完全准确有效的估计。进度超前/滞后都会影响成本支出的大小。因此要真正有效地控制成本，必须连续监督花在项目上的资金量并与工作进度对比。

本案例介绍的成本/进度综合控制方法——挣得值分析法（又称赢得值原理，Earned Value Concept，简称 EVC）是目前国际上已广泛使用的一种方法。EVC 是指引入已完成工作量的预算值（BCWP），用来对项目费用/进度进行综合评估。即在项目实施过程中任一时刻已完成工作量的预算值与该时刻此项工作任务的计划预算值进行对比，以评估和测算其工作进度，并将已完成工作量的预算值与实际资源消耗值作对比，以评估和测算其资源的执行效果。EVC 是一种行之有效的项目管理技术。

工程项目严密的组织管理是使用 EVC 进行费用/进度综合控制的基础。因为 EVC 的测量和评估是建立在各层次的进度计划的基础上，并以各层次的进度计划和预算进行资源负荷分配为依据的。没有严密的科学管理，就不可能运用 EVC 进行定量评估，因此 EVC 的应用在一定程度上反映了公司的管理水平。

为了建立应用 EVC 的基础，应完成以下各项工作。

（1）建立项目的工作分解结构（WBS）。在项目的初始阶段，首先要建立该项目的工作分解结构，确定每一个工作包、每一项工作任务的编码，并清楚地反映它们相互之间的关系以及在整个项目中的级别、层次关系。

（2）编制切合实际的工作进度计划。根据项目的工作程序和相互间的关系，应用网络技术，确定关键线路，制订项目进度计划。这一计划的编制必须从项目总进度计划起直到各项具体的任务的详细进度计划为止，包括工作包和工作任务的进度计划。所有各层次的进度计划要与项目的工作程序相一致。

（3）确定人工时和费用的预算。根据项目 WBS 及其编码，将人工时和费用分解到最低层次的记账单元，并确定人工时的费率。在总体执行效果测量时，计量单位统一用金额表示。

（4）建立完整的质量保证程序，并按质量保证程序完成各项工作。

在运用 EVC 对费用/进度进行综合检测时，由于项目的资源类别、特性以及费用项目和费率不同，因此在实际工作中按照费用类别分成：劳务人工时检测、直接材料费用检测、管理及非工资费用检测、开车费用检测和其他费用检测五类。其中劳务人工时的检测对象主要是指设计人工时和施工人工时。其特点是在工程项目费用支付中占有较大比例，国际上一般占总投资的 20%~30%。其工作分解可划分的较细，并能对每个工作包或工作任务建立明确的工作里程碑。

本文以某公司的 CD 合成剂项目为例，说明应用 EVC 对设计人工时（人工费）的检测过程。

4.5.2 CD 合成剂项目人工时（费用）/进度综合检测过程

1. 项目有关情况

项目名称：CD 合成剂。

项目范围：化工装置设计。

项目共分为三个装置：A01 净化装置、A02 合成装置、A03 分离装置。

项目详细结构：如图 4-13 所示。

本例检测范围是净化装置公司本部设计人员工资，即对设计净化装置工作包的人工时（费用）/进度进行综合检测。以其子任务——管道设计为例开始检测，说明应用 EVC 进行人工时（费用）/进度综合检测的过程，检测范围如图 4-13 所示。

2. 管道设计人工时（费用）/进度综合检测过程

（1）BCWS 的确定。根据 WBS，依据历史信息和专家经验，对管道工作包所包含的所有工作任务的工作量（人工时）进行估计测算，同时结合项目进度计划，可以得到管道设计所包含的每项工作在单位时间（月）内的资源负荷以及资源的累积值，然后在此基础上将管道设计所包含各项工作的资源负荷集合起来，即可得到管道设计在单位时间（月）内的资源负荷与资源累积值。

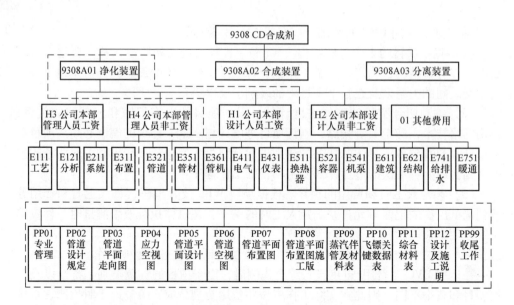

图 4-13 CD 合成剂项目工作分解结构系统图

(2) BCWP 的确定。为了准确测定项目的 BCWP，制定每项工作任务的"工作任务单"，如表 4-12 所示。根据工作任务情况确定每项工作任务所包含的工序，并根据经验和任务工作量情况，确定工作任务每个工序里程碑的实物进度工作量，如某设计工作包含设计、校核、审核和完成四个工序，通常将完成工作量的 25%、50%、75% 和 100% 作为里程碑的实物工作量来统计。随着设计工作的进展，各项工作任务或工作包有的已经完成，有的正在进行或已完成某一工序，有的还没有开始。以工作任务单为依据，对照已完成的工作量，按月记录各工作任务或工作包已到达的里程碑，即可得到在任一检测日期的 BCWP。管道设计所包含的工作任务的工作任务单（部分），如表 4-12 所示。

(3) ACWP 的确定。每项工作任务的实际消耗以设计人员的个人工作周卡记录为依据，进行汇总统计整理后，确定 ACWP。个人工作周卡，如表 4-13 所示。

(4) 管道设计人工时（费用）/进度综合检测。在 2000 年 8 月进行检查时，管道设计的 BCWS、BCWP、ACWP 值，如表 4-14 所示。

管道设计进度情况报告，如表 4-15 所示，根据管道设计进度执行情况，可以做出进度曲线，如图 4-14 所示。

管道设计进度曲线管道设计人工时情况报告，如表 4-16 所示，根据管道设计人工时消耗情况，可以做出人工时曲线，如图 4-15 所示。

管道设计人工时/进度执行效果报告，如表 4-17 所示，根据管道设计人工时/进度执行情况，可以做出管道设计人工时执行情况曲线和人工时负荷图，如图 4-16 和图 4-17 所示。

综合上述图表分析可知，管道设计效率高、进度慢、投入延后，应迅速增加人员投入；同时管道设计的人工时负荷不均匀，应采取措施改变此种情况。

3. 装置设计人工时（费用）/进度综合检测过程

将上述管道设计人工时（费用）/进度情况与其他工作包的人工时（费用）/进度情况，集合累加，即可得到装置设计人工时（费用）/进度的资料，如表4-18、表4-19、表4-20、表4-21和图4-18、图4-19、图4-20、图4-21所示。

综合上述图表分析可以看出，装置设计的效率高、进度较快、投入延后，若偏离不大可维持现状；同时从装置设计的人工时负荷图可以得出，装置设计的人力分配比较均匀，可保持现状。

表4-12 管道设计部分工作任务单

工作任务单（1）

工程编码：9308A01HIE321
工作包或工作项编码：PP02　　　工程设计规定　　　批准日期：
预算值：200人工时　　　　　　　签字：

里程碑代号	A	B	C	D	E	F
工序	编制	校核	审核	批准		
实物工作量(%)(累计)	70	85	95	100		
计划完成日期	2000年2月	2000年2月	2000年2月	2000年2月		
实际完成日期	2000年2月	2000年2月	2000年2月	2000年2月		
执行人						
确认签字						

工作任务单（2）

工程编码：9308A01HIE321
工作包或工作项编码：PP04　　　应力空视图　　　批准日期：
预算值：600人工时　　　　　　　签字：

里程碑代号	A	B	C	D	E	F
工序	设计	校核	修改、完成			
实物工作量(%)(累计)	80	95	100			
计划完成日期	2000年4月	2000年4月	2000年4月			
实际完成日期	2000年4月	2000年4月	2000年4月			
执行人						
确认签字						

工作任务单（3）

工程编码：9308A01HIE321
工作包或工作项编码：PP07　　　管道平面布置图(F)　　　批准日期：
预算值：4000人工时　　　　　　签字：

里程碑代号	A	B	C	D	E	F
工序	设计	校核	审核	修改、完成		
实物工作量(%)(累计)	70	80	90	100		
计划完成日期	2000年8月	2000年8月	2000年8月	2000年8月		
实际完成日期	2000年7月	2000年8月	2000年8月			
执行人						
确认签字						

表4-13 个人工作周卡

本周起止日期 2000.1.31-2000.2.6	人员代码	姓名	所在部室、专业	编码	楼号	房间号	电话号码							页数 第 页 共 页				备注
借用室代码				工作包工作项	里程碑代号		星期一	星期二	星期三	星期四	星期五	星期六	星期日	总正常工时 总加班工时	批准加班缺勤	计划工时	累计实耗工时	预测剩余工时
序号			项目 装置、工区															
1	9304		A01	PP10	A		正常/加班	8/	8/			8/			24/		32	32	0
2	9308		A01	PP03	A		正常/加班			8/		8/			16/		280	16	264
3							正常/加班												
4							正常/加班												
5							正常/加班												
6							正常/加班												
7	零星工作代号		零星工作代号规定: J 接待 N 业务咨询 F 会议 Y 政治社会活动 X 其他				正常/加班 正常/加班 正常/加班			8									
8	缺勤代号		缺勤代号规定: A T 代工资休假 H 婚假 Z 事假 C 产假 S 丧假 K 旷工 G 工伤 B 病假						B									
	总计						正常 加班												
	公司名称:														填表人签字: 专业组长签字: 部室主任签字:				

检测日期：
2000年8月
9308A01H1E321

表4-14 管道设计人工时/进度执行情况测定表（2000年8月）

编码	名称	批准估算（或人工时）	检测内容	年	1999			2000											2001		
				月	10	11	12	1	2	3	4	5	6	7	8	9	10	11	12	1	2	3
				项目月	1	2	3	4	5	6	7	8	9	10	11	12	13	14	15	16	17	18
	管道	100%	BCWS本月					0.8	2.3	2.3	6.8	7.8	8.4	16.4	14.4	16.4	10.4	6.8	2.3	2.3	1.8	0.8
			累计					0.8	3.1	5.4	12.2	20	28.4	44.8	59.2	75.6	86	92.8	95.1	97.4	99.2	100
			BCWP本月					0.3	1.3	1.7	3.75	6.45	10.9	17.9	14.4							
			累计					0.3	1.6	3.3	7.05	13.5	24.4	42.3	56.7							
			ACWP本月					0.3	1.3	0.8	2.3	5.3	9	17.8	18							
			累计					0.3	1.6	2.4	4.7	10	19	36.8	54.8							
		20000人工时	BCWS本月					160	460	460	1 360	1 560	1 680	3 280	2 880	3 280	2 080	1 360	460	460	360	160
			累计					160	620	1 080	2 440	4 000	5 680	8 960	11 840	15 120	17 200	18 560	19 020	19 480	19 840	20 000
			BCWP本月					60	260	340	750	1 290	2 180	3 580	2 880							
			累计					60	320	660	1 410	2 700	4 880	8 460	11 340							
			ACWP本月					60	260	160	460	1 060	1 800	3 560	3 600							
			累计					60	320	480	940	2 000	3 800	7 360	10 960							

表 4-15 管道设计进度情况报告

检测日期 2000.8　　9308A01H1E321

编码	名称	加权值(%) b	批准估算(人工时) 1	本月 挣得值 BCWP c	本月 挣得值 BCWP %	本月 计划值 BCWS e	本月 计划值 BCWS %	累计 挣得值 BCWP g	累计 挣得值 BCWP %	累计 计划值 BCWS f	累计 计划值 BCWS %	进度差异 j=g-f	进度指数 s=j/g	时间差异 $\Delta H=j/e$	备注
a															
PP01	专业管理	5	1 000	80	8	80	8	540	54	540	54	0	0		
PP02	工程设计规定	1	200					200	100	200	100	0	0		
PP03	管道平面走向图	2	400					400	100	400	100	0	0		
PP04	管道应力空视图	3	600					600	100	600	100	0	0		
PP05	管道平面设计图	20	4 000					4 000	100	4 000	100	0	0		
PP06	管道空视图	35	7 000	2 000	28.6	1 300	18.57	2000	28.6	2 100	30	-100	-0.05	-0.077	
PP07	管道平面布置图	20	4 000	800	20	1 500	37.5	3 600	90	4000	100	-400	-0.11	-0.27	
PP08	管道平面布置图施工版	2	400												
PP09	蒸汽伴管及材料表	2	400												
PP10	非标管件数据表	1	200												
PP11	综合材料表	3	600												
PP12	设计及施工说明书	2	400												
PP99	收尾工作	4	800												
总计		100	20 000	2 880	14.4	2 880	14.4	11 340	56.7	11 840	59.2	-500	-0.044	-0.174	

表 4-16 管道设计人工时情况报告

检测日期 2000.8　9308A01H1E32

编码	名称	加权值(%) b	本月 挣得值 BCWP c	本月 挣得值 BCWP %	本月 实耗值 ACWP d	本月 实耗值 ACWP %	累计 挣得值 BCWP g	累计 挣得值 BCWP %	累计 实耗值 ACWP h	累计 实耗值 ACWP %	累计 人工时时差 i=g−h	人工时执行效果指数 k=g/h	批准估算 人工时 l	预测值 m	变化值 n=l−m	备注
PP01	专业管理	5	80	8	60	6	540	54	480	48	60	1.125	1 000	889	111	
PP02	工程设计规定	1					200	100	100	50	100	2	200	100	100	
PP03	管道平面走向图	2					400	100	300	75	100	1.33	400	300	100	
PP04	应力空视图	3					600	100	700	116.7	−100	0.857	600	700	−100	
PP05	管道平面设计图	20					4 000	100	3 840	96	160	1.042	4 000	3 840	160	
PP06	管道空视图	35	2 000	28.6	2 200	31.4	2 000	28.6	2 200	31.4	−200	0.91	7 000	7 200	−200	
PP07	管道平面布置图	20	800	20	1340	33.5	3 600	90	3 340	83.5	260	1.078	4 000	3 711	289	
PP08	管道平面布置施工版	2											400	400	0	
PP09	蒸汽伴管及材料表	2											400	400	0	
PP10	非标管件数据表	1											200	200	0	
PP11	综合材料表	3											600	600	0	
PP12	设计及施工说明书	2											400	400	0	
PP99	收尾工作	4											800	800	0	
总计		100	2 880	14.4	3 600	18	11 340	56.7	10 960	54.8	380	1.03	20 000	19 540	460	

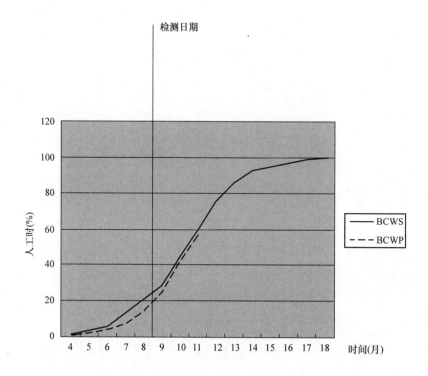

图 4-14 管道设计进度曲线

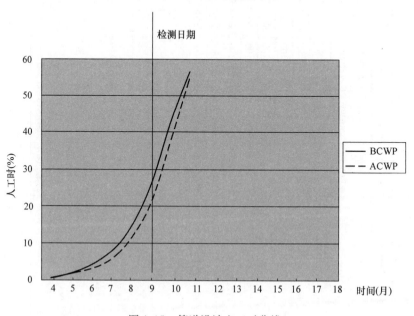

图 4-15 管道设计人工时曲线

第4章 项目管理方法和工具的应用案例

表4-17 管道设计人工时/进度执行效果报告

检测日期 1994.8

编码 a	名称	批准估算(人工时) b	本月 计划值 BCWS e	%	本月 挣得值 BCWP c	%	本月 实耗值 ACWP d	%	累计 计划值 BCWS f	%	累计 挣得值 BCWP g	%	累计 实耗值 ACWP h	%	进度差异 $j=g-f$	人工差异 $i=g-h$	人工时执行效果指数 $k=g/h$	预测人工时 预测值 m	变化值 $n=1-m$	时间差异 $\Delta H=j/e$ 月	备注
PP01	专业管理	5	1 000	80	8	80	8	60	6	540	54	540	54	480	48	0	60	1.125	889	111		
PP02	工程设计规定	1	200							200	100	200	100	100	50	0	100	2	100	100		
PP03	管道平面走向图	2	400							400	100	400	100	300	75	0	100	1.33	300	100		
PP04	应力空视图	3	600							600	100	600	100	700	116.7	0	-100	0.875	700	-100		
PP05	管道平面设计图	20	4 000							4 000	100	4 000	100	3 840	96	0	160	1.42	3 840	160		
PP06	管道空视图	35	7 000	1 300	18.5	2 000	28.6	2 200	31.4	2 100	30	2 000	28.6	2 200	31.4	-100	-200	0.91	7 200	-200	-0.077	
PP07	管道平面布置图	20	4 000	1 500	37.5	800	20	1 340	33.5	4 000	100	3 600	90	3 340	83.5	-400	-260	1.078	3 711	289	-0.27	
PP08	管道平面布置图施工版	2	400																400	0		
PP09	蒸汽伴管及材料表	2	400																400	0		
PP10	非标准管件数据表	1	200																200	0		
PP11	综合材料表	3	600																600	0		
PP12	设计及施工说明书	2	400																400	0		
PP99	收尾工作	4	800																800	0		
总计		100	20 000	2 880	14.4	2 880	14.4	3 600	18	11 840	59.2	11 340	56.7	10 960	54.8	-500	380	1.03	19 540	460	-0.174	

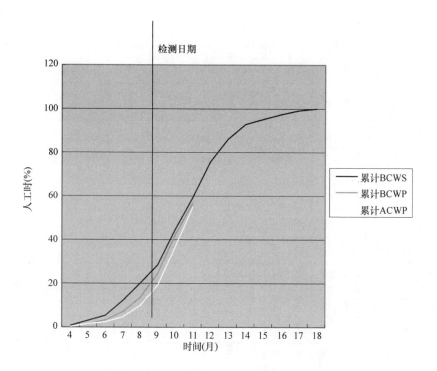

图 4-16 管道设计人工时/进度执行情况曲线

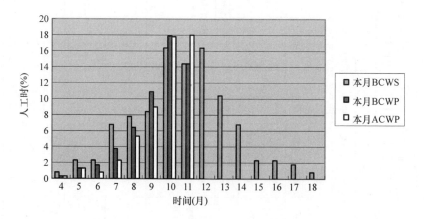

图 4-17 管道设计人工时负荷图

第4章 项目管理方法和工具的应用案例

表4-18 装置设计人工时/进度执行情况测定表（2000年8月）

检测日期	编码	批准估算（人工时）	检测内容	年	1999			2000											2001		
				月	10	11	12	1	2	3	4	5	6	7	8	9	10	11	12	1	2	3
2000年8月	9308A01H1	125 000	项目月		1	2	3	4	5	6	7	8	9	10	11	12	13	14	15	16	17	18
		100%	BCWS 本月		3.2	3.52	3.8	4.13	4.69	5.25	5.94	6.67	7.85	7.96	10.69	9.5	6.78	6.46	4.51	3.83	3.13	2.09
			累计		3.2	6.72	10.52	14.65	19.34	24.56	30.53	37.2	45.05	53.01	63.7	73.2	79.98	86.44	90.95	94.78	97.92	100
			BCWP 本月		2.4	4	4.56	3.97	4.69	5.71	6.76	7.91	7.9	9.34	10.62							
			累计		2.4	6.4	10.96	14.93	19.62	25.33	32.09	40	47.9	57.25	67.87							
			ACWP 本月		1.6	3.52	4.64	2.72	4.48	4.4	6.16	7.12	8	8.24	10.64							
			累计		1.6	5.12	9.76	12.48	16.96	21.36	27.52	34.64	42.64	50.88	61.52							
装置设计		人工时	BCWS 本月		4 000	4 400	4 750	5 160	5 860	6 560	7 430	8 340	9 810	9 960	13 360	11 870	9 970	8 080	5 640	4 790	3 910	2 610
			累计		4 000	8 400	13 150	18 310	24 170	30 730	38 160	46 500	56 310	66 270	79 630	91 500	99 970	108 050	113 690	118 480	122 390	125 000
			BCWP 本月		3 000	5 000	5 700	4 960	5 860	7 140	8 450	9 890	9 880	11 680	13 280							
			累计		3 000	8 000	13 700	18 660	24 520	31 660	40 110	50 000	59 880	71 560	84 840							
			ACWP 本月		2 000	4 400	5 800	3 400	6 100	5 000	7 700	8 900	10 000	10 300	13 300							
			累计		2 000	6 400	12 200	15 600	21 700	26 700	34 400	43 300	53 300	63 600	76 900							

表 4-19 装置设计进度情况报告

检测日期 2000.8
9308A01H1

编码 a	名称	加权值(%) b	批准估算(人工时) 1	本月 挣得值 BCWP c	本月 挣得值 BCWP %	本月 计划值 BCWS e	本月 计划值 BCWS %	累计 挣得值 BCWP g	累计 挣得值 BCWP %	累计 计划值 BCWS f	累计 计划值 BCWS %	进度差异 $j=g-f$	进度指数 $s=j/g$	时间差异 $\Delta H=j/e$	备注
E111	工艺	10	12 500					12 000	96	12 000	96	0	0		
E121	分析	1	1 250	200	16	200	16	800	64	650	52	150	0.187 5	0.75	
E211	系统	6	7 500	100	1.33	200	2.67	7 000	93.33	6 700	89.33	300	0.43	1.5	
E311	布置	3	3 750	200	5.33	150	4	3 400	90.67	3 450	92	−50	−0.014	−0.33	
E321	管道	16	20 000	2 880	14.4	2 880	14.4	11 340	56.7	11 840	59.2	−500	−0.44	−0.17	
E351	管材	3	3 750	100	2.67	80	2.13	2 500	66.67	2 390	63.73	110	0.04	1.375	
E361	管机	5	6 250	700	11.2	800	12.8	2 500	40	2 600	41.6	−100	−0.04	−0.13	
E411	电气	6	7 500	900	2	1 000	13.33	1 800	24	1 750	23.33	50	0.028	0.05	
E431	仪表	8	10 000	700	7	800	8	4 500	45	4 300	43	200	0.004	0.25	
E511	换热器	5	6 250	500	8	500	8	5 900	94.4	5 500	88	400	0.068	0.8	
E521	容器	12	15 000	1 500	10	1 200	8	13 200	88	12 600	84	600	0.045	0.5	
E541	机泵	2	2 500					2 500	100	2 500	100	0	0		
E611	建筑	4	5 000	800	16	750	15	4 500	90	4 250	85	250	0.056	0.33	
E621	结构	6	20 000	4 000	20	4 000	20	11 000	55	7 000	35	4 000	0.36	1	
E741	给排水	1	1 250	300	24			900	72	700	56	200	0.22		
E751	暖通	2	2 500	400	16	600	24	1 000	40	1 400	56	−400	−0.4	−0.67	
总计		100	125 000	13 280	10.62	13 360	10.69	84 840	67.87	79 630	63.7	5 210	0.06		

表4-20 装置设计人工时情况报告

9308A01H1　　检测日期 2000.8

编码 a	名称	加权值(%) b	本月 挣得值 BCWP c	%	本月 实耗值 ACWP d	%	累计 挣得值 BCWP g	%	累计 实耗值 ACWP h	%	人工时差 i=g-h	人工时执行效果指数 k=g/h	批准估算(人工时) l	预测值 m	变化值 n=l-m	备注
E111	工艺	10	200	16	100	8	12 000	96	10 000	80	2 000	1.2	12 500	10 417	2 083	
E121	分析	1	100	1.33	600	8	800	64	600	48	200	1.33	1 250	980	270	
E211	系统	6	200	5.33	100	2.67	7 000	93.33	6 200	82.66	800	1.13	7 500	6 637	863	
E311	布置	3	2 880	14.4	3 600	18	3 400	90.67	3 100	82.67	300	1.1	3 750	3 509	241	
E321	管道	16	100	2.67	100	2.67	11 340	56.7	10 960	54.8	380	1.03	20 000	19 540	460	
E351	管材	3	700	11.2	700	11.2	2 500	66.67	2 400	64	100	1.04	3 750	3 626	124	
E361	管机	5	900	12	1 060	14.14	2 500	40	2 400	38.4	100	1.04	6 250	6 110	140	
E411	电气	6	700	7	740	7.4	1 800	24	1 800	24	0	1	7 500	7 500	0	
E431	仪表	8	0	8	500	8	4 500	45	4 140	41.4	360	1.09	10 000	9 560	440	
E511	换热器	5	1 500	10	1 500	10	5 900	94.4	5 500	88	400	1.07	6 250	5 841	409	
E521	容器	12					13 200	88	12 500	83.33	700	1.06	15 000	14 181	819	
E541	机泵	2	800	16	500	10	2 500	100	2 200	88	300	1.14	2 500	2 200	300	
E611	建筑	4	4 000	20	3 000	15	4 500	90	5 500	110	-1 000	0.82	5 000	6 078	-1 078	
E621	结构	6	300	24	400	32	11 000	55	8 000	40	3 000	1.38	20 000	14 793	5 207	
E741	给排水	1	400	16	400	16	900	72	800	64	100	1.13	1 250	1 110	140	
E751	暖通	2					1 000	40	800	32	200	1.25	2 500	2 280	220	
总计		100	13 280	10.62	13 300	10.64	84 840	67.87	76 900	61.52	7 940	1.103	125 000	114 362	10 638	

表 4-21 装置设计人工时/进度执行效果报告

检测日期 2000.8

编码 a	名称	加权值(%) b	批准估算(人工时) 1	本月 计划值 BCWS e	%	本月 挣得值 BCWP c	%	本月 实耗值 ACWP d	%	累计 计划值 BCWS f	%	累计 挣得值 BCWP g	%	累计 实耗值 ACWP h	%	进度差异 $j=g-f$	人工差异 $i=g-h$	人工时执行效果指数 $k=g/h$	预测值 m	变化值 $n=1-m$	时间差异 $\Delta H = j/e$ 月	备注
E111	工艺	10	12 500							12 000	96	12 000	96	10 000	80	0	2 000	1.2	10 417	2 083		
E121	分析	1	1 250	200	16	200	16	100	8	650	52	800	64	600	48	150	200	1.33	980	270	0.75	
E211	系统	6	7 500	200	2.67	100	1.33	600	8	6 700	89.33	7 000	93.33	6 200	82.66	300	800	1.13	6 637	863	1.5	
E311	布置	3	3 750	150	4	200	5.33	100	2.67	3 450	92	3 400	90.67	3 100	82.67	-50	300	1.1	3 509	241	-0.33	
E321	管道	16	20 000	2 880	14.4	2 880	14.4	3 600	18	11 840	59.2	11 340	56.7	10 960	54.8	-500	380	1.03	19 540	460	-0.17	
E351	管材	3	3 750	80	2.13	100	2.67	100	2.67	2 390	63.73	2 500	66.67	2 400	64	110	100	1.04	3 626	124	1.375	
E361	管机	5	6 250	800	12.8	700	11.2	700	11.2	2 600	41.6	2 500	40	2 400	38.4	-100	100	1.04	6 110	140	-0.13	
E411	电气	6	7 500	1 000	13.33	900	12	1 060	14.14	1 750	23.33	1 800	24	1 800	24	50	0	1	7 500	0	0.05	
E431	仪表	8	10 000	800	8	700	7	740	7.4	4 300	43	4 500	45	4 140	41.4	200	360	1.09	9 560	440	0.25	
E511	换热器	5	6 250	500	8	0	0	500	8	5 500	88	5 900	94.4	5 500	88	400	400	1.07	5 841	409	0.8	
E521	容器	12	15 000	1 200	8	1 500	10	1 500	10	12 600	84	13 200	88	12 500	83.33	600	700	1.06	14 181	819	0.5	
E541	机泵	2	2 500							2 500	100	2 500	100	2 200	88	0	300	1.14	2 200	300		
E611	建筑	4	5 000	750	15	800	16	500	10	4 250	85	4 500	90	5 500	110	250	-1 000	0.82	6 078	-1 078	0.33	
E621	结构	6	20 000	4 000	20	4 000	20	3 000	15	7 000	35	11 000	55	8 000	40	4 000	3 000	1.38	14 793	5 207	1	
E741	给排水	1	1 250			300	24	400	32	700	56	900	72	800	64	200	100	1.13	1 110	140		
E751	暖通	2	2 500	600	24	400	16	400	16	1 400	56	1 000	40	800	32	-400	200	1.25	2 280	220	-0.67	
总计		100	125 000	13 360	10.69	13 280	10.62	13 300	10.64	84 840	67.87	76 900	61.52	5 210	7 940	1.103	114 362	10 638	0.39				

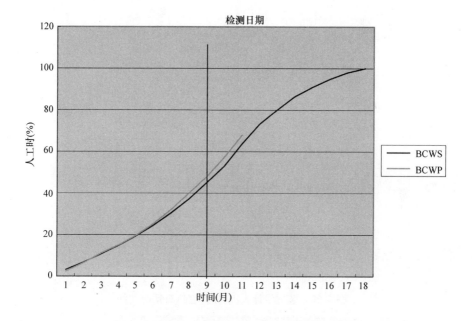

图 4-18 装置设计进度曲线

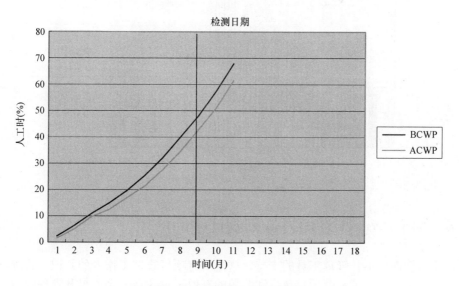

图 4-19 装置设计人工时曲线

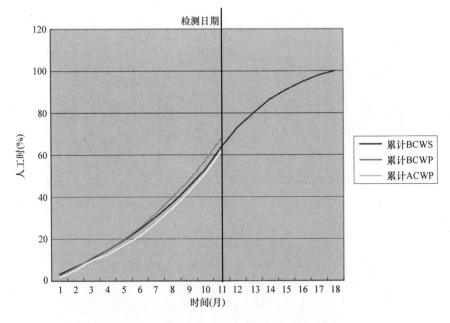

图 4-20 装置设计人工时/进度执行情况曲线

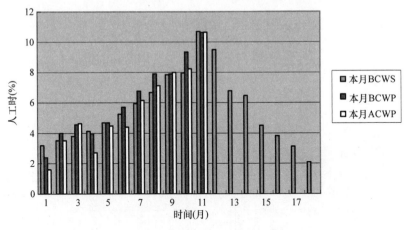

图 4-21 装置设计人工时负荷图

4.6 MS Project 在项目计划制订中的应用

项目管理离不开管理工具的支持,这是所有项目管理工作者的共识。管理软件的应用为企业提供了一个项目执行和监控的有效工具,帮助企业提升管理效力,提高企业竞争力。

Microsoft Project 2003&2007(以下简称 MS Project)是目前比较盛行的项目管理软件之一,在 IT 集成、开发项目、新产品研发、房地产项目、设计项目、工程建设项目、投资项目、企业项目管理等方面已得到了成功应用。使用 MS project 软件,可以帮助企业提高项目经理和管理人员的管理效率,并明确团队及成员工作职责,有效地管理企业各类项目,高效进行团队协作和监控项目目标的完成,优化工作流程,反映项目绩效评估,提升企业竞争力和管理执行。MS Project 功能强大,特别是为项目计划的制订提供了一种有力的工具。本节将通过一个项目管理的实例来说明 MS Project 在项目计划制订中的应用。

4.6.1 项目背景

随着国民经济的快速发展,城市交通条件已经成为人们出行的瓶颈,人们对交通工具的要求既要体现快捷方便,又要达到灵活舒适。××城市为了改善城市交通,方便人们出行,决定投资建设地铁。地铁工程是一个庞大的系统性工程,项目投资巨大,持续时间长。为了确保项目能顺利进行,项目前期的勘察工作就显得特别重要。经过招标,该市的铁路勘察设计院承担了项目的勘察工作。由于该项目对于提高设计院的知名度具有重要作用,院领导非常重视,抽调骨干力量组建了地铁勘察项目部。

项目部接到任务后,感到责任重大,决定采用项目管理软件来辅助完成项目,以确保有效规划项目并最终取得成功。

项目计划是项目管理工作的前提,良好、可操作性强的项目计划是项目成功的基础。项目计划的制订不是闭门造车,它要求计划制订者具有丰富的管理知识、技术水平和实践经验。

在该地铁勘察项目计划的制订中,为了使项目计划做到合理,具有操作性,且满足地铁工程总体实施的要求,项目部充分考虑了该项目的特点,应用 MS Project 制订了项目计划。

4.6.2 项目目标

在项目实施的开始,项目经理最主要的任务是必须准确地界定项目的总目标,通过对总目标的分解便可得到项目实现的目标体系。经过分析,项目的利益相关方经过讨论协商确定了项目的目标主要为以下三点。

(1) 交付物成果:地铁勘察文件。
(2) 工期要求:2008 年 5 月 5 日至 2009 年 12 月 20 日。
(3) 成本要求:总投资 2 000 万元。

4.6.3 项目分解

项目分解是项目管理的基础工作,其目的是明确项目所包含的各项工作,避免遗忘或疏忽一些项目必需的工作。项目部在进行项目分解时,以项目目标体系为指导,使用头脑风暴法尽可能多地挖掘项目的工作单元,然后通过分析和总结,得到了该项目的项目工作列表,将工作列表写入 MS Project,得到表4-22。在 MS Project

表 4-22 项目工作列表

标识号	WBS	任务名称	工期	开始时间	完成时间	前置任务
1	1	地铁勘察项目	595 工作日	2008年5月5日	2009年12月20日	
2	1.1	技术准备阶段	105 工作日	2008年5月5日	2008年8月17日	
3	1.1.1	研究合同、收集资料	30 工作日	2008年5月5日	2008年6月3日	
4	1.1.2	人员设备准备	60 工作日	2008年5月15日	2008年7月13日	3SS+10 工作日
5	1.1.3	现场踏勘	10 工作日	2008年7月14日	2008年7月23日	3, 4
6	1.1.4	编制勘察计划	10 工作日	2008年7月24日	2008年8月2日	5
7	1.1.5	ANA 审查	15 工作日	2008年8月3日	2008年8月17日	6
8	1.2	现场实施阶段	300 工作日	2008年8月18日	2009年6月13日	
9	1.2.1	工程地质调绘	40 工作日	2008年8月18日	2008年9月26日	7
10	1.2.2	地质勘探和原位测试	115 工作日	2008年9月27日	2009年1月19日	9
11	1.2.3	室内试验	145 工作日	2009年1月20日	2009年6月13日	10
12	1.3	地质和工程地质研究	375 工作日	2008年10月17日	2009年10月26日	
13	1.3.1	取土场及材料特征研究	180 工作日	2008年10月17日	2009年4月14日	10SS+20 工作日
14	1.3.2	水文地质工程地质条件研究	210 工作日	2008年11月6日	2009年6月3日	13SS+20 工作日
15	1.3.3	地质敏感区域专题研究	180 工作日	2008年11月6日	2009年5月4日	13SS+20 工作日
16	1.3.4	构造物结构和基础类型研究	180 工作日	2008年11月6日	2009年5月4日	13SS+20 工作日
17	1.3.5	隧道方案研究	180 工作日	2008年12月26日	2009年6月23日	16SS+50 工作日
18	1.3.6	路线方案比选研究	240 工作日	2009年2月14日	2009年10月11日	17SS+50 工作日
19	1.3.7	ANA 审查	15 工作日	2009年10月12日	2009年10月26日	18
20	1.4	APS 文件的编制	45 工作日	2009年10月27日	2009年12月10日	19
21	1.5	文件移交	10 工作日	2009年12月11日	2009年12月20日	20
22	1.6	项目管理	595 工作日	2008年5月5日	2009年12月20日	

中选择"视图"菜单下"工具栏"中的"分析"工具,可以在界面上看到"分析"工具栏,在此工具栏中选择"Visio WBS 图表"下的"启动向导"就可以根据向导将本项目的工作分解结构图导入到"MS Visio"软件中,如图 4-22 所示。

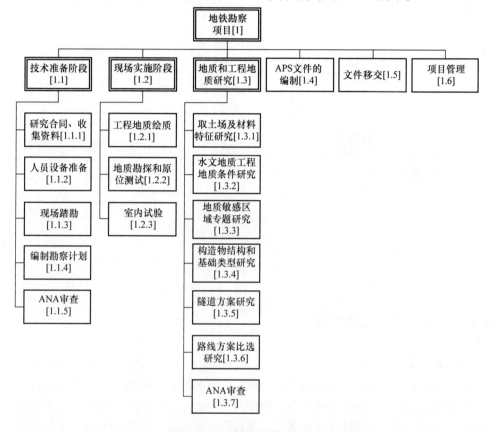

图 4-22　地铁勘察项目的 WBS

4.6.4　项目进度计划

项目进度计划就是根据项目实施的具体日程安排,规划整个工作进展。

甘特图可以表示工作的开始和结束时间,具有直观易懂的特点。并且 MS Project 中的甘特图还反映了项目工作逻辑关系、工作时间参数以及其他进度信息,因此项目部选取 MS Project 中的甘特图作为项目计划展示的工具。在以上工作的基础上,项目部依据项目的工作分解和各种限制约束条件等,选择 MS Project 中的"甘特图"视图。同时,由于本项目任务重、时间紧,项目部决定周六、周日不休息,工作时间如图 4-23 所示,修改项目工作时间后,可以保证项目在 2009 年年底前完成,得到项目的进度计划如图 4-24 所示。

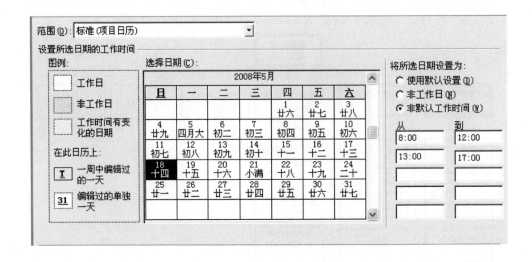

图 4-23　项目工作时间

4.6.5　项目人力资源安排

项目资源包括项目实施中需要的人力、设备、材料、能源及各种设施等,MS Project 中同样可以指定项目中的资源、限定资源的数量和使用时间,并为项目中的每一项工作安排所需的人员和设备,如图 4-25 所示,本项目中我们选择手动输入资源的方式。由于本项目时间要求紧,项目部重点对项目所需的人力资源进行了安排,如图 4-26 所示。

确定了项目的人力资源类型后,为每一项工作指定所需的资源类型及数量,以"1.2.1 工程地质调绘"工作为例,其资源安排如图 4-27 所示。

为每一项工作指定所需资源的类型和数量后,就可得到项目的资源图表,图 4-28 就是项目工程师的负荷图,图 4-29 是项目人力资源的使用情况。

4.6.6　项目费用预算

项目部的管理人员估计了每项工作的固定成本,结合项目的人力资源安排及人力资源费率,在 MS Project 中可以得到项目的费用列表,如表 4-23 所示。由此可见,项目的总预算费用为 1 900 余万元,预留了近 100 万元的风险金。

第4章 项目管理方法和工具的应用案例

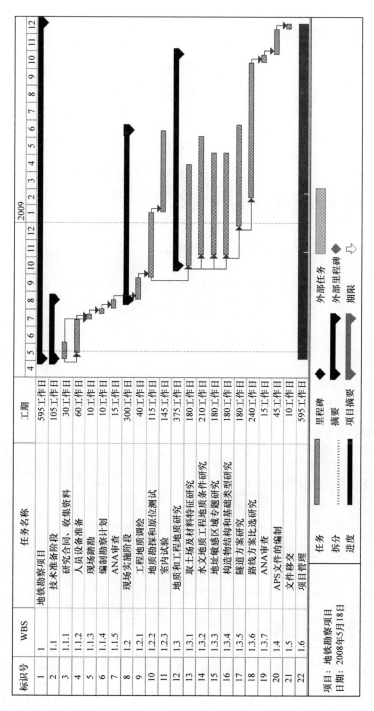

图4-24 地铁勘察项目甘特图

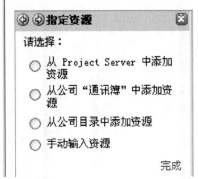

图 4-25　MS Project 中的资源输入

标识号	资源名称	类型	缩写	最大单位	标准费	加班费	成本累算	基准日历
1	工程师	工时	工	10 000%	￥40.00元/工时	￥120.00元/工时	按比例	标准
2	测绘人员	工时	测	2 000%	￥25.00元/工时	￥75.00元/工时	按比例	标准
3	管理人员	工时	管	5 000%	￥30.00元/工时	￥90.00元/工时	按比例	标准

图 4-26　本项目的人力资源类型

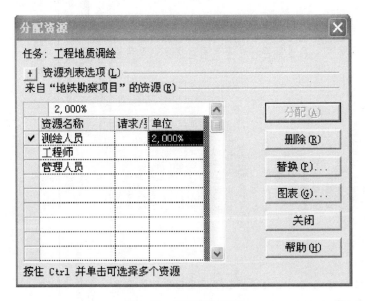

图 4-27　指定所需资源

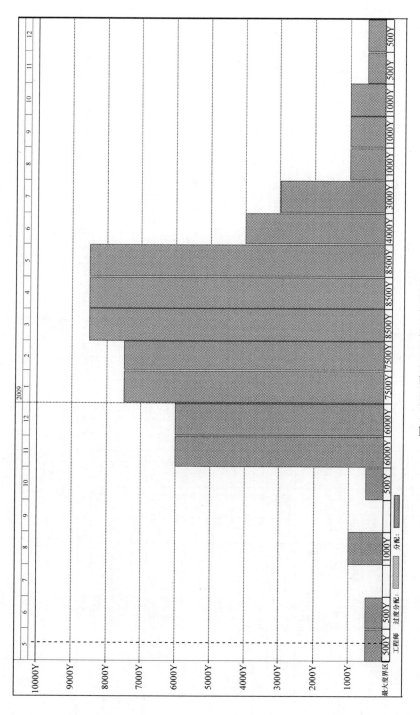

图 4-28 项目工程师的负荷图

图 4-29 项目人力资源的使用情况

标识号	项目名称	工时	即时信息	5	6	7	8	9	10	11	12	2009-1	2	3	4	5	6	7	8	9	10	11	12
1	工程师	15670 工时	工时	1080	120	800		160	5040	12800	16600	18600		21080	18480	10880	5920	2480	2480	2400	1080	1200	560
	研究合同、收集资料	1200 工时	工时	1080	120																		
	现场踏勘	200 工时	工时			800																	
	地质勘探和原位测试	4600 工时	工时					160	1240	1200	1240	760											
	室内测试	6800 工时	工时									480	1120	1240	1200		520						
	取土场及材料特征研究	21600 工时	工时						1800	5600	5720	5720	5560	5720	1680								
	水文地质工程地质条件研究	16800 工时	工时							2000	2480	2480	2240	2480	2400	2480	240						
	地质敏感区域专题研究	14400 工时	工时							2000	2480	2480	2240	2480	2400	520							
	构造物结构基础类型研究	23300 工时	工时								4000	4960	4480	4960	4800	640							
	隧道方案研究	21600 工时	工时								720	5720	5560	5720	5600	5720	2760						
	路线方案比选研究	19200 工时	工时									1200	1200	2480	2400	2480	2400	2480	2480	2400	880		
	APS文件的编制	1800 工时	工时						200	1200	400										200	1200	400
	文件研究	160 工时	工时																				160
2	研究人员	6800 工时	工时			400	2240	4160															
	现场踏勘	400 工时	工时			400																	
	工程地质调绘	6400 工时	工时				2240	4160															
3	项目人员	197960 工时	工时	6040	10080	10652	10668	9600	9920	9600	9920	9920	8960	9920	9600	9600	9600	9920	9920	9600	10640	10520	10400
	研究合同、收集资料	2400 工时	工时	2160	240																		
	人员设备准备	2400 工时	工时	680	1200	620																	
	编制勘察计划	240 工时	工时			192	42																
	ANA审查	600 工时	工时				600																
	ANA审查	600 工时	工时						600														
	APS文件的编制	1080 工时	工时						120	720	240												
	文件移交	240 工时	工时								240												
	项目管理	190400 工时	工时	5200	8640	9920	9920	9600	9920	9600	9920	9920	8960	9920	9600	9600	9600	9920	9920	9600	9920	9600	9920

表4-23 项目费用预算　　　　　　　　　　（单位：元）

标识号	WBS	任 务 名 称	成　　本	固 定 成 本
1	1	地铁勘察项目	￥19 106 800.0	￥0.00
2	1.1	技术准备阶段	￥1 529 200.0	￥0.00
3	1.1.1	研究合同、收集资料	￥130 000.00	￥10 000.00
4	1.1.2	人员设备准备	￥1 072 000.00	￥1 000 000.00
5	1.1.3	现场踏勘	￥242 000.00	￥200 000.00
6	1.1.4	编制勘察计划	￥17 200.00	￥10 000.00
7	1.1.5	ANA审查	￥68 000.00	￥50 000.00
8	1.2	现场实施阶段	￥1 976 000.00	￥0.00
9	1.2.1	工程地质调绘	￥760 000.00	￥600 000.00
10	1.2.2	地质勘探和原位测试	￥684 000.00	￥500 000.00
11	1.2.3	室内试验	￥532 000.00	￥300 000.00
12	1.3	地质和工程地质研究	￥9 664 000.0	￥0.00
13	1.3.1	取土场及材料特征研究	￥1 364 000.00	￥500 000.00
14	1.3.2	水文地质工程地质条件研究	￥1 672 000.00	￥1 000 000.00
15	1.3.3	地址敏感区域专题研究	￥1 576 000.00	￥1 000 000.00
16	1.3.4	构造物结构和基础类型研究	￥2 152 000.00	￥1 000 000.00
17	1.3.5	隧道方案研究	￥1 864 000.00	￥1 000 000.00
18	1.3.6	路线方案比选研究	￥968 000.00	￥200 000.00
19	1.3.7	ANA审查	￥68 000.00	￥50 000.00
20	1.4	APS文件的编制	￥154 400.00	￥50 000.00
21	1.5	文件移交	￥21 200.00	￥10 000.00
22	1.6	项目管理	￥5 762 000.00	￥50 000.00

4.6.7 项目监控

MS Project除了可以制订直观的、可视化的项目计划以外，还提供了一系列的工具、指标实时监控项目进行状况，如"跟踪甘特图""ACWP（已完工作的实际费用）""BCWP（已完工作的预算费用）""CV（费用偏差）"及"SV（进度偏差）"等，图4-30就是项目跟踪甘特图。因此，项目部决定在项目实施过程中及时向MS Project中输入项目执行信息，据此作为项目下一步工作安排和调整项目计划的依据。

MS Project功能全面，既可以为项目制订实用的、可视化的项目计划，又可以在项目实施过程中作为管理者监控项目和进行决策的依据。并且MS Project操作简单，容易学习。

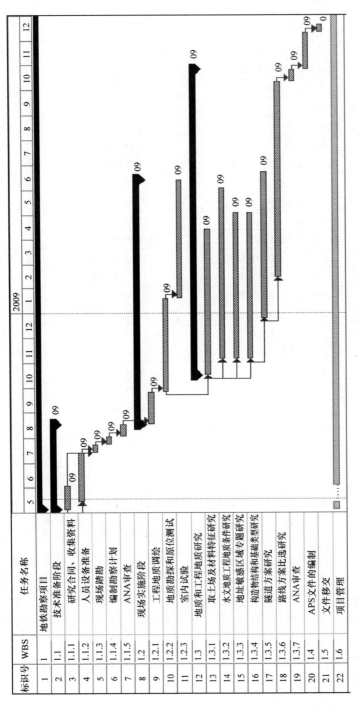

图 4-30 项目跟踪甘特图

复习思考题

1. 分析里程碑计划与甘特图计划相比较的特点,并说明里程碑计划的主要用途。
2. 请任意选择自己熟悉的某一项目,应用工作分解结构原理分析项目的工作内容。
3. 描述网络计划技术制订项目进度计划的过程。
4. 挣值分析法的含义是什么？如何准确测量 BCWS、BCWP 以及 ACWP 的值？
5. 试谈谈在实际项目中如何编制项目费用计划,如何将项目费用计划与财务管理相互协调管理？
6. 请应用 MS Project 软件制订 4.3 节案例的项目进度计划。

主要内容
- ➢ 邮电通信大楼建设工程项目管理
- ➢ 财税库行横向联网系统项目
- ➢ 工业产品实现项目案例
- ➢ CE 公司沿海经济地区项目群管理案例

第 5 章

项目管理的综合应用案例

5.1 邮电通信大楼建设工程项目管理

目前，全球每年社会投资项目中很大一类是建筑工程项目，建筑业也是应用项目管理最早的行业之一。在我国，建筑工程项目依据其自身的特点，经过几十年的经验摸索，已经形成了一些比较成熟的管理方式。但由于我国项目管理水平较低，建筑工程企业也是刚由计划经济模式向市场经济模式转变，合同管理、成本管理起步较晚，对建筑工程项目没有完全按照项目管理模式进行管理，致使很多工程项目在实施当中在资金、人员、质量和进度等方面严重失控，最后不是无限度地追加投资，就是无条件地追赶工期，影响到工程本身的质量。国外对于建筑工程项目完全按照现代项目管理的模式进行管理，已经形成了先进的被广泛认可的国际通用管理模式。与之相比，我国的建筑工程项目管理还存在很大的差距。在21世纪，特别是我国加入WTO以后，我们要参与国际竞争和国际竞标，必须提高我们的项目管理水平。为此，我们迫切需要了解、学习和掌握国际通用的项目管理知识与技术。

本案例以邮电通信大楼建设项目为例，依据国际现代项目管理理论，结合项目实际，说明了对建筑工程项目按照项目管理模式进行管理的国际通用做法的一般过程。本案例的特点是为读者介绍了国际上按照项目管理的思想对项目进行管理的规范做法。

本案例的主要内容有项目概况、项目的范围描述、项目管理组织形式、项目的进度计划安排、项目的资源计划、项目的费用计划、项目的质量计划与质量保证、项目的风险计划以及项目的控制管理过程等；应用的主要方法工具有里程碑、工作分解结构(WBS)、责任分配矩阵、网络计划技术、甘特图、资源(费用)负荷图、资源(费用)累积图、项目报告以及挣得值分析法等。

5.1.1 项目概况

1. 项目简介

某市邮电局原有大楼建于20世纪60年代，至今已经历40余年。在这40余年里，邮电大楼发挥了巨大作用，为当地的邮电通信事业做出了很大贡献。但是随着现代邮电通信事业的飞速发展，当时设计的大楼结构功能越来越显得满足不了需求，基础设施落后，配套设施不齐全，功能较为单一，与周围环境的相容性也很差。因此，经上级领导机关批准，按市政府统一规划，邮电局决定另征一块地皮，建设一幢设施先进、功能齐全的智能型邮电通信大楼。

所征用的地皮整体呈矩形，东西长，南北短，实测占地面积4 618m^2。项目设计建造一幢具有一流设施的智能型邮电通信大楼，大楼为一幢、24层，其中地下室一层，1~5层为群楼，以上为主楼。大楼西侧采用大弧面，建筑主体直接落地。地下室机动车库可停车58辆，建筑周围布置绿地，道路周边绿化，地块绿化覆盖率23%，地块西侧设有地上机动车位，可停车20辆，各个配套项目已向有关单位征询，可配套解决。项目合计地上建筑面积30 000m^2，地下建筑面积2 150m^2，总建筑面积32 150m^2，综合容积率6.5%，综合覆盖率46%，项目投资1.9亿元，建设周期2.5年，要求工程于2003年1月1日开工。

2. 项目承包方

经过招投标，本项目由××建筑公司承担。××建筑公司是民营大型建筑一级施工企业，有30多年的施工经历，拥有先进的技术装备和高素质的管理与施工队伍，具有土木建筑、设备安装、高级装饰、道桥修筑、技术开发、砼构件生产、房地产开发和物资贸易等综合施工经营能力，是首批通过GB/T 19002—ISO 9002国际质量体系认证的国内建筑企业之一。面向21世纪，公司坚持走科技兴企、质量兴业之路，建立和完善现代企业制度，努力发展成为现代化的新型企业。

公司在接到项目后，按照项目经理负责制要求，内聘了该项目的项目经理，组建了项目部，对项目全过程进行管理。基于公司的实力，公司有信心也有能力把邮电通信大楼项目建设成为优质工程。

3. 项目特点

项目部首先对建设邮电通信大楼项目的特点进行了分析，认为本项目是一个系统的综合工程，包括勘察设计和施工工程两方面的内容，实施项目的主要特点如下所述。

（1）对大楼工程进行全过程、全专业的方案设计和施工设计。

（2）施工工程包括以下三个方面的工作：

1）主体结构、装修、水暖通风、电气、消防、电梯及智能化系统的施工。

2）地下车库和地上机动车位工程。

3）配套市政工程的道路和绿地建设。

（3）大楼建筑物内部主要设备先进，而且达到智能型邮电通信功能。

5.1.2 项目范围的确定

1. 项目目标与项目描述

根据承包合同，项目部与项目业主、监理方等项目的相关方经过讨论协商确定了项目的目标主要为以下三点。

（1）交付物成果：设计建造一幢拥有一流设施的智能型邮电通信大楼，地上建筑面积30000m^2，地下建筑面积2150m^2，总建筑面积32150m^2。

（2）工期要求：2003年1月1日至2005年6月30日，历时2.5年。

（3）成本要求：总投资19 000万元。

为了使项目各相关方和项目团队成员准确理解项目内容、明确项目目标，项目部用简练的表格形式对项目进行了描述，如表5-1所示。

表 5-1　项目描述

项目名称	邮电通信大楼建设项目
项目目标	2.5 年完成邮电大楼的设计、建造工程，总投资 1.9 亿元
交付物	一幢总建筑面积 32150m^2、具有一流设施和智能型的邮电大楼
交付物完成准则	工程设计、建造、室内和室外装修的要求
工作描述	主体结构、公用系统、智能化系统、室外道路和绿化
工作规范	依据国家建设建筑工程的有关规范
所需资源估计	人力、材料和设备的需求预计
重大里程碑	开工日期 2003 年 1 月 1 日、工程设计完成日期 2003 年 7 月 30 日、基础工程完工日期 2003 年 11 月 28 日、主楼工程完工日期 2004 年 11 月 26 日、安装工程完工日期 2005 年 3 月 28 日、工程验收日期 2005 年 6 月 28 日
项目经理审核意见：按要求保质保量完成任务	
签名：×× × 　　　　　日期：2003 年 1 月	

2. 项目重大里程碑

针对项目的目标要求，结合项目的特点和各方的要求，项目部分析确定了本项目主要里程碑事件，制作了反映项目重大里程碑事件关系的里程碑计划图，如图 5-1 所示。

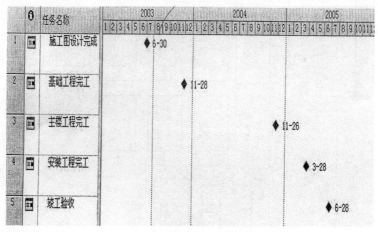

图 5-1　项目里程碑计划图

3. 项目工作分解

本项目涉及范围较广，工程量大，工作内容多。为了准确地明确项目的工作范围，项目部按照工作分解结构的原理对项目进行了分解，经过与业主协商讨论，确定了项目的工作范围，如图 5-2 所示。

4. 项目的工作描述

在项目分解完成后，为了使项目团队成员准确理解项目所包含的各项工作的具体内容和要求，项目部对 WBS 分解所得的所有工作进行了描述。工作描述的依据是项目目标、项目描述和项目工作分解结构，其结果是工作描述表。表 5-2 给出了施工图设计 1140 的工作描述。

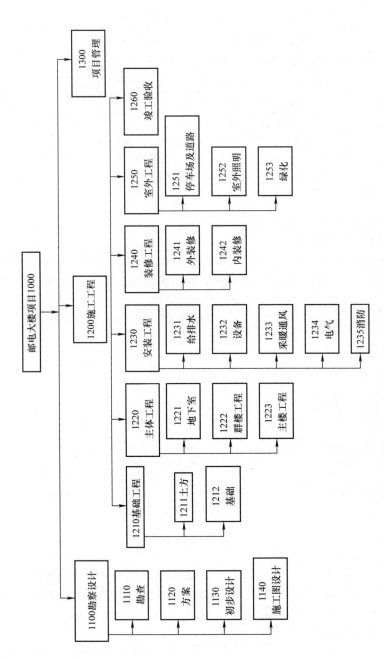

图 5-2 邮电通信大楼建设项目工作分解结构示意图

表 5-2 施工图设计的工作描述

工作名称	施工图设计
工作交付物	施工图
验收标准	项目经理签字,确定施工方案
技术条件	施工图设计规范
工作描述	根据项目要求和设计规范,进行施工图设计并报批
假设条件	勘查和方案设计工作均正确无误
信息源	勘查、方案和初步设计所收集的信息
约束条件	初步设计所确定的大纲
其他需要描述的问题	风险:初步设计大纲不准确 防范计划:勘查工作要详细准确以保证初步设计大纲的正确性
签名	签名:×××　　　　日期:2003 年 1 月

5.1.3 项目管理的组织形式

1. 项目组织结构形式

为了适应社会主义市场经济的需要,公司已由原来的职能式管理形式改为以项目为核心的管理模式,主要部门有人力资源部、经营计划部、财务部、技术部、工程部、采购部和质量部等,对承接的项目按照项目管理的方式进行管理。为了保证邮电通信大楼建设项目的顺利进行,需要公司各部门共同协作,实现项目总目标。按照项目经理负责制的要求,公司通过内部招聘的方式委派一名项目经理负责项目,并按照项目经理的要求与需要,组调各部门人员组成项目组织机构对项目进行管理。该建设项目组织形式采用矩阵式组织,如图 5-3 所示。该项目的组织机构分为两个部分,即项目的管理层——项目部和项目的作业层——作业承包队。

(1) 项目部。项目部在项目经理的领导下,负责项目从开工到竣工的全过程施工生产经营的管理,是公司在该项目上的管理层,同时对作业层具有管理与服务双重职能。作业层工作的质量取决于项目部的工作质量。项目部是项目经理的办事机构,为项目经理决策提供信息依据,当好参谋;同时又要执行项目经理的决策意图,向项目经理全面负责。根据项目实际情况,项目部的设置如图 5-4 所示。

(2) 项目作业层。项目的劳动力主要来源于公司的劳务资源(部分从社会聘用),公司的劳动力资源由人力资源部管理。项目经理部根据项目任务,编制劳动力需要量计划,交公司人力资源部和公司领导进行权衡,然后由项目经理部根据公司领导的权衡结果,进行供需见面,双向选择,与施工队签订劳务合同,明确需要的工种、人员数量、进出场时间和有关奖罚条款等,正式将劳动力组织引入项目,形成项目作业层。以施工队的建制进入项目后,以项目部为主,同施工队协商共同

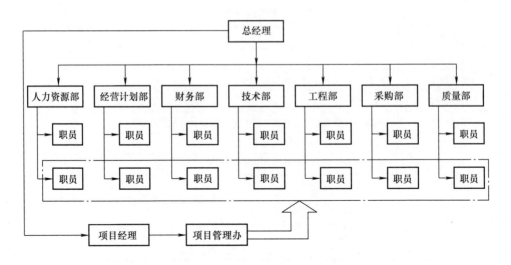

图 5-3 邮电通信大楼建设项目组织形式

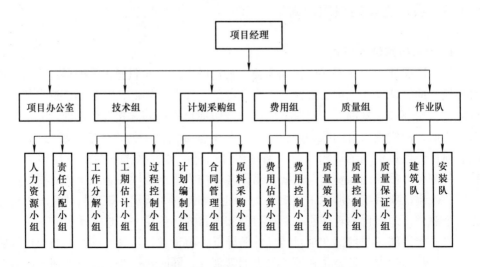

图 5-4 邮电通信大楼建设项目部组织结构示意

组建作业承包队。打破工种界限，实行混合编班，提供一专多能、一岗多职，形成既具有专业工种又具有协作配套人员，并能独立施工的作业承包队。对组建的作业承包队设置"项目经理作业助理"，作为项目经理在单位工程上的委托代理人，对项目经理负责，实行从单位工程开工到竣工交付使用的全过程管理。

2. 项目责任分配

为了对项目在执行过程中进行有效的监督、协调和管理，项目部采用责任分配矩阵的形式对参与项目各方的责任进行表述，如表 5-3 所示。

表 5-3　邮电通信大楼建设项目责任分配情况

任务名称	项目办	技术部	计划部	采购部	质量部	财务部	建筑队	安装队	项目经理
1100 工程设计	○		○						★
1110 勘察	○	▲			◆		○		
1120 方案设计	○	▲							
1130 初步设计	○	▲							
1140 施工图设计	○	▲							
1210 基础工程	○		○						★
1211 土方	○				◆		▲		
1212 基础工程	○				◆		▲		
1220 主体工程	○		○						★
1221 地下工程	○	○			◆		▲		
1222 群楼工程	○	○			◆		▲		
1223 主楼工程	○	○			◆		▲		
1230 安装工程	○		○						★
1231 给排水工程安装	○			○	◆	○		▲	
1232 暖通工程安装	○				◆	○		▲	
1233 设备安装	○				◆	○		▲	
1234 电器安装	○				◆	○		▲	
1235 消防系统安装	○				◆			▲	
1240 装修工程	○		○						★
1241 外装修	○				◆		▲		
1242 内装修	○				◆		▲		
1250 户外工程	○		○						★
1251 停车场及道路附设	○				◆		▲		
1252 室外照明	○			○	◆		▲	○	
1253 绿化	○				◆		▲		
1260 竣工验收	▲	○	◆	○	○				★
1300 项目管理	▲	○	○	○	○				★

注：▲—负责，○—参与，◆—监督，★—批准。

5.1.4　项目进度计划

为了准确编制项目进度计划，需要确定项目各项工作的先后关系，同时估计各项工作的工作量和延续时间。本项目是一个系统的综合工程，技术难度大，涉及部门多，工序繁杂。在项目实施过程中，有些工作之间存在明确的先后关系，但有些工作可以平行进行，先后关系不明确，正是这些工作的先后顺序影响了项目的总工期。由于项目工作工序很多，且工作之间存在一定的先后约束关系，如果工作量估计不准，则会引起一系列的连锁反应，甚至会使项目工期延长和费用增加。为此，项目部遵循工作独立的原则，经过认真分析研究，综合协调资源供应、技术、工艺、现场条件、工作效率和劳动定额等的情况，并结合历史信息，通过与项目各方多次讨论，确定了项目各项工作的先后关系，对项目各项工作的工作量做了比较客观准确的估计，同时根据初步计划的人力资源情况，对每项工作的工作时间做了初步估计。

在上述工作的基础上，项目部依据项目的工作分解结构和各种限制约束条件等，编制了以网络计划图和甘特图表示的项目进度计划，如图5-5和图5-6所示。网络计划图反映了项目工作的逻辑关系、工作时间参数以及其他进度信息，它使得计划始终处于项目管理人员的控制之中。甘特图表示工作的开始和结束时间，具有直观易懂的特点，在进行资源优化时可以发挥很大作用。

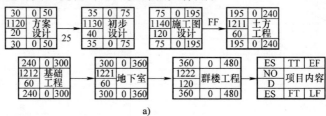

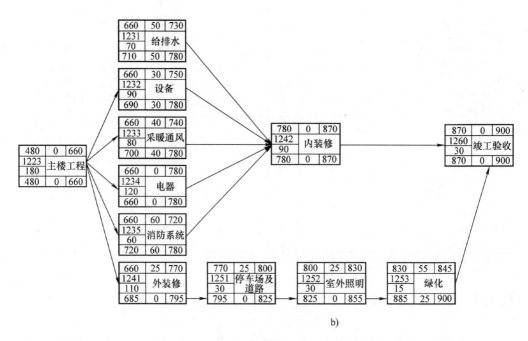

图5-5 邮电通信大楼建设项目网络计划图

5.1.5 项目资源计划

项目资源计划是指在项目执行过程中决定项目工作所需要的资源类型（人力、设备、材料）及其数量的规划过程，它是费用估计的基础。项目部在做项目的资源计划时，依据项目特点，着重实施项目的人力资源计划。本项目所涉及的人力资源主要有工程师、管理人员和工人三种类型，在项目的不同时段，各种类型的人员所需数量是不同的。

第5章 项目管理的综合应用案例

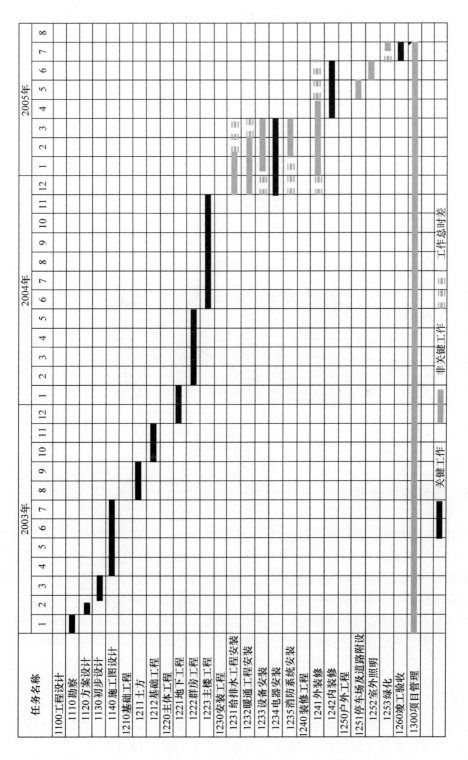

图 5-6 邮电通信大楼建设项目甘特图

按照项目工作进度计划，结合历史信息，根据公司人力资源情况，项目部对项目工作分解结构所得的项目单元所需的人力资源进行了详细的计划，同时做出了项目的人力资源负荷图和累积图，如图5-7和图5-8所示。

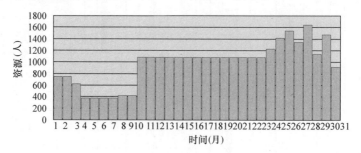

图5-7 人力资源负荷图

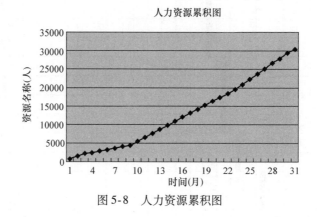

图5-8 人力资源累积图

5.1.6 项目费用计划

费用计划是指项目部根据项目所需各项资源的使用计划和项目的费用目标，对项目WBS所分解的每个工作单元的费用进行估计，并根据费用条目确定每个工作单元的费用预算以及整个项目的费用预算。同时结合项目进度计划，做出项目的费用负荷图和累积图。通过这些直观的图表，可以明确在整个项目期间费用的需求状况，了解到什么时候需要什么资源、需要多少资源，以便提前做好安排。同时也对费用的支付情况预先有一个初步的预算安排，到什么时候需要多少费用，到哪个时间点为止，总共计划支付多少费用。项目部根据本项目的费用目标，结合进度、质量和当地环境等多种因素，运用类比估计法和自下而上估计法等方法，初步对项目费用进行估计。然后根据费用条目包括劳动力、原材料、机器设备和库存成本等，经过反复研究和详细测算，确定项目的预算费用，如表5-4所示。并结合项目的甘特图，绘制项目费用负荷图和费用累积图，如图5-9和图5-10所示。

表5-4 项目预算费用

任务名称	工日	工期（天）	资源名称	人力资源数目（人）	固定投入（万元）	人力费用（万元）	总费用（万元）
1100 工程设计							
1110 勘察	15 000	30	工程师	500	130	30	160
1120 方案设计	10 000	20	工程师	500	10	60	70
1130 初步设计	15 000	40	工程师	375	20	90	110
1140 施工图设计	15 000	120	工程师	125	20	90	110
1210 基础工程							
1211 土方	10 000	60	工人	167	80	20	100
1212 基础工程	50 000	60	工人	833	300	100	400
1220 主体工程							
1221 地下工程	50 000	60	工人	833	700	100	800
1222 群房工程	100 000	120	工人	833	2800	200	3 000
1223 主楼工程	150 000	180	工人	833	8 100	900	9 000
1230 安装工程							
1231 给排水工程安装	12 000	70	工人	171	140	60	200
1232 暖通工程安装	18 000	90	工人	200	700	90	790
1233 设备安装	15 000	80	工人	188	290	90	380
1234 电器安装	18 000	120	工人	150	700	90	790
1235 消防系统安装	18 000	60	工人	300	500	90	590
1240 装修工程							
1241 外装修	50 000	110	工人	455	600	100	700
1242 内装修	50 000	90	工人	556	900	100	1 000
1250 户外工程							
1251 停车场及道路附设	25 000	30	工人	833	250	50	300
1252 室外照明	10 000	30	工人	333	80	20	100
1253 绿化	10 000	15	工人	667	80	20	100
1260 竣工验收	20 000	30	管理人员	667	20	80	100
1300 项目管理	37 500	5	管理人员	7 500	50	150	200
小计	1 036 000			17 019	16 470	2 530	19 000
工程师		60 元/工时					
管理人员		40 元/工时					
工人		20 元/工时					

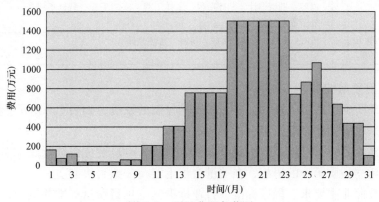

图 5-9 项目费用负荷图

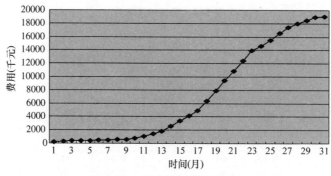

图 5-10　项目费用累计曲线图

5.1.7　项目质量计划与质量保证

工程项目质量是国家现行的有关法律、法规、技术标准、项目合同对工程的安全、使用、经济、美观等特性的综合要求。本项目的质量管理以分项工程作为质量控制点，采用分阶段控制和分析等方法，找出偏差，采取纠偏措施，并以项目质量报告形式表现。

1. 项目的质量目标与计划

本项目所要实现的质量目标是整体工程创优良工程。为了实现项目目标，项目部制定出项目的质量保证计划，如表 5-5 所示。

表 5-5　项目质量保证计划

质量目标	整体工程创优良工程	备注
质量管理范围及控制内容	1. 功能、使用价值的实现程度 2. 工程的安全和可靠性 3. 自然和社会环境的适应性 4. 工程造价的控制状态 5. 施工进度的时间性 内容：勘察设计、基础工程、主体工程、安装工程、装修工程和户外工程全过程	
质量管理的方法和手段	PDCA 循环、计划、实施、检查、持续改进	
管理的结果	质量管理报告	

2. 项目质量控制

项目部所确定的邮电通信大楼工程质量控制的系统，如表 5-6 所示。项目部对质量管理采取的具体管理措施有以下几项。

（1）建立品质管理体系，按照 ISO 900、ISO 14000 建立品质保障体系。

（2）树立品质第一的思想，在关键会议上实行一票否决制。

（3）按照业主要求、国家标准、行业标准制定项目质量标准并执行。

（4）制订各阶段验收规程、施工规程，并按规程检查。

(5) 明确项目的变更流程和变更事后管理。

表 5-6　质量控制系统过程

时间阶段	计划内容	
事前控制	施工准备质量控制	质量控制系统组织
		质量保证体系审查
		机械设别质量控制
		施工质量和施工方法的审查
		材料及构件质量控制
		现场管理环境检查
	图纸会审及技术交底	
事中控制	施工过程质量控制	工序控制
		工序之间的交接检查
		隐蔽工程质量控制
	中间产品质量控制	
	分项工程质量评定	
	设计变更审查	
事后控制	竣工质量检验	联动试车
		验收文件审核
		竣工验收
	工程质量评定	
	质量文件的审核与建档	

(6) 配合业主，做好工程验收工作。

根据工程实体质量形成过程，质量控制被划分为三个阶段来控制。无论是投入物资资源的控制还是施工安装过程的控制，都应对影响工程实体质量的五个重要因素进行全面控制，即 4M1E（人、材料器材、机械设备、方案工艺和环境）。影响工程质量的因素，如表 5-7 所示。

表 5-7　影响工程质量的因素

影响因素	内容
人	管理者资质
	操作者资质
材料器材	材料、构件质量
	建筑设施、器材
机械设备	生产设备
	施工机械设备
方案工艺	施工组织设计
	施工方案、施工计划
	工艺技术
环境	现场施工环境
	自然环境条件
	工程技术条件
	项目管理条件

抓住影响工序施工质量的主要因素，才能事先对影响项目重要部位或薄弱环节

质量的原因进行分析,并提出相应的措施,以便进行预控。因此,在工程中设立质量控制点尤为重要。本工程的质量控制点,如表 5-8 所示。

表 5-8 质量控制点的设置

分项工程	质量控制点	控制方法
基础工程	基坑	测量
	基础垫层的标高	测量
	预留孔洞	测量
	基础尺寸	测量
主体工程	砌体	检查
	钢筋混凝土	检查、检验
安装工程	门窗安装	检查
	电器安装	检查、调试
	水暖安装	检查、调试
	设备安装	检查、调试
装修工程	内粉	检查、检验
	外粉	检查、检验
户外工程	停车场及道路	检查、检验
	室外照明	检查、调试

3. 项目质量报告

项目质量报告反映了项目完成的质量情况,由项目经理签字确认,如表 5-9 所示。

表 5-9 项目质量报告

工程名称:邮电通信大楼建设			
施工单位:××建筑公司 B 项目部			
开工日期:2003 年 1 月 1 日			
建筑面积:32 150m²	结构类型:框架高层	竣工日期:2005 年 6 月 30 日	
分项工程	质量等级标准		评定标准
基础工程	保证项目符合相应质量检验评定标准的规定		优良
	基本项目每项抽检处符合相应质量检验评定标准的规定 其中:合格率为 70%		
	允许偏差项目:80%抽查点在允许偏差范围内		
主体工程	保证项目符合相应质量检验评定标准的规定		优良
	基本项目每项抽检处符合相应质量检验评定标准的规定 其中:合格率为 85%		
	允许偏差项目:85%抽查点在允许偏差范围内		
装修工程	保证项目符合相应质量检验评定标准的规定		合格
	基本项目每项抽检处符合相应质量检验评定标准的规定 其中:合格率为 50%		
	允许偏差项目:75%抽查点在允许偏差范围内		
安装工程	保证项目符合相应质量检验评定标准的规定		优良
	基本项目每项抽检处符合相应质量检验评定标准的规定 其中:合格率为 85%		
	允许偏差项目:90%抽查点在允许偏差范围内		
结论:该工程为优良工程			
项目经理:×××	检查员:×××	日期:2005 年 6 月 30 日	

5.1.8 项目风险计划

1. 项目风险估计

为了准确估计项目可能的风险，项目部编制了规范的表格，在项目检查时，由过程控制小组成员填写。项目部汇总整理后，经过研究讨论，征询专家意见，确定了项目可能的风险，如表5-10所示。

表 5-10 项目风险识别表

项目名称	邮电通信大楼建设					
项目方	邮电大楼建设项目部		项目经理	×××		
业主方	邮电局					
项目进行阶段	施工阶段					
编号			填表日期	2003年1月1日		
方面	类型	风险	识别			措施
			高	中	低	
环境方面	气象	可能不利的天气		√		接受
	公共服务	在进行建设施工时必须保持公共服务			√	减少
	财产损失可能	是否有制度和措施		√		回避
施工	进度	目标是否清楚			√	预防
		原材料供应情况			√	预防
		人员配备情况		√		接受
	费用	是否定期进行成本结算		√		预防
		成本与计划和预算相比情况			√	转移
	质量	目标是否清楚			√	预防
		是否对照质量计划进行检查工作			√	接受
技术	功能	在项目设备、材料订货和施工前，对所有可能的设计方案是否进行了细致的分析和比较			√	回避
管理	管理	项目目标是否清晰			√	减少
		项目业主是否积极			√	转移
		项目班子全体成员是否工作勤奋，对可能遇到的达风险是否都经济体讨论			√	预防
		决策是是否征求各方面的意见		√		减少
		是否对经验教训进行分析			√	预防

项目部在咨询专家意见的基础上，经过定量分析对风险进行量化，并依据风险对项目的影响程度对风险进行排序，制定风险的应对措施。

2. 风险应对计划

对于量化的项目风险，制定应对策略和技术手段，主要采取回避、转移、缓和、接受等方法和措施来减少和规避风险。本项目针对风险所采取的应对措施主要有以下几项。

(1) 跟踪识别风险。

(2) 识别剩余风险。

(3) 修改风险管理计划。

(4) 保证风险计划的实施。

(5) 评估削减风险的效果。

在项目定期检查会上,项目组对项目每个阶段的风险识别表上列举的检查内容进行讨论,确定具体的风险应对措施,如表 5-11 所示。

表 5-11 项目风险应对计划表

项目名称	邮电通信大楼建设			
项目方	邮电大楼建设项目部			
业主方	邮电局			
项目进行阶段	施工阶段			
编号				填表日期:2003 年 1 月 1 日
方面	类型	风险		风险的应对措施
环境方面	气象	可能不利的天气		每天检查及时安排,预防为主
	公共服务	在进行建设施工时必须保持公共服务		制定制度,严格执行,预防为主
	财产损失可能	是否有制度和措施		可以参加保险,转移为主,预防为辅
施工	进度	目标是否清楚		1. 可以进行看版式目标管理 2. 在项目的关键点采用挣值法进行分析,造出进度和费用偏差的原因,采取相应的措施 3. 在项目实施前,相应制定风险应对的后背措施,比如预算应急费、技术后备措施、进度后备措施 减少和接受损失
		原材料供应情况		
		人员配备情况		
	费用	是否定期进行成本结算		
		成本与计划和预算相比情况		
	质量	目标是否清楚		
		是否对照质量计划进行检查工作		
技术	要求	是否进行设计会审、技术交底		1. 施工前必须进行技术图样和合同评审,进行技术交底会,使施工和管理人员都熟知和了解项目的要求和标准 2. 制定技术计划和施工组织设计,定期检查,考核 3. 隐蔽工程严格检查,做出纪录,签署意见,办理验收手续 预防和减少损失
		隐蔽工程检查和验收,施工预检		
		是否有技术措施计划和施工组织设计		
	功能	在项目设备、材料订货和施工前,对所有可能的设计方案是否进行了细致的分析和比较		
管理	管理	项目目标是否清晰		由项目经理负责,项目办具体实施。制定各种规章制度,认真落实执行。同时加强信息的沟通。总结经验,不断改进 预防和回避风险
		项目业主是否积极		
		项目班子全体成员是否工作勤奋,对可能遇到的达风险是否都经济体讨论		
		决策是否征求各方面的意见		
		是否对经验教训进行分析		

5.1.9 项目控制过程

1. 项目控制方法

在项目实施过程中，项目部从技术、资源、组织措施和管理措施四方面出发，通过项目进度报告、重大突发性事件报告、项目变更申请报告、项目执行状态报告、项目关键点检查报告和项目工作完成报告等一系列记录表格来监控项目的执行状态。通过与项目计划对比，动态地分析出现的和可能出现的偏差，权衡其已造成或可能造成的影响，从而采取一定的应对措施来保证项目的顺利实施。项目控制的过程，如图 5-11 所示。表 5-12 和表 5-13 给出了以主楼工程为例的项目执行状态报告和项目关键点检查报告。

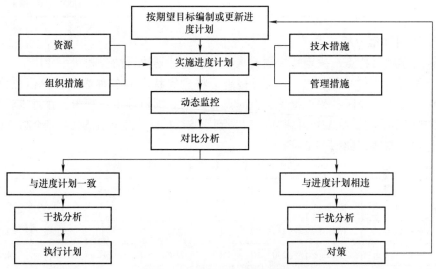

图 5-11 项目进度控制过程分析

表 5-12 项目执行状态报告

任务名称	主楼工程	任务编码	1223
报告日期	2004 年 1 月 30 日	状态报告份数	2
实际进度与计划进度相比		拖期 7 天	
投入工作时间加未完成工作的计划时间和计划总时间相		7 天	
提交物是否能满足性能要求		是	
任务能否按时完成		拖期	
现在人员配备状况		需增加人员	
现在技术状况		正常	
任务完成估测		增加人员后，能保证工期	
潜在的风险分析及建议		设备、安装	
任务负责人审核意见：查明原因，采取措施　　签名：×××　　日期：2004 年 2 月 1 日			

145

表 5-13 项目关键点检查报告

工作名称	主楼工程	抄送部门	项目部
关键点名称	钢筋绑扎	检查的时间	2004 年 7 月 30 日
检查实施人	×××	任务编码	1223
报告日期	2004 年 8 月 2 日	报告份数	2
检查的项目内容	钢筋规格,数量是否符合设计要求,搭接是否符合设计和规范要求		
实际进程描述	与计划进程对比,拖期 10 天		
存在的问题	钢筋绑扎,部分达不到施工规范要求		
建议与预测	加强施工人员管理,增加人员投入		
检查结果			

检查负责人:×××

签字:×××　　　　日期:2004 年 8 月 4 日

2. 项目挣值分析

针对本项目特点,决定每 2 周对项目的进度计划执行情况和费用使用情况进行检查(里程碑事件必须检查)。通过检查,将进展状态的各种数据用挣值法分析。出现偏差要查明原因,采取措施,及时调整计划。项目施工过程中,在月末将本月的 BCWS、BCWP、ACWP 值测算后记录到表 5-14 中。根据表 5-14 可绘制反映项目执行状态曲线,如图 5-12 所示。

表 5-14 项目 BCWS、BCWP、ACWP 参数表

参数＼月份	1	2	3	4	5	6	7
BCWS	166.7	243.3	360	394.2	428.3	462.5	496.7
BCWP	160	230	340	368	396	424	452
ACWP	160	230	340	368	396	424	452
参数＼月份	8	9	10	11	12	13	14	15
BCWS	553.3	610	816.7	1 023.3	1 430	1 836.7	2 593.3	3 350
BCWP	502	552	752	952	1 352	1 752	2 502	3 252
ACWP	502	552	752	952	1 352	1 752	2 502	3 252
参数＼月份	16	17	18	19	20	21	22	23
BCWS	4 106.7	4 863.3	6 370	7 876.7	9 383.3	10 890	12 397	13 903
BCWP	4 002	4 752	6 177	7 602	9 027	10 452	11 877	13 302
ACWP	4 002	4 752	6 085.3	7 418.7	8 752	10 085	11 419	12 752

（续）

月份 参数	24	25	26	27	28	29	30	31
BCWS	14 646	15 515	16 579	17 380	18 020	18 460	18 900	19 000
BCWP	14 352							
ACWP	13 610							

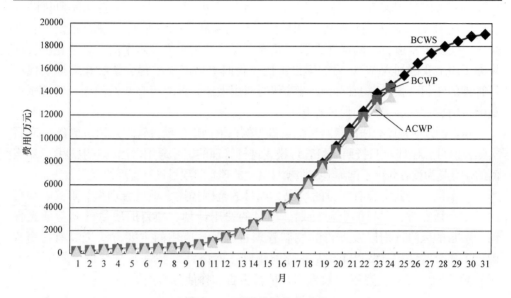

图 5-12　项目执行状态曲线

在项目检查点（主楼工程）完工后，安装工程开始后一个月，由表 5-14 可知：

BCWS = 14646 万元；BCWP = 14352 万元；ACWP = 13610 万元

CV = BCWP − ACWP = 14352 − 13610 = 742 万元 >0（盈利）

SV = BCWP − BCWS = 14352 − 14646 = −294 万元 <0（拖期）

项目完工预计的费用：

EAC = BCWS × ACWP/BCWP = 19000 × 13610/14352 = 18018 万元

根据计算和分析结果说明，项目实施效率较高，进度较慢，投入延后，采取措施，迅速增加人员投入。

案例小结：本项目为邮电通信大楼的建筑工程，总建筑面积 32 150m^2，总投资 1.9 亿元。在项目的实施过程中，项目部按照项目管理的要求，运用现代项目管理理论，通过可视化的表格和计算机对项目进行管理，取得了很好的效果，项目的各项目标均得到了较好地实现。

5.2 财税库行横向联网系统项目

在当今信息社会和知识经济中，随着计算机与网络的发展，IT 产业成为发展非常迅速的产业。在 IT 产业中，IT 项目的开发与实施已经代替了过去重复性生产活动。IT 项目一般都涉及软件、硬件等多方面的因素，是一项综合性的系统工程，需要统筹考虑各相关方面。处理好每一个不确定因素和变化，才能保证项目的成功，因此 IT 行业成为项目管理应用最为广泛的领域之一。由于 IT 项目建设内容复杂，时间要求紧迫，不确定性大，因此要求项目的组织管理水平高、规范化。特别是为了跟上我国加入 WTO 后的建设步伐，我们迫切需要了解、学习和掌握现代项目管理的知识、技术以及国际项目管理的通用做法，这对提高我们的项目管理水平及项目的成功率有很大的促进作用。

本案例以财税库行横向联网系统项目为例，依据现代项目管理知识，结合 IT 项目实际，说明了对 IT 项目按照项目管理模式进行管理的国际通用做法的一般过程。本案例的特点是为读者介绍了国际上按照项目管理的理念对项目进行管理的规范做法。

本案例的主要内容有项目的概况、项目的范围描述、项目管理组织形式、项目的进度计划安排、项目的资源计划、项目的费用计划、项目的质量计划与质量保证、项目的风险计划以及项目的控制管理过程等；应用的主要方法工具有：里程碑、工作分解结构（WBS）、责任分配矩阵、网络计划技术、甘特图、资源（费用）负荷图、资源（费用）累积图、项目报告和挣值分析法等。

5.2.1 项目概况

1. 项目背景

财税库行横向联网系统是国家财政、税务机关及各家金融机构在各自原有系统的基础上，通过人民银行组织建设的城市金融区域网，实现跨系统的数据共享和业务扩展。共涉及税务、银行、国家金库以及财政、海关等部门，甚至进一步发展到审计、公安等相关部门，具有非常重大的意义和广阔的发展前景。

本财税库行横向联网系统项目是由××市政府、国家金库××市中心支库、市地税局、市国税局、市银行电子结算中心共同发起的跨行业、跨部门的大型计算机网络应用项目。其目标是将财政局、国税局、地税局、全市的所有商业银行以及国家金库××市中心支库和 10 多家区支库连接成统一的网络，实现税收的征收、缴款、入库、对账和监管的全面电子化。项目自 2002 年 9 月提出，2003 年 1 月市政府审批立项，至 2005 年 1 月底全面完工，项目总投资 1 900 万元。

2. 项目承包方

本项目由××市金新计算系统有限公司承接。××市金新计算系统有限公司是中国人民银行全国首家金融电子结算中心——××市金融结算中心创立的"金融联"的下属企业。从 2001 年开始，金新公司先后通过了软件行业协会的软件企业资格认证和"软件开发管理成熟度模型"（简称 CMM 模型）的二级认证，这些都为金新公司成为国际化高科技软件企业打下了坚实的基础。金新计算系统有限公司专业从事大型项目软件开发和网络系统集成。作为××支付结算体系的核心，金新公司长期以来一直承接着跨行支付清算系统的开发和维护工作，包括票据交换、小额批量支付、全额实时支付、电子联行、ATM/POS 等在内的支付系统，同时金新公司还参与了知名品牌"金融联"的创建。2001 年，金新公司荣幸地被中国人民银行选为开发商，承接中国现代化支付系统二期工程应用软件的设计与开发。该系统的大额实时支付系统已经于 2002 年 10 月 8 日顺利在北京和武汉投产运行，现代化支付系统的成功实施，必将把中国的金融电子化推向新的高度。

3. 项目特点

本项目是一个典型的 IT 项目，IT 项目的特点是紧迫性、独特性和不确定性。紧迫性决定了本项目历时有限，具有明确的起点和终点；独特性在本项目中表现得非常突出，开发商不仅向客户提供产品，更重要的是根据其要求提供不同的解决方案，即使有现成的解决方案也需要根据客户的特殊要求进行一定的客户化工作。财税库行联网系统项目是探索型的项目，以前可供借鉴的经验不多，加之项目计划和预算本质上是一种预测，在执行过程中与实际情况会有一定差异，使项目难以在规定的时间、按规定的预算由规定的人员完成。在执行过程中还会遇到各种始料未及的风险，使得项目不能按原有的预期来运行。IT 项目的诸多不可控因素导致 IT 项目失败率高，据美国有关统计数据显示，IT 项目的成功率只有 30%，面对 70% 的高失败率，IT 项目必须有一个好的管理方法。针对上述特点，本项目承包商运用现代项目管理理论，结合 IT 项目实施实际情况，利用信息技术提高对项目资源的整合和利用，开发出一套 IT 项目的管理方法。

5.2.2 项目管理的组织形式

该项目由金新公司承接，负责项目开发和实施。目前公司采用职能管理的形式，主要部门有人力资源部、财务部、研发部、集成部、客户服务部、市场部和质量部。为了保证财税库行横向联网系统项目的顺利进行，最大限度地降低风险，需要公司各部门共同协作，实现项目总目标。为此，公司决定采用项目管理的模式进行管理，委托一位项目管理经理全权负责该项目的开发，同时成立财税库行横向联网系统项目办公室。组建项目组时，要综合考虑各种因素。

（1）IT 项目交付物特点。项目开发的产品是一套财税库行横向联网系统，包括软件系统和硬件系统。软件系统主要是程序代码和技术文件，硬件系统主要包括计算机和网络设备。

（2）项目过程具有不确定性、技术复杂、持续时间长、规模大的特点。项目的整个过程是以设计过程（没有制造过程）为主；另外，软件开发不需要使用大量的物质资源，其主要资源是人力资源。

（3）项目涉及研发、财务、人事、市场等不同部门/人员，跨部门的联系密切，交流广泛。所以，良好的沟通成为项目成功的基础。

（4）项目对外部资源信息依赖性强，时间限制性强。

（5）公司要求项目既充分利用原有的技术力量，同时注重培养新人。以此为契机，提高在IT项目领域的核心竞争力。

基于对以上因素的考虑，公司决定采用强矩阵的项目组织结构，如图5-13所示。强矩阵组织可以充分利用企业的资源，并赋予项目经理对人力、资金和设备等资源很大的控制调配权，使项目组对环境的变化和项目的需求能做出迅速反应，这比较符合IT项目的特点。本项目部的组织结构，如图5-14所示。

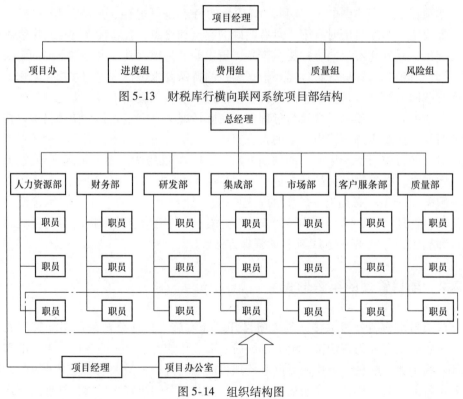

图5-13 财税库行横向联网系统项目部结构

图5-14 组织结构图

5.2.3 项目范围的确定

1. 杆项目目标与项目描述

为了使项目组成员更加明确地理解项目目标和本项目的工作范围，项目经理首先对项目的总目标做了界定,从交付物、工期和费用三方面说明了项目的目标特点,并向项目组的所有成员做出详细描述。具体来说,本项目的目标主要有以下三点。

(1) 交付物成果:交付一套财税库行横向联网系统,包括硬件网络系统和软件系统。

(2) 工期要求:2003年1月1日至2004年12月31日,历时2年。

(3) 成本要求:总投资1 900万元。

项目描述,如表5-15所示。

表5-15 财税库行横向联网系统项目描述

项目名称	财税库行横向联网系统
项目目标	2年完成财税库行横向联网系统的设计和开发,总投资1900万元
交付物	交付一套财税库行横向联网系统,包括硬件网络系统和软件系统
交付物完成准则	满足操作方便、保密性强、网络畅通的要求
工作描述	需求调研、系统设计、系统开发、系统测试、系统试运行和验收
工作规范	依据国家软件行业的通用规范
所需资源估计	人力、材料、设备的需求预计
重大里程碑	开工日期2003年1月1日、需求调研完成日期2003年3月31日、系统分析完工日期2003年11月28日、系统设计完工日期2004年6月30日、系统集成完工日期2004年10月29日、试运行和验收日期2004年12月31日

项目负责人审核意见:按要求保质保量完成任务

签名:××× 日期:2003年1月1日

2. 项目重大里程碑

根据项目描述,项目组制定了该项目的重大里程碑计划,绘制了反映该项目实施重大里程碑事件关系的里程碑计划图。项目里程碑计划是根据项目的特点和业主的要求,按某一特定时间项目的可交付成果清单而编制的。编制项目里程碑计划有以下两种方法。

(1) 编制进度计划以前,根据项目特点编制里程碑计划,并以该里程碑计划作为编制项目进度计划的依据。

(2) 编制进度计划以后,根据项目特点及进度计划编制里程碑计划,并以此作为项目进度控制的主要依据。

本项目中,项目组采取的是在编制进度计划以前,根据本项目特点编制主要里程碑事件。然后通过头脑风暴法,对所确定的里程碑进行复查并找出逻辑关系,最终形成本项目的里程碑事件。本项目里程碑事件包括需求调研完工、系统分析完工、系统设计完工、系统集成完工和系统验收完工。

根据项目工期要求制订里程碑计划,如图5-15所示。

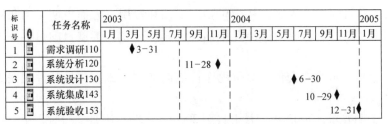

图 5-15　项目里程碑计划

3．项目工作分解结构

项目的工作分解结构 WBS 包含项目实施过程中的全部工作，是将项目按照其内在结构或实施过程的顺序进行逐层分解而形成的结构示意图。工作分解把项目分解到相对独立的、内容单一的、易于成本核算与检查的项目单元，并分析项目单元之间的逻辑关系。

项目分解是一件技术性很强的工作，项目组在分解时要保证项目结构的系统性和完整性。项目工作分解的优点有以下几条。

（1）项目的概况和组成明确、清晰和透明。

（2）明确项目各单元和参加者之间的界限，可方便地进行责任分解。

（3）利于网络计划的建立和分析，可用于进度计划和控制。

（4）方便项目的协调，使项目目标易于控制。

（5）便于建立完整的项目保证体系。

对于不同性质、规模的项目，其结构分解的方法和思路有很大差别，但是分解过程很相近，基本思路是：以项目目标体系为主导，以项目技术系统说明为依据，由上而下、由粗到细的进行。基于 IT 项目开发过程，项目组对本项目的工作分解结构，如图 5-16 所示。

4．项目的责任分配矩阵

责任分配矩阵是一种将所分解的工作任务落实到项目有关部门和个人，并明确表示出他们在组织工作中的关系、责任和地位的一种方法和工具。参与项目各方的责任一般通过责任分配矩阵的形式进行表达，这种表达形式的优点是直观地将项目责任方的权利完整地表达出来，便于项目各方进行有效的协调，这对项目的成功实施非常关键。项目组在分配本项目的责任时，考虑到 IT 项目的特点，采取了以下几项措施。

（1）充分授权。针对以前的项目经验，为了使项目组的资源能够更有效地控制，各部门的责任主要负责人被赋予相应的权限，在职责范围内使各种资源在项目组中得到更好地利用。

（2）以客户满意为中心。在此基础上，项目组加强了客户满意度教育，使各部门无论是研发、财务还是计划，都以客户满意为中心，提高企业项目组在市场化运作中的品牌知名度。近年来，软件行业的利润逐年降低，项目组要定期与客户沟

第 5 章 项目管理的综合应用案例

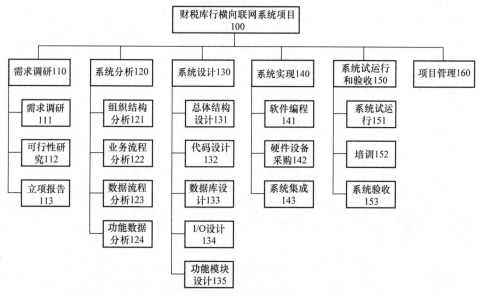

图 5-16 项目工作分解结构

通、回访,以使项目成果最大限度的让客户满意。

(3) 有效沟通和创新。项目组在各部门之间进行全通道式沟通,消除各部门之间的障碍,加快解决问题的速度,不但使客户放心,而且让供应商也能见到一个极度透明的组织体系,信息的无边界流动使各部门的好主意、好经验得以在各部门之间流动,信息可以有效地整合,达到创新的目的。这种措施最大的特点是各部门在一个融洽的环境里沟通,提高了工作效率。

项目组对本项目的责任矩阵分配,如表 5-16 所示。

表 5-16 责任分配矩阵

责任者 任务	项目办公室	市场部	研发部	客户服务部	集成部	质量部	财务部	人力资源部	项目经理
需求调研 110									
需求调研 111	C	F	C	C		C	C	C	P
可行性分析 112	C	F	C	C		C	C	C	P
立项报告 113	C	F	C	C		C	C	C	P
系统分析 120									
组织结构分析 121	C		F		C	J		C	P
业务流程分析 122	C		F		C	J		C	P
数据流程分析 123	C		F		C	J		C	P
功能数据分析 124	C		F		C	J		C	P
系统设计 130									
总体结构设计 131	C		F		C	J		C	P

（续）

责任者 任务	项目办公室	市场部	研发部	客户服务部	集成部	质量部	财务部	人力资源部	项目经理
代码设计 132	C		F		C	J		C	P
数据库设计 133	C		F		C	J		C	P
I/O 设计 134	C		F		C	J		C	P
功能模块设计 135	C		F		C	J		C	P
系统实现 140									
软件编程 141	C				F	J		C	P
硬件设备采购 142	C	F				J	C		
系统集成	C				F	J			P
系统试运行和验收 150									
系统试运行 151	C		C	C	F	J			P
培训 152	C			F	C		C	C	P
系统验收 153	C		C	C		F	C		P
项目管理 160	C								P

注：P—批准；F—负责；C—参与；J—监督。

5. 项目的工作描述

在项目分解完成后，为了使项目组成员更准确地理解项目所包含的各项工作的具体内容和要求，项目组对工作进行了描述。工作描述的依据是项目描述和项目工作分解结构，其结果是工作描述及项目工作列表。以代码设计 132 为例，对其描述，如表 5-17 所示。

表 5-17　项目工作描述

工作名称	代 码 设 计
工作交付物	代码系统
验收标准	项目经理签字，确定代码设计方案
技术条件	代码设计规范
工作描述	根据项目要求和设计规范，进行代码设计并报批
假设条件	系统分析和总体结构设计工作均正确无误
信息源	系统分析所收集的信息
约束条件	总体结构设计所确定的大纲
其他需要描述的问题	风险：工作分类不准确 防范计划：分类工作要详细准确以保证编码的标准化、系列化
签名	签名：×××　　　　　　　　　　　　　　日期：2003 年 1 月

5.2.4　项目进度计划的编制

本项目技术难度大，涉及部门多，开发风险高，需要各部门统筹安排，确定一个明确的项目工作关系。在工作关系确定之后，项目组对项目各工作的工期进行了估计。工期估计是指在一定条件下，直接完成该工作所需时间和必要停歇时间之和，单位可以是日、周、旬、月等。工期估计是计算其他网络参数和确定项目工期的基础。在做工期估计时，项目组遵循工作独立的原则，不考虑工作完成期限的限制，综合协调资源供应、技术、工艺、现场条件、工作效率和劳动定额等情况，结合历史信息，对项目工期做了尽量客观准确的估计。软件项目由于其自身不确定性因素很多，所以在许多时候并不能按期完成，常会出现不同程度的延期。为了防止这种情况的发生，项目组需要科学合理地估计各项工作的工期，尽量使项目维持在计划工期的框架内。对于项目组来说，制订项目计划是最具有挑战性的工作之一。项目组要综合考虑软件开发过程中的各种约束因素，如开发人员的能力问题、各工作单元的相互依赖关系以及其他一些外部因素，比如硬件的发展、软件开发工具的发展和用户需求的变化等。项目进度安排的主要工具是网络计划图和甘特图。传统甘特图的缺点是没有将工作单元间的相互依赖关系表示出来，因此前一工作单元的延迟对项目的影响无法从甘特图上表示出来。为了克服这一缺点，本项目采用了具有逻辑关系的甘特图。项目的网络计划图如图 5-17 所示，甘特图如图 5-18 所示。

5.2.5 项目人力资源计划

根据项目的工作任务分解、工期估计和时间计划安排，经过与公司各部门的详细协商，项目组编制了人力资源计划。在整个项目中，需要的资源分为人力资源和材料设备资源两大类型。其中，人力资源又分为市场调研工程师、系统分析工程师、系统设计工程师、系统测试工程师、硬件设备工程师、系统集成工程师、程序员和管理人员八种。IT 项目是以人力资源为主要资源需求的项目，所以好的人力资源计划对项目成功有至关重要的作用。

1. 项目人力资源估计

以历史信息为基础，与项目利益相关各方协调，项目组对每项任务的工作需要的资源种类和数量进行了估算，确定了每种资源的费率和数量。资源量预估是做好费用预算的前提，经过经验丰富的工程师和管理人员讨论制订的人力资源计划，如表 5-18 所示。

2. 项目人力资源负荷图

人力资源负荷图直观地表达了项目各个时间段所需的人力资源，它可绘制为总的人力资源负荷图，也可细化为各种人力资源的负荷图。本项目主要的人力资源是IT 行业的各种工程师，并且各项工作所需的人力资源类型较为单一，所以本项目只绘制了项目所需的总的人力资源负荷图，反映出项目进程中人力资源数量的变化，如图 5-19 所示。

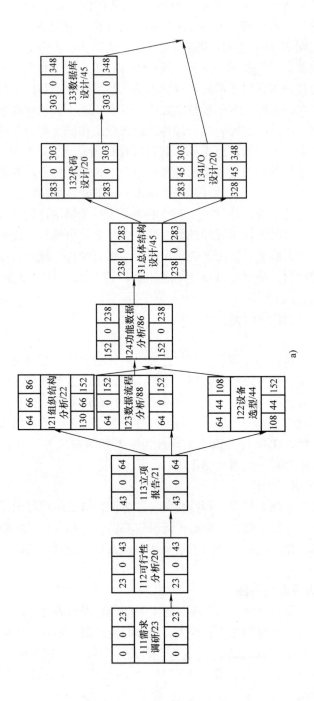

a)

第5章 项目管理的综合应用案例

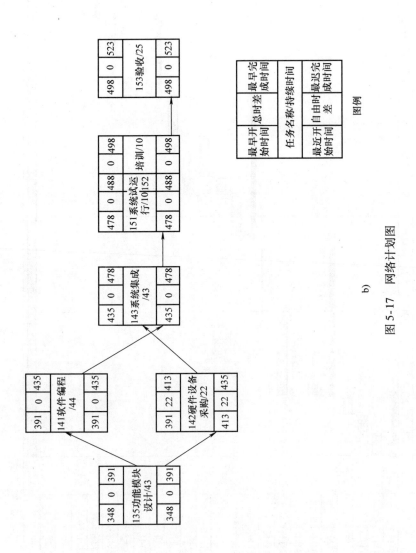

b)

图 5-17　网络计划图

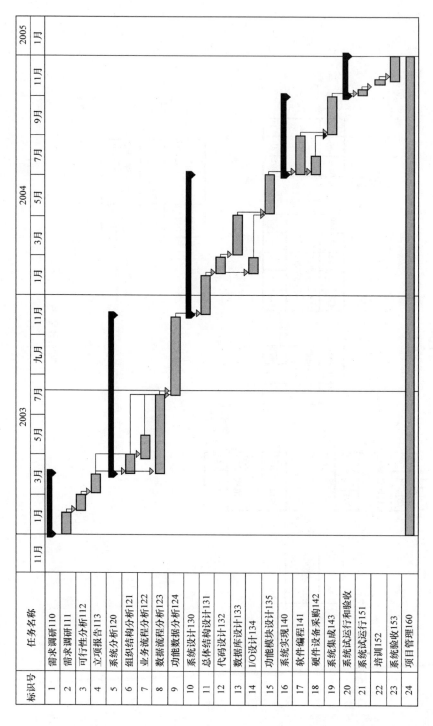

图 5-18 进度甘特图

第 5 章 项目管理的综合应用案例

表 5-18 项目人力资源估计

工作	工期/天	资源名称	资源费率（元/时）	数量	材料费（元）
需求调研 110	64				
需求调研 111	23	市场调研工程师	60	20	50 000
可行性分析 112	20	市场调研工程师	60	20	50 000
立项报告 113	21	市场调研工程师	60	20	41 500
系统分析 120	174				
组织结构分析 121	22	系统分析工程师	100	25	60 000
业务流程分析 122	44	系统分析工程师	100	25	70 000
数据流程分析 123	88	系统分析工程师	100	30	80 000
功能数据分析 124	86	系统分析工程师	100	45	100 000
系统设计 130	153				
总体结构设计 131	45	系统设计工程师	80	30	100 000
代码设计 132	20	系统设计工程师	80	20	40 000
数据库设计 133	45	系统设计工程师	80	30	70 000
I/O 设计 134	20	系统设计工程师	80	30	60 000
功能模块设计 133	43	系统设计工程师	80	40	100 000
系统实现 140	87				
软件编程 141	44	程序员	60	40	60 000
硬件设备采购 142	22	硬件设备工程师	60	15	508 740
系统集成 143	43	系统集成工程师	80	40	100 000
系统试运行和验收 150	45				
系统试运行 151	10	系统测试工程师	60	20	60 000
培训 152	10	系统培训工程师	60	10	76 000
系统验收 153	25	系统测试工程师、系统集成工程师	70（平均费率）	30	60 000
项目管理 160	523	管理人员	70	12	100 000

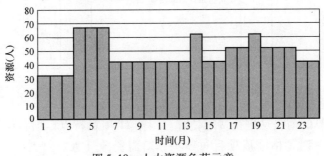

图 5-19 人力资源负荷示意

3. 人力资源累积图

人力资源累积情况反映了在项目进行过程中，所需人力资源数量的累积总数的发展趋势，如图5-20所示。从图5-20中曲线斜率变化可以看出，本项目的人力资源安排符合IT项目的特点，系统分析工作是一项重要工作，所以在需求调研完工后人力需求

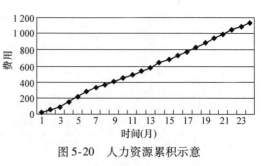

图5-20 人力资源累积示意

量迅速增加，在系统分析工作完工后资源需求发展趋势比较平稳，这种状况一直持续到项目完工，这为项目经理安排人力资源提供了依据。

5.2.6 项目资源费用计划

资源费用计划是指项目组根据人力资源使用计划和项目的费用分解结构表及甘特图，绘制出的预算费用负荷图和项目累积费用曲线。通过图形，项目经理可以明确项目费用的需求状况，事先了解到什么时候需要什么资源、需要多少资源，以便提前做好安排。同时，也使项目经理对费用的支付情况事前有一个初步的预算安排，到什么时候需要多少费用，到某个时间点为止，总共计划支付多少费用，通过这些曲线对此可以一目了然。

项目资源费用计划包括项目实施中需要的人力、设备、材料、能源、服务和各种设施等。项目资源计划涉及选定什么样的资源（人力、设备、材料、服务）以及多少资源将用于项目的每一项工作的执行过程中，这些是项目费用估计的基础。

编制资源费用计划的一般程序、方法，如图5-21所示。

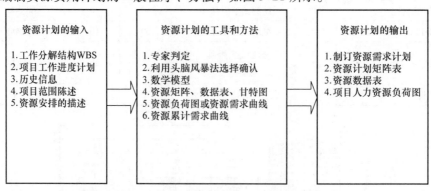

图5-21 编制资源费用计划的一般程序方法

1. 项目费用估计

做费用预算的前提是进行费用估计。根据IT项目特点，项目组对财税库行项目进行费用估计时预估完成项目每项工作所需资源（人、材料、设备及服务等）

费用的近似值，并考虑工作过程质量和可交付成果的质量对项目的影响。在费用估算过程中，项目组亦应考虑各种形式的费用交换和附加的工作对期望工期缩短的影响。

项目费用估计的一般程序、方法，如图 5-22 所示。

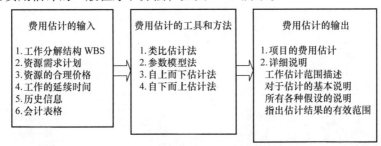

图 5-22　项目费用估计的一般程序、方法

2. 项目费用预算

项目费用预算给每一项独立工作分配了全部费用，以获得度量项目执行的费用基线。项目费用预算具有计划性、约束性和控制性。项目组在做费用预算时按照 WBS 所形成的工作分解结构，对每个工作单元进行费用的分解和预算。项目费用预算的一般程序、方法，如图 5-23 所示。

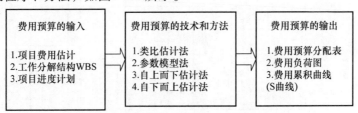

图 5-23　项目费用预算的一般程序、方法

根据公司长期积累的数据和采购人员对原材料价格的估算，本项目工程预算成本以表格形式列出，如表 5-19 所示。

表 5-19　项目费用预算

	材料费（元）	人工费（元）	工作总费用（元）
需求调研 110			
需求调研 111	50 000	220 800	270 800
可行性分析 112	50 000	192 000	242 000
立项报告 113	41 500	201 600	243 100
系统分析 120			
组织结构分析 121	60 000	440 000	500 000
业务流程分析 122	70 000	880 000	950 000
数据流程分析 123	80 000	2 112 000	2 192 000
功能数据分析 124	100 000	3 096 000	3 196 000
系统设计 130			

（续）

	材料费（元）	人工费（元）	工作总费用（元）
总体结构设计 131	100 000	864 000	964 000
代码设计 132	40 000	256 000	296 000
数据库设计 133	70 000	864 000	934 000
I/O 设计 134	60 000	384 000	444 000
功能模块设计 133	100 000	1 100 800	1 200 800
系统实现 140			
软件编程 141	60 000	844 800	904 800
硬件设备采购 142	508 740	158 400	667 140
系统集成 143	100 000	1 100 800	1 200 800
系统试运行和验收 150			
系统试运行 151	60 000	96 000	156 000
培训 152	76 000	48 000	124 000
系统验收 153	60 000	840 000	900 000
项目管理 160	100 000	3 514 560	3 614 560
费用累计	1 786 240	17 213 760	19 000 000

图 5-24 为项目预算成本负荷图，它反映了在项目进行各个时序阶段所需的费用。图 5-25 为费用累积图，它反映了随着项目的进行，项目总费用的增长变化趋势。

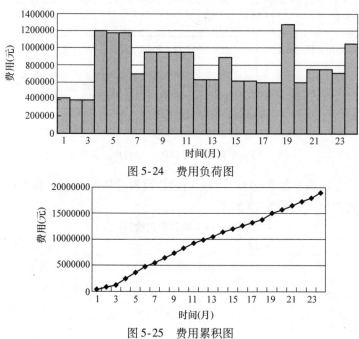

图 5-24 费用负荷图

图 5-25 费用累积图

5.2.7 项目质量计划和质量保证

本项目的质量管理贯彻全面质量管理的思想，为此项目组对项目实行全要素、全人员和全过程管理。项目组在进行质量控制时，将重点放在质量计划和执行的过程上，从根本上保证了项目质量的实现。质量组首先制定了质量保证大纲，确立了项目各个阶段工作的质量目标和各部门的责任；然后制订了项目质量工作计划，对项目各个阶段的质量目标的实现方法、质量成本和质量检验做了详细的规定。对项目实施过程中出现的问题，项目组采用鱼刺图的方法，对产生质量问题的原因进行分析。质量问题分析的基本程序，如图 5-26 所示。

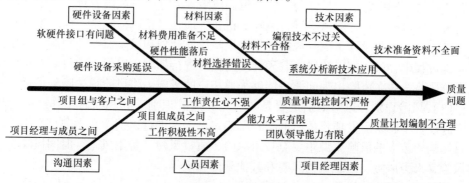

图 5-26　质量问题鱼刺图

质量控制是质量工作的一项重要内容，它主要是监督项目质量目标及其实现过程。通过比较项目质量计划与项目执行的实际状态，找出两者之间的偏差，并分析形成偏差的原因。项目组与客户进行充分沟通，具体负责项目实施全过程的质量控制工作。质量控制工作成果是一系列的质量记录文件，其中质量检查文件很关键，项目组着重强调质量检查记录文件的重要性，并规定了格式，下面以数据库设计工作为例说明项目质量检查文件的记录形式。质量检查记录文件，如表 5-20 所示。

表 5-20　质量检查记录文件

项目名称	财税库行横向联网系统	项目代号	JXC001
项目任务	总体结构设计 131	报告份数	2
检查内容： 检查总体结构设计是否合理，是否符合软件设计规范			
质量记录： 1. 总体结构设计框架清晰，总体思路比较合理 2. 总体结构设计基本可实现逻辑模型的功能 3. 子系统的划分有待进一步完善 4. 设备选型不太合理			
针对质量记录的整改意见： 1. 依据逻辑模型，深入进行系统总体设计 2. 按照系统划分的原则，对子系统的划分进行完善 3. 考察硬件设备的发展趋势和速度，选用设备时要结合网络设计图选择合适的网络设备			
签名	专业负责人 ×××	检查人员 ×××	报告编制 ×××	项目经理 ×××
日期	2003 年 12 月 25 日	2003 年 12 月 25 日	2003 年 12 月 25 日	2003 年 12 月 25 日

5.2.8 项目风险计划

1. 项目风险分析

在财税库行横向联网系统项目管理中,为了避免和减少损失,能够将风险化为机会,项目经理指定由项目办公室负责编制风险计划、进行风险管理。在编制项目计划时,项目办公室针对风险进行风险分析及管理,包括风险识别、风险量化、风险比较等,并依此设计了风险规避计划、风险应急计划和风险监控计划等。在项目的实施过程中,又依据上述风险管理计划对风险进行控制,以保证项目能够尽可能地规避风险,并在风险出现问题后能够采取相应的措施,将风险损失降到最低。

(1) 风险识别。风险识别主要是要应用相应的识别工具和项目工作经验对项目实施过程中容易引发项目危机的各种不确定性因素进行识别。在本项目当中,对项目影响比较大的风险来源主要有技术风险、质量风险、费用风险、时间风险、管理风险、人力风险、组织机构风险和其他外部风险等。

项目组采用头脑风暴法,并征求外部专家的意见,进行了如下风险识别。表5-21 列出了本项目中的主要风险。

表 5-21 项目风险识别

序号	风险名称	风险特征描述	风险原因	风险后果
1	项目被取消	因各种原因造成项目不能立项	社会环境原因 投资方经济原因	项目被取消,所投入资源全部作废
2	系统逻辑模型设计问题	因为系统分析不准确、不深入等问题造成的后果	系统分析能力不强 逻辑模型构建不合理	项目不能正常完成,或者出现大规模返工等重大问题
3	进度延后	因各种原因引起的项目整体进度不能按时完成	进度计划不合理 资源调度不合理 人力资源投入不够	项目进度不能按时完成,造成间接费用增加。如时间延后过长,会造成项目取消等重大后果
4	总体费用超支	因各种原因引起的项目总费用增加,超过总体预算	硬件设备价格上涨 人员工资上涨 材料费用超支	项目费用超标,毛利率降低
5	人力不足的风险	因人力资源不足而造成的项目问题	公司对项目过多造成人力资源分配不足 人员费用投入太少	项目不能按时完成,或出现质量隐患
6	软件编程漏洞	因程序本身存在漏洞等不安全因素造成的项目无法顺利实施	软件编程技术不过关 编程工具存在漏洞	造成项目局部停顿,影响项目整体完成
7	关键设备失效	因关键设备问题的造成的项目问题	关键设备的供货延迟 关键设备的技术出现问题	造成项目无法顺利进行,影响后期系统集成任务的进度,严重时会造成整体项目延迟
8	组织结构风险	因组织结构造成的项目实施问题	项目经理中途换人 公司上层架构发生重大变动,造成对项目的组织结构发生问题	项目无法顺利进行,在费用、时间以及质量方面出现严重问题,严重时会造成项目取消

（2）风险量化。在表 5-21 的基础上，需要进行风险量化及评估。项目办公室采用如下风险量化及评估方法。

从风险的三个维度进行分析，分别分析整理风险的严重度、风险发生的概率、风险的不可探测度，并通过这三个维度计算出统一的风险评价值。风险评价值计算原理，如图 5-27 所示。

风险评价值

$$K = f(r, p, n) = r \cdot p \cdot n$$

式中　r——风险的严重度；

　　　p——风险的可能性（概率）；

　　　n——风险的不可探测度。

分析图 5-27 所示项目风险的三个维度，并按如下标准进行量化。量化标准定义如下：

1）严重度：0~10。其中，0 代表风险发生，后果影响轻微，10 代表风险发生，后果极为严重。

2）可能性：0~10。其中，0 代表风险发生概率极小，10 代表风险发生极为可能。

3）不可探测度：0~10。其中，0 代表风险发生前一定可以探测到，10 代表风险发生前完全不可探测到。

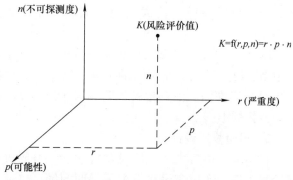

图 5-27　风险评价值计算原理

根据以上量化标准，将风险的三个维度进行量化，如表 5-22 所示。

表 5-22　风险量化

序号	风险名称	严重度 r	可能性 p	不可探测度 n	风险评价值 K
1	项目被取消	10	1	8	80
2	总体框架设计问题	8	5	6	240
3	进度延后	6	7	4	168
4	总体费用超支	5	5	3	75
5	人力不足的风险	4	3	3	36
6	软件编程漏洞	5	2	7	70
7	关键设备失效	6	3	4	72
8	组织结构风险	8	2	6	96

（3）风险比较。为了显示出所有风险参数分布情况，将各风险参数放入三维坐标系中，风险位置关系如图 5-28 所示。

图 5-28 中三个坐标轴分别代表风险的三个维度，r 为风险的严重度、p 为风险发生的概率、n 为风险的不可探测度，三个风险维度组成一个三维空间。由于三个维度不可能为负值，所以风险的三维空间仅存在第一象限中。可以简单地算出，在三个坐标平面上的风险为 0。图 5-28 中所示的抛物面是等风险曲面，在此面上的

任何一点的风险都是相等的。不同的抛物面有不同的风险值,远离原点的抛物面风险较大。

财税库行项目中的主要风险 1~8 在三维风险空间中分别如图 5-28 所示。每个风险都有自己的等风险抛物面。为了更清楚地比较风险大小,并进行排序,专门将风险评价值 K 进行图式化显示,如图 5-29 所示。

图 5-29 列出了本项目的风险评价值 K。可以很清楚地看出,风险 2 是最大的风险,风险 3 的风险值也是相当高的。而其他各风险相对于风险 2 和 3 来说,比较小。

2. 风险规避设计

在明确了项目主要风险及其排序后,需要进行风险规避设计和应急设计。为了说明问题,仅就风险最高的风险 2 和风险 3 进行风险规避设计和应急设计。

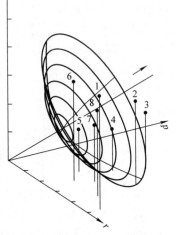

图 5-28 财税库行横向联网项目风险分布图

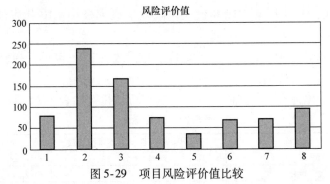

图 5-29 项目风险评价值比较

为了降低风险的评价值,可以从三个角度进行风险规避设计,分别减小项目的风险后果,减小风险的发生概率,减小风险的不可探测度。这需要根据具体的风险类型进行不同的分析。项目风险后果的严重性不是都可以减小的,如项目被取消的风险,其风险后果严重性是一定的。

(1)针对风险 3 进行风险规避设计。针对风险 3 的进度延后风险进行风险参数分析,发现其风险发生的概率较大。因此,风险规避主要采用降低风险发生概率的方法。为了减小风险 3 的发生概率,需要对风险 3 进行进一步识别,这可以采用事故树分析法。风险原因分析树,如图 5-30 所示。

根据图 5-30 所列的不同原因,可以编制相应的风险规避计划,以减少风险 3 的发生概率。进度延后风险规避计划,如表 5-23 所示。

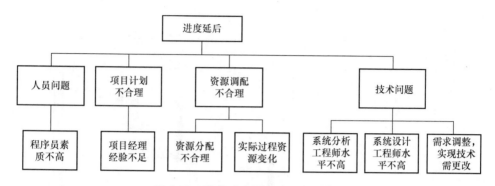

图 5-30　进度延后风险原因分析树图

表 5-23　进度延后风险的规避计划

	风险发生原因	规避计划
进度延后风险	系统分析工程师技术水平不高	招聘高素质的系统分析工程师，并在逻辑模型设计完成后聘请专家进行相应的设计方案评审，以确保技术的可实现性
	程序员素质不高	在聘用时进行一定的考核，并给程序员一定的培训
	项目经理经验不足	项目经理多进行与其他类似项目的比较，同时，请专家进行辅助设计及指导
	资源分配不合理	在资源分配时多参照类似项目的资源分配方法，并多听取施工队的意见，采用从上往下和从下往上资源分配相结合的方式
	实际过程资源变化	在项目进行过程中发生的动态资源变化，如材料费用不足等。预先留定一定的预备费，并严格控制资源需求按计划进行
	系统设计工程师水平不高	招聘高素质的系统设计工程，并在系统物理模型设计完成后聘请专家进行相应的设计方案评审，以确保其技术可行性
	用户需求调整，实现技术需更改	严格跟踪用户需求的变化，并进行分析，尽可能减小需求调整带来的影响

表 5-23 针对进度延后风险发生的可能性进行了风险规避设计。按照这样的设计，能够有效地减小进度延后风险的发生概率，进而降低了进度延后风险的总评价值。

（2）针对风险 2 进行风险规避设计。针对风险 2 的总体框架设计问题进行参数分析，可以发现其风险的严重度较高。为此，项目组采用降低风险发生后果的方法来进行设计。

在整体项目计划中，项目系统分析完成形成的结果是系统逻辑模型。在此之后增加一个项目逻辑设计模型评审，项目组邀请外面的专家对项目的逻辑设计模型进行一个全面的分析及评审，并根据此方案调整整体项目计划。新的进度计划，如图 5-31 所示。为了尽可能减小对后续工作的影响，在增加设计方案评审的同时减少项目功能数据分析时间，使后期项目计划不受影响。

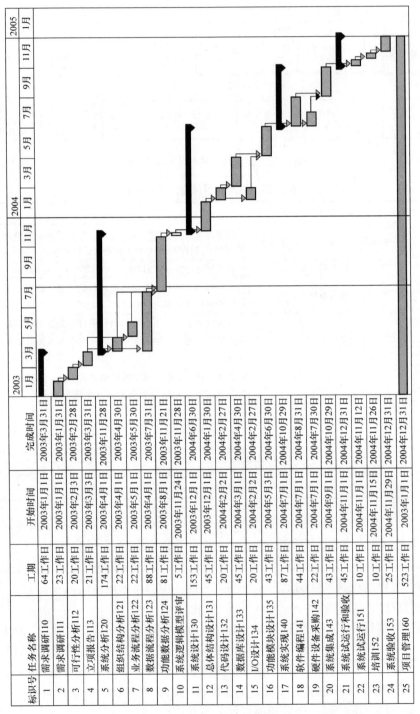

图 5-31 风险规避进度甘特图

通过上述针对风险 2 和风险 3 的风险规避设计的计划，有效地降低了这两个风险的总体评价值。新的风险评价值计算，如表 5-24 所示。

表 5-24　风险规避后的风险评价值

序号	风险名称	原计划严重度 r	原计划可能性 p	原计划不可探测度 n	原计划风险评价值 K	调整后严重度 r′	调整后可能性 p′	调整后不可探测度 n′	调整后风险评价值 K′
2	总体框架设计问题	8	5	6	240	3	5	6	90
3	进度延后	6	7	4	168	6	3	4	72

由表 5-24 算出的数据绘制的图 5-32，可以清楚地看出，在进行风险规避设计后，有效地将这两个项目中的主要风险降低到了 90 以内，至此项目的所有风险的风险评价值均控制在 100 以内，使项目的整体风险大为降低。

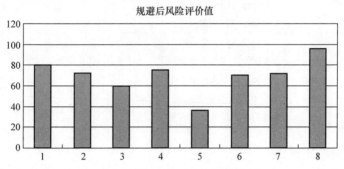

图 5-32　风险规避后新的风险评价值

3. 风险应急计划

在进行风险识别、量化、分析及规避设计后，还需要设计一个风险应急计划，以便在风险发生后可以迅速进行风险应对，将风险的后果进一步降低。为了实施风险应急计划，原则上要在项目整体费用计划和进度安排中预留风险应急资金和风险应急时间。

在设计了风险应急资金和风险应急时间之后，还需要设计风险应对计划，如表 5-25 所示。为了增加此应急计划的实施能力，项目组在项目前期对风险相关的项目人员进行风险应急培训，将此风险应急计划落实到相应的基层项目实施人员中。一旦风险发生，项目基层人员能够迅速按照相应的风险应急计划进行风险应对，使风险的后果降到最低。

表 5-25　项目风险应对计划

序号	风险名称	风险原因	风险应急计划
1	项目被取消	社会环境原因 投资方经济原因	迅速进行项目清盘

(续)

序号	风险名称	风险原因	风险应急计划
2	系统逻辑模型设计问题	系统分析能力不强 逻辑模型构建不合理	外聘相应的技术专家,进行对症下药
3	进度延后	进度计划不合理 资源调度不合理 人力资源投入不够	增加资源投入
4	总体费用超支	硬件设备价格上涨 人员工资上涨 材料费用超支	减小资源投入,更改技术实现方式以减少费用,采用多货源采购方式以降低采购成本
5	人力不足的风险	公司对项目过多造成人力资源分配不足 人员费用投入太少	增加人力资源费用投入
6	软件编程漏洞	软件编程技术不过关 编程工具存在漏洞	采用合适的软件开发工具,并对程序员进行适当的培训
7	关键设备失效	关键设备的供货延迟 关键设备的技术出现问题	准备第二家货源,并采用货到付款方式,增加对供应商的控制能力
8	组织结构风险	项目经理中途换人 公司上层架构发生重大变动,造成对项目的组织结构发生问题	项目文档齐备,并加强人力交接的控制,确保新的项目经理能够顺利接手

4. 风险监控计划

上述进行的风险分析是在项目准备阶段进行的风险设计。为了降低整个项目在实施中的风险,项目组加入了风险监控计划,使风险能够被动态监控,有效地将项目风险控制在最低的限度内。项目组采用了定期风险检查及关键点风险检查方式,定期风险检查的周期定为一个月。在每个检测点需要项目管理人员进行风险数据采集及分析,以便进行风险监控。根据实际情况,项目组采取相应的风险应对措施,包括进度的重新调整、费用投入的调整、资源分配的调整等,进行动态的项目控制,并最终确保项目的顺利完成。风险监控的主要方法为挣值法,具体实施过程可参见后面的挣值分析。

5.2.9 项目进度管理过程

1. 项目进度报告

在项目实施中,项目组为了保证项目的顺利进行,采取了一系列措施,如定期会议、书面报告、报表材料等。项目组通过跟踪项目实施情况,考察项目实施的现状、主要问题以及将来的任务,形成了项目生命周期的记录文件。其具体内容包括以下几项。

(1) 所进行工作的进度。
(2) 遇到的问题和采取的纠正措施。
(3) 项目工作计划更新采取各方同意的方案,并且对资源和日程的含义进行说明。
(4) 随后的任务及人员计划。
(5) 潜在的风险和规避计划。

项目组对报告频度要求如下:(1) 每周一次项目执行报告,提供清晰的项目执行状态信息。(2) 每月一次项目进度报告与项目管理报告,综合对项目的执行情况进行分析,进而对项目实施做出指导。

项目组每周一次的执行报告程序,如图 5-33 所示。每月一次的项目进度报告与项目管理报告程序基本与前者相同。

项目管理的进度管理报告有项目关键点检查报告、进度计划执行情况报告、任务完成报告、项目执行状态报告、重大突发事件报告、项目变更报告、项目进度报告和项目管理报告等几种类型。

表 5-26 和表 5-27 分别是项目组做出的项目关键点检查报告和项目计划执行状态报告。其他报告的做法基本与此类同,表格的形式可以依据具体情况进行设计,也可仿照这两个表设计,关键是所记录的内容要能反映实际情况,并且清晰易懂。

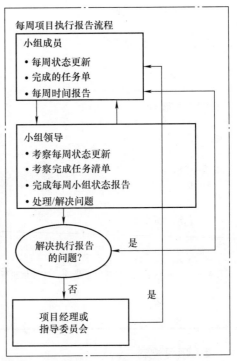

图 5-33 项目周执行状态报告

表 5-26 项目关键点检查报告

关键点名称	功能数据分析 124	检查组名称	项目进度小组
检查组负责人	×××	报告人	×××
报告日期	2003 年 11 月 28 日	报告份数	2
对关键点的目标描述		系统分析工作完成,基本建立系统逻辑模型	
关键点结束时间与计划时间相比		一致	
提交物是否能满足性能要求		满足	
估计项目以后发展态势		下一步可以按照确定的逻辑模型进行物理模型的设计	
检查组负责人的审核意见:同意			
		签名:×××	日期 2003 年 11 月 28 日

表 5-27 项目计划执行状况报告

任务名称	代码设计 132	检查组名称	项目进度小组
检查组负责人	×××	报告人	×××
报告日期	2004 年 2 月 27 日	报告份数	2
实际进度与计划进度相比		一致	
提交物是否能满足性能要求		能满足性能要求	
任务能否按时完成		能按时完成	
现在人员配备状况		工程师全员配置	
现在技术状况		技术状况良好,能满足技术要求	
任务完成估测		可以按时完成	
潜在的风险分析及建议		代码设计的关键工作是分类问题,分类不准确直接影响代码设计的准确性。建议分类工作做细致,并保证准确无误	

任务负责人审核意见:同意以上措施,按计划执行

签名:×××　　　日期 2004 年 2 月 27 日

2. 项目控制

项目进度控制应用动态控制原理,即不断地根据实际进度来监控和调整计划。如果有偏差,则采取措施加以处理,保证工期目标的实现。项目组确定检查周期是一周,每周定期召开项目例会,研究项目进展,解决问题。对项目进度进行不间断的监测,检测结果与项目执行计划对比,进度正常,则按照计划照常进行。如果落后于原计划,则要对实施计划进行调整。一旦进度落后,则要加强监测工作(周期改为天),并采取有效措施。计划调整应从目前活动和周期长、成本高的活动着手,适时缩减时间或成本。

进度控制的方法是挣值分析法,它通过计算项目已完成的工作的预算费用、已完成工作的实际费用和计划工作的预算费用得到有关计划实施的进度和费用偏差,而达到判断项目预算和进度计划执行情况的目的。本项目中,项目组选择在 18 个月末进行挣值分析。在图 5-34 中,项目组画出了项目的实际进度前锋线,标出项目各项工作的实际进展。表 5-28 是项目实际进度所发生的费用参数。

第5章 项目管理的综合应用案例

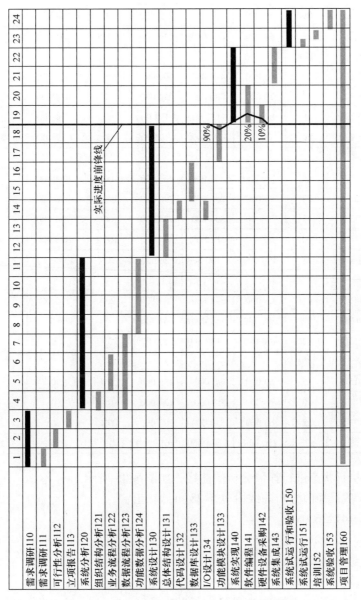

图 5-34 项目实际进度甘特图

表 5-28 项目执行过程的费用参数

	工期/天	材料费	人工费	总费用	工作完成率	BCWP	ACWP
需求调研 110	64						
需求调研 111	23	50 000	220 800	270 800	100%	270 800	270 800
可行性分析 112	20	50 000	192 000	242 000	100%	242 000	242 000
立项报告 113	21	41 500	201 600	243 100	100%	243 100	243 100
系统分析 120	174						
组织结构分析 121	22	60 000	440 000	500 000	100%	500 000	500 000
业务流程分析 122	44	70 000	880 000	950 000	100%	950 000	950 000
数据流程分析 123	88	80 000	2 112 000	2 192 000	100%	2 192 000	2 192 000
功能数据分析 124	86	100 000	3 096 000	3 196 000	100%	3 196 000	3 196 000
系统设计 130	153						
总体结构设计 131	45	100 000	864 000	964 000	100%	964 000	964 000
代码设计 132	20	40 000	256 000	296 000	100%	296 000	300 000
数据库设计 133	45	70 000	864 000	934 000	100%	934 000	1 100 000
I/O 设计 134	20	60 000	384 000	444 000	100%	444 000	460 000
功能模块设计 135	43	100 000	1 100 800	1 200 800	90%	1 080 720	1 170 000
系统实现 140	87						
软件编程 141	44	60 000	844 800	904 800	20%	180 960	300 000
硬件设备采购 142	22	508 740	158 400	667 140	10%	66 714	880 000
系统集成 143	43	100 000	1 100 800	1 200 800	0%	0	
系统试运行和验收 150	45						
系统试运行 151	10	60 000	96 000	156 000	0%	0	
培训 152	10	76 000	48 000	124 000	0%	0	
系统验收 153	25	60 000	840 000	900 000	0%	0	
项目管理 160	523	100 000	3 514 560	3 614 560	2 710 920	2 710 920	2 710 920

对项目执行状态进行挣值分析的曲线,如图 5-35 所示。

图 5-35 项目挣值分析曲线由表 5-28 可计算出:

BCWS = 14143620 元。

BCWP = 14271214 元。

ACWP = 14686820 元。

费用偏差:$CV = BCWP - ACWP = -415606$ 元。

进度偏差:$SV = BCWP - BCWS = 127594$ 元。

费用偏差 CV 小于零,说明项目费用超支;进度偏差 SV 大于零,说明项目进度超前。综合来看,本项目执行情况较好,没有出现大的偏差。今后应采取的措施是,暂缓经费投入,合理安排人力资源,控制项目进度。

5.2.10 项目总结报告

本项目是一个地区级的财税库行横向联网系统项目，项目总投资为1 900万元，工期2年。在项目实施过程中，项目组运用了现代项目管理的思想，分析了IT项目的特点，按照现代项目管理模式进行项目的管理，成功地实现了本项目的目标，产品符合客户需求，质量、进度和费用均满足要求，并实现企业利润560万元。通过实施本项目，项目组积累了宝贵的经验，如明确项目需求对IT项目至关重要，全过程的项目质量管理，加强项目相关方的沟通等，这为以后项目的开展打下良好的基础。

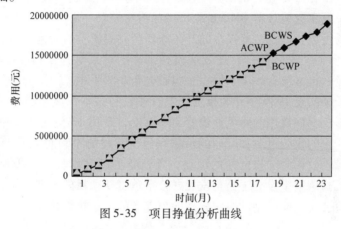

图 5-35　项目挣值分析曲线

5.3　工业产品实现项目案例

5.3.1　项目背景

在中国的彩电工业发展史上，1999年是中国彩电工业的"苦难历程"。从1979年中国建立彩电工业开始，20年来的努力终于造就了中国强大的彩电制造工业。虽然1999年国内的需求总量在2 700万台，中国的彩电生产能力在1999年已经达到4 000万台。1999年当一些国家还在为提高19寸电视机的普及率而努力的时候，中国的城市家庭已经开始购买29寸和34寸电以更新20世纪80年代的主流产品21寸彩电了。经过20多年的努力，在2001年中国加入WTO以后获得了回报，国家间贸易壁垒降低，中国的彩电工业是国内少数立即从WTO贸易协定中获益的产业，出口机会的增加为在国内价格竞争中拼搏得筋疲力尽的中国彩电工业带来了生机。

但是 1999 年的彩电工业形势却是严峻的，中国加入 WTO 的曙光在当时还没有露出地平线。供大于求的形势使彩电厂家一次次使用降价的法宝，以争取更大的市场份额。"饮鸩止渴"和"涸泽而渔"的价格争夺战使彩电业的行业利润降到了无利可图的境地。行业内的巨人长虹、康佳的利润率在 1%～3%，更多的彩电企业亏损。国家计划委员会早在 1997 年就发布了彩色电视机的显像管工厂"禁止新建"和"控制扩建"的政策。

1999 年的中国彩电行业不仅市场竞争剧烈、无利可图，在技术上也面临着严峻的挑战。电脑显示与电视显示的融合趋势、VCD 和 DVD 的出现、数字和高清晰度电视的发展，对彩电显示产品提出了更高的技术要求。当传统的 CRT 显示技术对上述需求还没有提供完善的解决方案之时，基于液晶显示技术 LCD、等离子显示技术 PDP、数字微镜技术 DMD 的新型产品纷纷登场，欲取代 CRT 技术产品在显示领域的市场份额。但是，新技术的开拓和新产品的研发恰恰是中国彩电企业的弱项。国内 20 多年"横向扩产"的发展模式带来的后果是开发和设计力量的薄弱，众多的新型显示技术没有一项掌握在中国彩电企业的手中。

大鹏电子集团于 1989 年开始投资彩电行业，与日本东晟集团合资建立了鹏晟公司。年产彩色电视机用的彩色显像管 300 万支，产值 15 亿元。1999 年，由于中国彩电行业严重的供给过剩和剧烈的价格竞争，公司的年利润从 1995 年的 1 亿元降至亏损边缘。公司必须投资新的项目，寻找新的利润增长点。2000 年初，鹏晟公司在组织机构调整中设立了公司发展办公室负责新项目的策划工作，发展办公室的设立标志着公司从职能型的组织机构向矩阵型的组织机构转化。

5.3.2 项目筛选

2000 年 1～3 月，公司发展办公室用 3 个月时间对多个显示器件产品项目进行了调研和预可行性研究，提出了 4 个项目作为公司发展决策的筛选项目。

1. 背投影电视机的投影管产品项目

（1）投影管产量：90 万个（1 机 3 管）。
（2）总投资：1.396 亿元。
（3）背投电视机市场：预测 20 万台（2000 年）至 50 万台（2003 年）之间。
（4）可能的竞争厂家：台湾集团、陕西集团、北京公司。
（5）建议：背投电视机的投影管产品项目需立即启动，合资双方投资分担、利益分配和风险分割可在项目进行中协商。

2. 29 寸彩色电视机纯平面显像管产品项目

（1）兼容产量：30 万台。
（2）项目投资：1.2 亿元。
（3）预计市场容量：600 万台，2001 年产能 300 万台，缺口 300 万台。

(4) 可能的竞争厂家：陕西集团（90万台）计划2000年10月试产；北京公司（60万台）已投产；长沙公司（50万台）计划2000年9月投产；广东集团（100万台）计划2001年投产；上海公司（130万台）2000年5月签合作合同。

3. 17寸计算机显示管项目

(1) 计划产量：120万个。

(2) 总投资2.99亿元。

(3) 预测市场容量：760万个，供给能力495万个，缺口265万个。

(4) 计划在2001年建线厂家：华南公司：70万个；韩国集团：130万个；台湾集团：35万个；上海公司：70万个；广东公司：70万个。

4. 34寸彩色电视机纯平显像管产品项目

(1) 兼容产量：27.2万个。

(2) 总投资：1.4亿元。

(3) 预测市场容量：30万~50万个。

(4) 国内竞争厂家：北京公司拟建39寸/34寸纯平线，设备开始安装，计划2000年6月投产；长沙公司拟建29寸/34寸各50%线，设备在制造中，计划2000年9月投产。

由于时间的关系，初期的预可行性研究并没有建立项目的经济模型、市场预测和详细的项目方案，项目的筛选是从战略方面进行了大量比较，具体如下所述。

首先，从"STANFORD资源"购买的显示器件市场研究报告预测，2005年的计算机显示器市场将以液晶技术产品为主流，公司首先否决了17寸计算机显示管项目。后来的计算机显示器市场的变化证明了当时的决策是正确的，2003年液晶显示器已经大规模进入计算机显示器市场。基于CRT技术的计算机显示管产品市场呈明显的萎缩趋势。

其次，由于合作伙伴东晟公司在29寸彩色电视机纯平面显像管和34寸彩色电视机纯平面显像管的开发速度原因，合作伙伴当时能够提供的产品技术和量产技术不具有世界领先水平。需要进一步观察和等待合作伙伴的新产品技术开发进展和变化。

再次，背式投影电视机的投影管产品项目被作为首选项目并决定开展深入的可行性研究。选择该项目的主要原因是：

1）背投影管在国内是空白产品。

2）合作伙伴东晟公司在背投影技术上具有世界领先的地位。

3）产品的利润空间（售价/材料成本）最大。

4）国内的背投电视机市场处于启动期。

5.3.3　项目可行性研究

2000年3~12月，此时项目的专职人员由4名增加至10名。中日双方成立的项目小组对项目的可行性进行了深入的研究。

公司发展办公室组织了 11 名中日专家，采用德尔菲调查法和风险矩阵分析方法对项目的风险进行了识别和排序。在排列的 14 项风险中，竞争对手抢先占领市场的风险居首位。由于市场份额不足，新建工厂经营困难的风险居第二位。同时也存在新技术产品，例如 LCD 投影技术替代 CRT 技术产品市场的风险。

以市场人员为主，进行了产品的市场调研和预测，对每个电视机客户厂家在背式投影电视机的发展计划进行了调查和汇总，预测在 5 年的时间内，中国的背式投影电视机在 50 万~100 万台/年。利用 1997 年至 2000 年的中国市场数据和对饱和市场的估计，采用生命周期曲线拟合对中国的市场进行了预测，预测的结果与对电视机厂家的调查是吻合的，中国的市场在 50 万~100 万台/年。考虑到新工厂的产品在最可能的情况下只能占有 50% 的市场份额，中国的市场份额不足，项目的可行性不成立。为了促成项目的可行性，新工厂的市场范围需包含亚洲和部分欧洲市场。重新划分市场范围以后，解决了项目的市场问题。

公司的基建人员对项目的建设方案进行了研究，由于合作伙伴的基本条件是建立新的合资公司并在新公司中持大股，原来的改造旧厂房建设方案不成立。基建人员重新设计了建设方案，增加了土地购置和新厂房建设费用，项目投资总额从 1.396 亿元增加至 2.4 亿元。其中新增 1 600 万元用于购买土地，8 000 万元用于建造新厂房。基建人员采用优序法对候选的 5 个工厂选址方案进行了决策，鹏城大工业区由于明显的地价优势和基础设施优势中选。

生产技术人员对新工厂的产品选型、工艺流程、生产班次、组织机构、人员数量、材料和部件清单、车间平面布置、生产节拍进行了设计。

设备和动力人员根据生产人员的设计输出，进行了生产设备和动力设施的设计，产生了设备清单、动力能源需求表和动力设备清单。

上述设计工作的结果一方面形成了可行性研究报告的内容，另一方面在项目的计划和设计阶段形成了设计院工程设计的输入。

中方人员和日方人员分别按照两个公司对成本和售价的估算和预测建立了项目的经济模型，对新工厂的经营和经济效益进行了 5 年的预测，两个经济模型的结论基本一致，新工厂的投资回收期为 5.37 年，内部收益率 IRR 为 11.83%，盈亏平衡点在 79 万支投影管。另外对项目的销售量、售价、材料价格和投资总额进行了敏感性分析，根据对销售量、售价、材料价的估计变化范围，对 5 年的累积财务净现值进行了蒙特卡洛仿真。

可行性研究工作从 2000 年的 3 月 15 日风险评估开始，至 2001 年 1 月 15 完成，历时 10 个月。

2001 年 3 月，公司组织以中国工程院院士为首的国内著名专家对项目的可行性进行了专家评估。项目可行性研究的市场结论、技术结论、建设方案和经济结论基本获得了专家评估小组的同意。具有特殊意义的是专家小组对产品技术寿命给出了 5～10 年的结论，对产品的应用领域给出了"可应用于高清晰度电视 HDTV 显示，可满足标准清晰度电视 SDTV 显示要求"的结论。

5.3.4 项目启动与计划

2001 年 4 月，在中日双方项目小组人员的基础上，成立了投影管项目建设委员会。项目建设委员会在领导上以日方人员为主，在人力资源上以中方人员为主。这种组织形式是日方"占大股"的基本条件和人力资源经济性考虑的综合结果。中日项目团队人员增加至 24 名。双方确定了联络方式和沟通窗口。双方项目的高层进入了合资合同与章程的谈判过程。与此同时，双方的工程技术人员开始了项目的计划和详细的建设方案设计。

2001 年 2～4 月，合资合同与合资章程的谈判历时 2 个月。两个合同的核心问题是双方的出资比例、经营班子和董事会的权利分配。出资问题以日方投资 75%、中方投资 25% 为结局，恰好将 10 年前成立的鹏晟公司的出资比例颠倒过来。10 年前，鹏晟公司的出资比例是中方占 75%，日方占 25%。有趣的是，新公司的名字也颠倒过来成了晟鹏公司。这种对称的"美"在经营班子和董事会的权利分配中却没有保持下来。10 年前持大股的中方具有鹏晟公司的经营权，合资章程中必须获得董事会一致同意的表决事项为 18 条；10 年后日方持大股的晟鹏公司日方具有经营权，合资章程中必须获得董事会一致同意的表决事项仅有 4 条。这是一场输赢具有重大利害内容而结果没有明确度量形式的较量。合资合同与合资章程的谈判始终是在友好的气氛和温文尔雅的沟通中进行的。但是在友好气氛和儒雅语言的后面有谈判技术的较量、利害的谋划、风险的考虑、实力的权衡，甚至还有更多无法用明确的语言描述的因素。

技术转让合同、设备引进合同的谈判是在合资合同的基本框架已经定型的 2001 年 3 月开始的。一项技术应当卖多少钱及如何计算很难找到理论的计算方法。项目团队采用的方法多少有些类似于法学中的习惯法。参考历史上同类产品技术的转让费作为基础，然后比较差别决定在比较基础上的增加或减少。2001 年 6 月，双方达成了对技术转让费和技术提成费的一致意见。与技术转让合同谈判同时进行的，是设备引进的谈判和新公司的成立申报工作。

2001 年 5 月 30 日是项目的一个重要里程碑，新公司在这一天成立，比原计划提前了 10 天。

当双方的高层人员为合资合同和章程谈判时，项目的计划和建设方案的设计是按平行作业的方式进行的。

项目的综合计划人员在与专业人员讨论的基础上，制定了项目日程 12 个里程碑和项目的综合日程网络。综合日程网络的基础是 WBS 技术，详细的工作分解和准确的工期估计比综合计划的图表形式更加重要。项目计划中的资源配置在此时并不能完成。由于项目此时主要是甲方人员（或称业主）在工作，项目的资源配置状态近似于线性责任图的状态，主要是各项任务的甲方负责人员配置；而完成任务的主要资源，例如基建工程的施工人员、设备的设计制造人员此时并没有准确的计划，只能以乙方单位的名称来配置。资金计划工作是根据总的资金目标分解为各个专业工程的子目标，即理论上的从上至下的估算。项目人员的工作经验在此时发挥了重要的作用，因为计划过程几乎完全是靠项目人员的工作经验进行的。

生产技术人员、设备人员和动力工程人员此时进行了专业工程的详细设计，可行性研究报告的内容成了各个专业人员工作的基础。以上述人员工作结果作为基础建设工程设计的设计输入，聘请的工程设计院根据上述输入进行了基础建设的初步设计。

上述计划和初步设计工作历时3个月，由于是与合资合同与章程的谈判平行作业，在新合资公司成立的2001年6月，项目人员完成了计划阶段的工作，如表5-29所示。设计院完成了基础设施的初步设计，设计的新工厂如图5-36所示。

表5-29 投影管项目计划阶段工作内容

	协议、合同	设计、联络	综合	日程计划	资源配置	费用目标制订
综合处	公司申报、合章程	工程概算、项目概况提供	职责、制度、程序、报表	大日程节点目标	综合人力配置	概算、开办费、预备费、费用目标、日常管理
基建、动力处	土地协议、合同、设计院合同	工程设计条件提供（建筑、动力）	工程报建、环保评估、水电气增容申报	基建动力作业分解、计划	基建动力工程师配置	基建动力费用估算
工艺、设备处	设备协议书	工程设计条件提供（设备）	—	设备工程作业分解、计划	设备工程师配置	设备工程费用估算
		工程设计条件提供（工艺、产能、人员）	—	工序试作作业分解、计划	工艺工程师配置	试产材料费用估算
		工程设计条件提供（检验标准）	—	产品试验计划	—	—
技术、销售处	高科技项目申请	工程设计条件提供（产品）	产品运送方案、国内市场开发方案	—	—	前期市场开发费估算、运送费估算
财务处	银行前期协议	—	税制调查	项目帐号编码系统制订	项目会计师配置	资金计划
外部资源	批文（外资局、工商局）	工程设计（设计院）	批文（外资局、工商局、国土局、消防局、电力局）	—	—	设计院

在设计院初步设计的基础上，综合人员对项目的费用进行了从下至上的估算，制作了项目的资金－时间计划表和资金累积曲线。双方股东注入了项目的资本金1 600万美元。

此时，项目的兼职人员开始作为专职的项目人员进入团队，项目的组织形式从矩阵形式转化为项目形式，项目进入了实施控制阶段。

图5-36　设计的新工厂示意图

5.3.5　项目实施控制

很难找到一个时间点来区分总体项目的计划阶段和实施控制阶段，这是由于不同的专业工作是平行进行的。不同的专业工程完成设计和计划的时间点并不在同一时刻。此项目以设计院的初步设计的批准日2001年6月15作为项目实施控制的开始是从基础建设专业的角度考虑，抑或是无奈的选择。项目的建设日程和日程跟踪如图5-37所示。

项目的实施控制是分为五条主线来进行的，基础建设工程、生产设备工程、动力工程、生产准备工程和综合工程。项目的综合工程起到了控制、协调和支持上述工作主线的作用。

基础建设工程的内容是厂房的建造。设计院初步设计获得政府批准以后，设计院开始了施工图设计。为了加快建设速度，施工图的设计与工程的施工是平行进行的，为此付出的代价是工程的设计更改比较多。2001年7月4日，在鹏城大工业区举行了项目的奠基仪式，奠基仪式的时间比计划提前了26天。奠基仪式的组织是按照事件型项目的管理方法进行的，其特点类似于国家元首出访项目，策划时间可以是数个月，而实施阶段只有数天甚至数小时。另外，物资资源的配置在此类计划中的比重增加了，例如临时的交通车辆、会场的布置材料、礼品和花圈、标语和奠基石，甚至奠基的铁锹和填埋的沙土都要在计划中确定。

土木工程的项目管理主要是由聘用的施工单位和监理公司进行的。国内土木建筑业具有比较成熟的项目管理体系，建立变更控制体系（CCB）和跟踪项目进度是施工单位的成熟业务。甲方的重点工作是在工程招标中选好施工单位和监理公司，在施工中监督项目的进程、质量、安全和进度款的支付。

按照中国的法规，国内的土木建筑工程一般由政府设立的招投标中心进行，游戏规则和程序操作都是由中心实施的。对于高新技术项目、外商独资和合资企业，

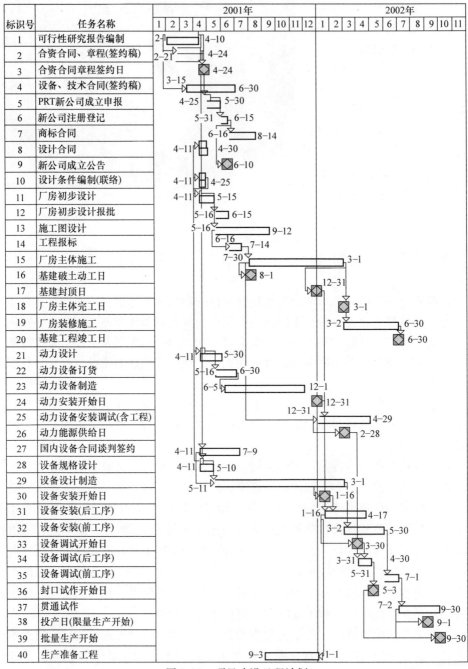

图 5-37 项目建设日程计划

政府允许进行议标，即由甲方单位选择部分施工单位进行招投标。

基础建设工程在经历了招标、桩基、主体、部分装修工程阶段后，于 2002 年 1 月 16 日交付安装，历时 6.5 个月。这一工程节点并不意味着基础建设工程的完成。实际上这个工程节点在厂房装修工程的中间时刻,因为还有室外工程和内部的细节装修任务。定义这一工程节点的目的是尽可能早地开始设备的安装工程。只要具备了设备的安装条件,即可开始设备的安装工程,使后半部的装修工程与设备的安装工程同步进行。

在基础建设工程中,甲方单位使用了挣值法进行项目的进度和费用综合度量,从效果上总结挣值法在基础建设工程中使用是成功的,出现的问题主要是项目相关人员对挣值法知识的了解程度不够。成功的应用需要基础的培训、宣传和辅导。因为即使是在国家的甲级施工单位,熟练掌握挣值法的人员也并不占多数。

设备工程和动力工程的实施阶段比基础建设工程实施阶段提前一至两个月,这种安排一方面是由于设备和动力工程的设计输出将作为基础建设工程设计的输入;另一方面是大型专业设备的制造过程较长,同时开始将会使设备工程或动力工程成为项目的关键路径。生产设备和动力设备的订购合同工作是在 5 月 15 日开始的,生产设备的动力设备工程的工作内容主要是设备订购合同、设备设计、设备制造、设备运输和安装调试等工作。动力工程兼有动力设施施工和动力设备购置两类任务,例如供电、供水、供气和三废处理设施的施工任务。

在生产设备工程和动力工程中使用的挣值法管理是不成功的。一方面是由于大部分相关人员不了解挣值法的基础知识,包括高层人员;另一方面是生产设备工程和动力工程的挣值度量方法尚不成熟,例如在设备订购阶段,如何准确度量工作的挣值。当进度图表中的挣值令相关人员困惑的时候,人们对挣值法的实际价值产生了怀疑,项目中生产设备和动力工程的挣值度量在实施了两个月后,不得不放弃了这种管理方法。制作挣值图表的人员和阅读挣值图表的人员都松了一口气。

生产人力资源配置的高峰期是在项目的后期,即生产设备的安装调试期,在项目的实施控制阶段主要是生产线的策划和物资准备工作。生产人员首先确定了工艺流程、厂房的平面布置、材料清单和规格、分供方的选择、材料及零部件的订购和引进生产技术资料的转化。

在完成生产设备的安装调试以后,生产准备工程成为项目进程的焦点。生产人员需要设定生产条件,验证各个工序的工艺条件和工序质量,并对招聘的新员工进行培训。在限量试生产阶段,每日基础建设人员主持的项目协调会改为由生产人员主持的生产调度会议。

综合工程的主要任务是组织、协调上述主线工程的进展。具体工作有项目的日程计划、资金目标制定、项目的融资借贷、人力资源的组织配备、进度跟踪和资金控制、项目内部变更的处理、后勤服务等。办公地点的租赁、开工仪式、封顶仪式和投产仪式这些事件型项目的管理也是由项目的综合人员组织的。

综合工程在项目管理中成功地采用了项目的日程跟踪技术,资金管理的 S 曲线技术。在各个仪式的组织中采用了项目管理的方法,分解任务、制订计划网络和配置资源,在准备工作中进行跟踪和检查,取得了较好的活动效果。

2002 年 9 月 20 日,投影管项目建设委员会举行了投产仪式,项目提前 10 天完成了任务。从2001年7月4日奠基仪式计起，项目历时14个月。

5.3.6 项目结束

项目的人员安置是与项目的组织结构变化同时进行的，新公司组织机构在设备安装调试阶段就开始逐步设立，只有生产制造部的机构从项目开始时按照新公司的建制设置。生产设备开始安装调试以后，分别建立了新公司的生产设备部、动力部、财务部、人力资源部、资材部、设计技术部和市场部。上述部门的人员大部分由建设委员会的人员兼职，部分基建人员开始撤离基础建设工程。兼职人员的工作重心逐步向新公司的工作转移，组织形式也相应地从项目型组织向职能型组织转移。项目的验收过程如下：

(1) 2002年11月，生产设备和动力设备验收完成。
(2) 2002年12月，基础建设工程验收完成。
(3) 2003年1月至2003年2月，项目进行了工程决算，项目投资总计2.36亿元。

项目结束后，项目还存在的遗留问题如下所述。

首先，尽管在项目初期的风险分析中，竞争对手抢先占领市场的风险被列为首位，项目建设委员会也采取了相应措施，例如在产品寿命实验尚未结束时，组装国外工厂的同型号产品开拓市场；但是新工厂从开工之日起就面临着激烈的市场竞争，同行业厂家纷纷加入投影管市场，竞争使有限的投影管市场供大于求，新工厂开工不足，需要采取对策扩大市场份额，扭亏为盈。

其次，尽管在项目的可行性研究报告中对产品的价格下降趋势进行了预测，竞争使2003年的实际市场价格低于预测价格，价格的降低使盈亏平衡点变化，需要卖出更多的产品才能保持盈亏平衡。要维持原有的产量和销售计划，新项目的投资回收期将延长，超过5年的投资回收期将受到投影管技术寿命的影响，回收资金的风险增大了。为了在降低的价格下维持原计划的利润水平，需要将关键部件的采购改为自行制造，投资开展新的项目。

再次，2007年，大屏幕液晶电视LCD和等离子电视PDP大量涌入市场，PRT电视退出市场。新工厂卖掉投影管生产设备，转产其他光电显示器件，5年的技术寿命周期预测不幸言中，项目没有获得预计的投资收益。

5.4 CE公司沿海经济地区项目群管理案例

5.4.1 CE公司沿海经济地区项目群实施背景

1. CE公司的基本情况

近20年来，CE公司开始按照国际工程公司模式进行改革，建立了典型的、以各种合同为项目的项目导向型企业。近年来，CE 公司承接的大型复杂 EPC 项目合同超过 70 个，工程总承包合同额超过 380 亿元。公司在经历了起步、夯实基础、快速提高阶段的 20 年之后，近几年进入了跨越式发展的新时期。在此阶段最为突出的是强化企业项目化管理，将大型项目群管理、企业项目化管理的管理理念与机制引入公司并积极实践，在企业项目化管理理念、项目化管理模式、管理范围、组织方式上都做了相应的调整，以实现项目资源统一调配，实现成本最优化、效益最大化。

CE 公司以实现企业战略目标为出发点，站在企业高层管理的角度，对沿海经济地区的项目进行项目化分析，将沿海经济地区的多个项目有机地组合起来形成项目群组，采用项目群管理的方法对其进行管理。通过项目群这种群组项目管理更加有利于实现公司级的战略目标，有利于资源调配和优化组合，降低管理接口带来的风险，提高客户满意度。

沿海经济地区项目群包括的主要项目超过 10 个，项目类型有 EPC 项目、EPCM 项目、E 设计服务项目与施工监理项目，包括 A 项目、B 项目、C 项目、D 项目、E 项目、F 项目和 BEPC 项目。

在中国工程咨询协会、中国勘察设计协会 2006 联合举办的"第三届表彰优秀工程项目管理和优秀工程总承包项目"的活动中，该项目群中的 B 项目获工程总承包金钥匙奖，C 项目和 D 项目获得获工程总承包银钥匙奖。

2. 沿海经济地区石化发展战略背景

CE 公司项目群所在沿海地区是中国非常重要的一个石化基地，拥有数家大型石化企业，近年来又投巨资兴建了一个化学工业园区。该化学工业区规划面积为 29.4 平方公里，是"十五"期间中国投资规模最大的工业项目之一，也是中国改革开放以来第一个以石油和精细化工为主的专业开发区，第一期项目总投资将达 1 500 亿元人民币，建成投产后可年产 228 万吨石化产品，工业产值可达 1 000 亿元人民币，被誉为该地区"工业腾飞的新翅膀"。化学工业区的建设目标是成为亚洲最大、最集中、水平最高的世界一流石化基地之一。目前，英国石油化工、德国巴斯夫、德国拜耳、德国德固赛、美国亨斯迈、日本三菱瓦斯化学、日本三井等跨国公司以及苏伊士集团、荷兰孚宝、法国液化空气集团、美国普莱克斯等世界著名公用工程公司已落户区内，截至 2004 年底，项目投资总额已达到 88.2 亿美元。

化学工业园区计划在五年内将投资增加一倍，因此未来该基地还有很多的投资项目，如：中国石化集团公司与英国石油公司在化工园区拟合资兴建一个大型石化综合企业，其烯烃生产能力达到 120 万吨/年。中国石化与化学工业区还计划了一个总投资为 40 亿美元的项目，该项目包括一个 1 000 万吨/年的炼油厂，以及一个 100 万吨/年的乙烯工厂。哥伦比亚化学品公司拟建一套 7 万~8 万吨/年的炭黑设备，德固赛公司拟建多用户基地的甲基丙烯酸甲酯综合企业，上海华谊（集团）将建设一个氟化学品综合企业，以及基地一些设施建设项目等。到 2010 年底的时候，化学工业园区的乙烯产能将达到350万吨/年，该化学工业园区将成为中国最大的烯烃制造中心。

5.4.2 项目群组织管理结构与管理流程

1. CE公司企业项目化管理组织结构

CE公司建立了与国际工程公司接轨的组织机构。根据工程公司的功能要求，充分考虑企业的发展战略、企业的业务流程、职能组织、项目组织和项目化管理的环境组织要求，对原有机构设置和专业分工进行了大幅度的调整，组建了项目部、采购部和施工部等项目管理职能部门，增设专业的项目管理与控制等岗位，重新定义了岗位职责与界面。此组织结构具备了可行性研究、工程设计、设备材料采购、施工管理、开车服务和售后服务的功能。CE公司企业组织结构如图5-38所示。

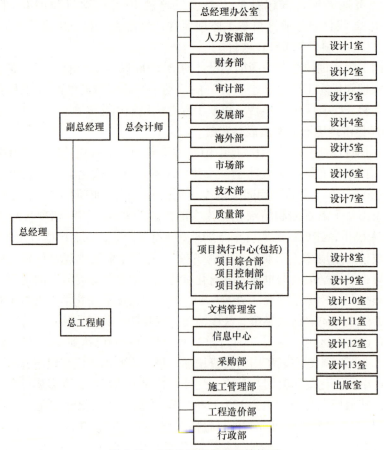

图5-38 CE公司企业组织结构图

公司内部建立了矩阵型的项目管理组织结构，以永久的项目管理办公室和专业科室设置为依托，按项目组织临时的项目管理团队实现项目目标。公司常设专业职能部门按资源需求向项目组派出合格职能人员，并对其派往项目组的人员给予业务上的指导和帮助，项目的实施由项目经理领导下的项目团队完成。项目组内的所有人员接受项目经理的领导，对项目经理负责，同时向项目经理和所在业务部门汇报工作。项目经理接受项目主任的领导与监督。矩阵型项目管理组织结构如图5-39所示。

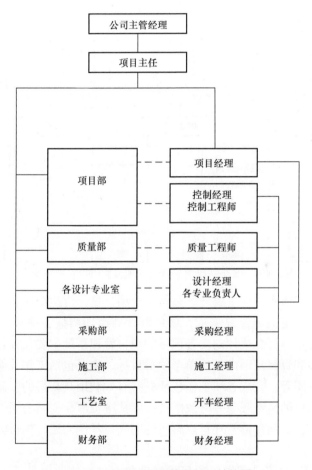

图 5-39　矩阵型项目管理组织结构图

公司项目部相当于公司级的项目管理办公室，是公司项目管理的业务支持部门，其主要职责包括：开发和维护项目管理标准、方法和程序；为企业提供项目管理的咨询和指导；为项目指派合适的项目主任、项目经理；提供项目管理培训；提供信息化管理、对项目进行监督考核；其他项目管理支持工作。

2. CE 公司沿海经济地区项目群组织机构

CE 公司沿海经济地区项目群组织管理结构如图 5-40 所示。项目群管理中设立项目主任，下设项目群的项目管理办公室。项目主任管理与协调各项目，保证合理地安排和调配项目间的人、财、物等资源。

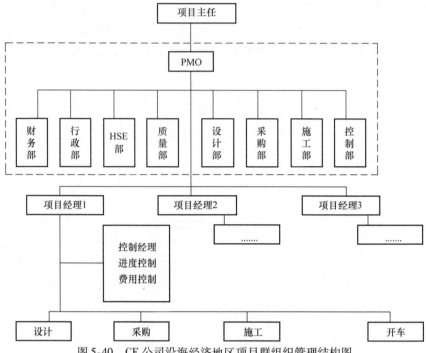

图 5-40　CE 公司沿海经济地区项目群组织管理结构图

项目群管理工作系统的主要任务是将单个项目目标传达给项目经理，项目经理向项目群管理办公室提出资源需求，项目群计划经理调整各项目资源与进度的平衡，审查与批准各项目总体计划。各项目的项目管理系统主要任务是在项目总体计划所指定的时间和资源范围内完成单个项目目标，主要包括工作分解、网络图、横道图和资源直方图等，完成各项工作包任务并有效利用其获得的资源。

如何分清项目的轻重缓急并有效配置调度共享资源，提高公司资源利用率，实现项目的高效运转是项目群管理重点解决的问题。具体来说，项目群管理的基本工作流程如下所述。

（1）在确定项目启动前进行项目战略定位，判断这些项目是否与企业的战略方向一致，公司高层主管、各职能部门领导、项目主任等将参与此定位过程。

（2）在公司层面建立项目评估与选择机制，项目主任负责组织对具体的项目进行分析选择，衡量项目为企业带来的收益，对不符合评价标准的项目进行暂停或中止，公司高层主管、职能专业副总、专业职能人员等将参与这个评估系统。

（3）在项目分析的基础上，结合企业目前的资源约束条件，进行项目优化组合，使公司的项目投资收益最大化。

（4）在项目组合优化的基础上，进一步调整项目组合，最终进行企业项目组合决策，这个决策系统主要由公司高层主管和项目主任参与。

（5）在启动阶段，项目主任负责项目群内各个项目的统一规划与项目执行策略，提供培训、软件、标准方针与程序方面的支持，为各个项目提供标准的项目管理模板，对所有项目的共同与独特风险进行统一管理，并为各项目统一调配公司资源，确保各项目目标符合公司总体战略方向。

（6）在项目实施过程中，项目主任统一协调项目之间的沟通管理，集中监控各项目进度与预算，并与外部质量人员或标准部门协调整个项目的标准。项目主任监控与评估项目在进度、费用、质量和风险等各方面的执行情况，及时了解项目的状态信息和变化情况，对项目变更进行有效控制。各项目团队按照项目群目标、项目实施原则、工作程序、项目管理策略及要求负责具体项目的实施，按公司规定向项目主任及项目管理办公室提供绩效报告，按公司授权规定在项目重要事宜上，如项目范围变更、人力资源配置、重大财务事务和重要里程碑事件等问题上需获得项目主任的审核与批准。

3. CE 公司沿海经济地区项目群管理流程

CE 公司项目群管理分为四个阶段，包括确立企业战略、筛选产生项目、分析项目优先排序和进行多项目管理等，并形成一个循环。项目群管理流程主要包括项目筛选确定流程、项目实施控制流程、项目变更管理流程和项目关闭流程，如图 5-41 所示。这个流程不但可以使企业高层管理者从全局和全过程把握多项目管理，而且可以指导如何产生项目、筛选项目、对项目优先级排序，最终确定项目，并管理具体项目实施项目的计划、执行与控制过程。

5.4.3 CE 公司沿海经济地区项目的选择、决策与管理策略

1. CE 公司沿海经济地区项目群战略定位

根据近几年行业投资大环境特点和企业自身综合竞争力水平，CE 公司制定的企业总体战略目标为：创建世界一流的工程公司；注意研究和培育自己核心竞争力，建立并强化企业的竞争核心、竞争范围、竞争资源和竞争手段；提升公司工程化设计水平、大型计划管理和项目管理的研究与执行能力，IT 应用水平及为用户提供解决方案的能力；塑造企业文化，打造自有品牌，扩大海外工程承包市场。

CE 公司沿海经济地区项目群不但要在单项目管理层面上要全面应用传统项目管理领域里先进的项目管理方法与手段，而且采用项目组合管理模式，使项目管理更加系统化、集成化，项目资源进一步整合。CE 公司将沿海经济地区项目群的实施作为企业发展的又一契机，通过项目群管理进一步完善企业项目管理体系，从而带动企业内部运行机制的重大变革。

同时，项目群将实践项目组合管理，实现项目资源统一调配、成本最优化、效益最大化。项目群的成功实施将证明 CE 公司具有执行超大型复杂项目和涉外工程的

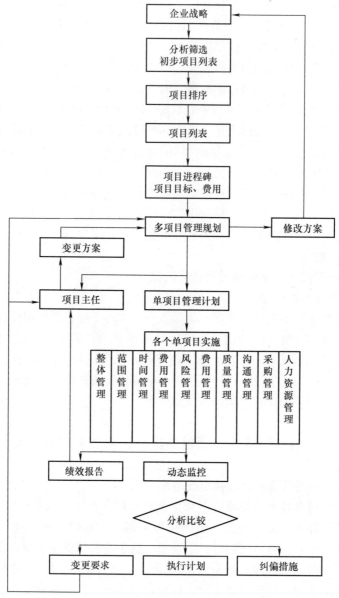

图 5-41 CE 公司沿海经济地区项目群管理流程

实力。通过项目群管理的新思路、新模式、新组织方式和管理方法，促进企业内部生产运营体制与对外营销机制更加适应企业项目化管理的要求，增强企业核心竞争力。

2. 项目选择与决策

CE 公司结合企业战略和公司实际情况，建立了连贯统一的项目评估与选择机制。对项目的特性以及成本、资源、风险等项目要素（选择一项或多项因数），按照统一的计分评定标准进行优先级别评定，选择符合企业战略目标的项目。

CE公司项目按承包类型主要分为EPC项目、采购服务项目、设计服务项目、施工管理、施工监理项目;按项目合同金额规模分为大、中、小。公司高层、项目主任与相关部门按照公司的项目评价标准,结合公司目前项目承担情况、人力等资源约束条件,在项目战略定位的基础上分析项目的资源、进度、成本、风险等影响评价标准的各种因素,权衡项目为企业带来的收益,最终确定项目的优先顺序,放弃了一些不适合的项目。

(1)项目清单。

根据初步判断,按照CE公司与项目的战略目标将沿海经济地区项目进行组合,符合CE公司战略目标的初步项目清单包括:

1)A项目。
2)C项目。
3)D项目。
4)B项目。
5)G项目。
6)E项目。
7)H项目。
8)I项目。

(2)项目选择。

公司决定竞争并承揽以下六个项目,在企业的资金和资源能力范围内有效执行项目。这六个项目合同总金额达到52亿元,项目列表及合同类型如表5-30所示。

表5-30 沿海经济地区项目清单及合同类型

项目名称	合同类型
A项目	EPCM
B项目	EPC
C项目	EPC
D项目	EPC
E项目	E
F项目	E

这几个项目具有以下共同特点,这些项目的执行可以更加有利于实现CE公司企业战略目标。

1)大型复杂项目多、范围广、投资高,有利公司巩固与拓展国内EPC承包市场。

2)项目关联性较强,系统性和统一性要求高,在公司资源有限的条件下,在一段时期内可以更好地整合资源与交叉复用。

3)巩固公司在传统技术领域的优势。

4)充分体现环保理念,符合发展潮流。

3. 项目建设目标

（1）各项目总体建设目标。

1）项目职业安全、健康、环境和保密（HSES）。

2）成本最优化。

3）合理地缩短工期。

4）建立合格且有经验的团队。

5）利益相关者满意度最高。

6）可持续性发展。

（2）项目交付成果。

1）A 装置。

2）B 装置。

3）C 装置。

4）D 装置。

（3）项目健康、安全和环保，HSE 目标。

1）死亡为零。

2）损失工时为零。

3）可记录事故为零。

4）火灾为零。

5）环境泄漏为零。

（4）工期目标。项目进度确保在合同工期内完成，2003 年底机械完工，2004 年 5 月试生产，2004 年 8 月商业运行。

（5）质量目标。

1）设计成品的合格率为 100%，并符合合同所规定的标准和规范。

2）必须保证所采购货物的质量符合合同所规定的要求。

3）必须保证工程施工的质量，完成工程施工的质量符合合同中的施工、安装规范标准的要求，合格率达 100%，优良率达到 96%。

4）产品品种、产量、质量、主要原料消耗、三废治理必须达到工程设计的规定。

（6）费用目标。

项目投资控制在项目预算内。

4. 主要项目里程碑计划

依据项目目标和总工期要求，制定了 A 项目、B 项目、C 项目和 D 项目的 EPC 里程碑计划，其中 A 项目和 B 项目的里程碑计划如下所述。

（1）A 项目。

1）2001 年 8 月 18 日，开工。

2）2003 年 12 月 28 日，装置机械完工。

3）2004 年 5 月 18 日投料，5 月 20 日产出合格产品。

（2）B 项目。

1）2001 年 5 月 8 日，开工建设。

2）2003 年 11 月 18 日，机械竣工。

3）2004 年 3 月 18 日投料，3 月 20 日产出合格产品。

5. 项目群管理策略

项目群内项目都是大型复杂项目，投资高、管理界面十分复杂、工期紧、技术工艺先进。项目群在项目执行过程中，不但在单项目层面上继承了公司在传统单项目管理领域上的成功经验，运用以往已较成熟的项目管理原理、管理方法和工具、管理程序；而且在实施过程中，进一步集成与整合了公司项目管理系统，在企业项目管理层面上实现了大型项目计划管理、计划与资源整合、组织整合；在项目群推行项目管理系统集成的新模式、新组织形式和新管理方法，切实增强了项目执行力；通过项目群管理进一步完善企业项目管理体系，形成了全员参与的项目管理文化，提高了企业项目化管理的研究与执行能力，促进了公司向更高层次发展。总体来说，项目群管理策略如下所述。

（1）采用群组项目管理的方法进行管理。

（2）坚持公司的管理理念，全面成功运用公司成熟的项目管理原理、管理方法和工具。

（3）加强项目策划，结合项目群特点进行流程优化，实现管理创新。

（4）增强项目执行力，保证项目实施效果，实现对项目实施的有效监控。

（5）以信息技术为依拖，通过计划与资源整合，实现项目管理的系统化、集成化与信息化，加强项目间横向管理。

（6）发挥集中采购的优势。

5.4.4 项目群资源整合与集成化管理

1. 资源整合

项目群的资源整合主要体现在两个层面。

首先，项目层面的资源管理。其重点是对项目的各项资源的优化配置与管理，主要基于项目的标准工作分解层面进行，对项目级的资源基于物资流、资金流、工作流进行优化、统计分析和控制。

其次，以项目级资源管理为基础，公司层面的多项目综合资源管理。其重点对公司各种项目资源的优化配置和综合分析，对于工程项目按项目的资源进行分配、综合和统计分析，其基础是项目级资源管理。

具体来说，沿海经济地区项目群将资源整合的重点放在以下几方面。

（1）充分利用集成网络与办公自动化资源，提高办公效率。

(2) 整合工程设计集成系统，提高设计质量和效率。

(3) 整合项目管理系统，提高项目运作能力，降低项目投资。

(4) 建立项目文档管理系统，提高工作和沟通能力，强化工厂生命周期信息管理。

(5) 以项目群管理为载体，建立完善企业资源计划（ERP）系统，提高运营管理和辅助决策水平。

(6) 以项目群管理为载体，逐步建立知识管理系统，促进企业创新能力。

2. 集成化管理

(1) 集成化设计。

项目群推行以工程数据库和三维模型设计为主的集成化设计技术，缩短设计周期，提高质量，降低投资，提高多项目资源共享。

(2) 集成项目管理系统。

项目群建立了以物流、资金流、信息流为核心的集成的项目管理运作体系，实现了工厂生命周期的信息管理，建立了集成应用系统和协同工作平台。

推行以物资流和数据库为主线、以资金流和工作流为核心的综合项目管理，是提高多项目管理水平的重要手段。计划进度控制、估算与费用控制、材料控制、QA/QC、信息（数据）控制、费用/进度综合检测、设计管理（任务分派及检测统计系统）、采购管理、施工管理、合同管理、项目财务管理、项目经理管理等都被这个统一的主线与核心贯穿在一起，如图 5-42 所示。

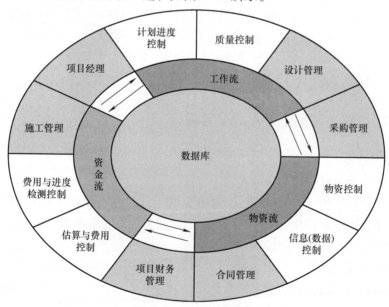

图 5-42 项目管理系统

建立集成的项目管理系统，使各主要业务系统（包括工程设计系统、项目管理系统、电子文档管理、采购管理等系统）实现流程共用、数据共享。集成的项目管理系统使所有相关人员在一个系统平台上工作，业务和管理系统充分体现了业务流程和管理模式，且系统支持全球实时异地工作模式。系统使从事业务和管理的所有资源得到有效管理和充分共享。

5.4.5 项目群管理的主要内容

项目主任需要从各个业务角度进行项目评估，包括项目目标定义与分解、项目管理计划、人力资源管理、项目沟通管理、项目统筹控制、质量管理、HSE 管理、风险管理、索赔与变更管理、项目文档管理和 HSE 管理等。

1. 项目目标定义与分解

项目的目标是衡量一个项目成败的标准，各项目经理需要在项目主任的领导下定义清晰的项目目标与目标分解结构。

在项目的不同实施阶段，不同的项目相关人员可能对项目是否成功有多种定义。涉外工程往往是多个国家的业主与承包商共同参与，文化背景、价值标准、评价体系不同，对项目成功标准的理解就不同。有不同期望的项目各方，在范围、时间、成本、风险和质量这些辩证统一的需求上都有自己的明确要求。如果开始时目标不清，或者组织中各个方面对目标没有达成共识，就会使项目从一开始就蕴涵危机，统一价值标准、确立明确的项目目标就显得尤为重要。

项目群中项目主任要求项目经理：首先要避免项目可能为了遵从业主的意图而不断反复，甚至即使要求完成了项目，也由于项目目标的歧义得不到业主的认可的情况发生；其次要防止一旦发生人事变动则目标就可能被修改，甚至直接被终止，从而前功尽弃；最后要防止项目因"政治"因素可能提出无法达到的目标（一般是过高的时间要求），最后不得不牺牲质量造成最终项目失败；最后要在平衡项目业主与承包商及承包商内部各方的利益的基础上，统一项目风险承担者判断项目成功与否的标准。

在项目启动阶段，项目主任与各个项目经理签订目标责任书，详细制定项目群需要完成的各项目标；在项目组内部，项目经理又与设计、采购、施工、控制等岗位经理签订二级目标责任书，将目标层层分解，并制定相应的保证、监控与纠偏措施，实行预警报告制度。

2. 项目管理计划

项目主任要求各项目经理在项目正式启动后，依据项目任务书、项目开工报告、项目群管理计划标准模板，组织项目主要负责人编制项目管理计划，以定义项目管理的主要内容、基本程序、方法和采用的工具，作为项目执行的指导性文件。各个项目的管理计划必须符合项目群的统一原则与框架。

项目群项目管理计划主要包括项目范围管理计划、项目时间管理计划、人员配备管理计划、项目费用管理计划、项目质量管理计划和项目沟通管理计划等。

(1) 项目范围管理计划

项目范围管理计划包括项目范围描述说明、工作分解结构 WBS 制定。

项目群应用了 CE 公司的标准 WBS 模板和编码系统，WBS 体系包括 PWBS 和 CWBS。第一部分 PWBS 是项目总体分解结构 PWBS（Project Work Breakdown Structure），比 WBS 的级别高，主要是组码以上的代码。这部分分解结构可因项目而变化，一般由公司综合计划的编码和业主的委托范围来确定。第二部分是 CE 公司的标准分解结构 CWBS（CE 公司 Company Work Breakdown Structure），CWBS 是公司固定的代码体系，要贯穿在一切工作活动的描述、任务委派以及计划编制中。

工作分解结构编码共由五级代码段组成。

一级——公司综合计划代码：按公司有关规定确定项目、装置、阶段，用于项目群层面的管理。

二级——分区代码：包括主项或系统，可根据地理区域或独立功能划分项目的管理单元，进行费用估算和实际发生费用的管理。

三级——组码：把项目的费用分解为 5 组 15 类，以便所有与本项目有关的工作的所有成本/费用都能得到汇总。全部 5 组 15 类费用的汇总即本项目的 BCWS。

四级——记账码：设计、采购专业、施工的单位工程。

五级——工作包码：按专业下具体工作活动类别的典型工作包，它是 WBS 分解结构的中心环节。它规定了工作活动、费用估算、订单和材料管理等的项目一级的划分原则和记账管理方法，实现项目费用的模块式管理、统计和记账。

项目工作分解结构系统图如图 5-43 所示。

(2) 项目时间管理计划。

1) 项目分级计划体系。项目群应用了四级计划分层体系：项目第一级计划为总体计划，针对决策层；项目第二级计划为统筹网络计划，面向管理层；项目第三级计划为分区详细计划，面向分包商；项目第四级计划为作业计划，针对作业层。所有层次的进度计划分别与项目的工作分解结构 WBS 相对应，并加载资源。

2) 编制计划检测基准 BCWS。人工时及费用资源与 WBS 结合，并最终建立 BCSW 的过程。一般从 WBS 最底层的基本单元工作包或工作项开始制定进度预算，逐级向上累计，获得不同层次的 BCWS，即执行效果检测基准。

3) 计划审批。项目第一级计划经项目经理批准后，需报项目主任审批；项目第二级计划经控制经理审核后，报项目经理批准。

(3) 人员配备管理计划。

人员配备管理计划主要描述项目组什么时候需要什么样的人力资源，通常使用资源直方图说明在不同阶段所需要的人员数目。由于在项目工作中人员的需求可能不是很连续或很平衡，容易造成人力资源的浪费和成本的提高。为了避免在项目工

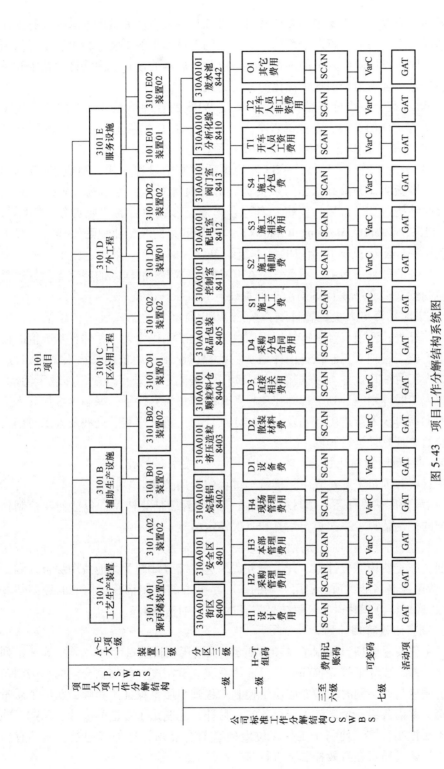

图 5-43 项目工作分解结构系统图

作量高峰期人力投入过于集中，在低峰时又出现某些人力任务量不饱满或没有工作安排的情况，通常会采用资源平衡的方法，达到人员需求的平衡，会更利于降低项目的成本，同时可以降低人员的闲置时间，以防止成本的浪费。网络计划技术和系统工程模型是实现人力资源均衡优化的常用的技术手段。

1) OBS 编码：组织分解结构规定了特定 WBS 的管理单元（从费用组码到工作项码）负有责任的部门、专业或者个人。任何一项工作将有唯一的 OBS 码与之对应，即该 OBS 对工作项指明的工作以及其预算的和实际的费用负责。

2) 责任分配矩阵（RAM）：WBS 体现了项目实施过程中任务与成本/费用的关系，OBS 则指明任务由哪个部门来负责。确定项目工作分解结构（WBS）和项目组织分解结构（OBS）后，要将二者综合起来，形成项目的"职责分工矩阵"，即 RAM（Responsibility Assignment Matrix）。将 WBS 第四级专业记账码和第五级工作包活动逐一分配给 OBS 中相应的基本组织单元，即设计、采购、施工专业，以确保项目任务的分解不漏项、不重复。在 RAM 中，WBS 和 OBS 的相交点就是项目管理的控制点，也就是该 OBS 对应点的责任点。

3) 人工时估算与人员配置计划：按照 WBS 所确定的第六级工作项活动，编制人工时估算表，经项目经理审核后报项目主任批准，作为人工时估算基准值。设计、采购、施工管理人工时估算由计划工程师提供。项目组依据公司人工时定额，进行项目人工时估算。估算数据按 WBS 和 OBS 编码字典进行分配，加载至活动，生成项目人工时计划。计划工程师在项目各部门的积极支持下，编制出版加载人工时等资源的项目统筹级进度计划及分区的详细计划，每月把实际进展及人工时消耗记录到项目管理软件进行预测。

(4) 项目费用管理计划。

在项目群各项目实施过程中，推行全过程的费用控制。

1) 项目费用估算体系：项目群费用估算采用五级估算体系，包括初期控制估算、批准的控制估算、一次核定估算和二次核定估算。

2) 项目费用计划：项目费用计划包括公司本部费用综合计划、设备材料费用综合计划、施工费用综合计划、开车服务费用进度综合计划及其他费用综合计划。

3) 费用控制基准：项目费用控制的基准是批准的控制估算，批准的控制估算按 WBS 结构进行分解时，其分解结果需通过项目主任的审核。

(5) 项目质量管理计划。

项目主任要求各项目编制了《项目质量计划》《项目质量管理大纲》等一系列质量管理文件，建立了较完善的质量保证体系和规章制度，并根据合同的承诺制定了明确的质量目标，同时配备专职质量控制工程师与质量保证工程师，明确了质量管理职责，并由各级质量责任人层层落实；另外，还制定了规范的设计、采购、施工各项质量控制程序，使每个工作岗位做到事前有计划、过程有记录、成品有检查，使项目建设质量在有效控制下进行。

质量体系文件由 A 层次为质量手册、B 层次为程序文件及 C 层次为质量文件三个层次组成。

（6）项目沟通管理计划。

项目群沟通管理的首要任务是降低管理接口带来的风险，多项目之间管理的最大风险就是各项目之间管理接口的风险。对于项目群组管理，首先各项目必须采用统一的项目组织，并且定义出管理接口和沟通计划，从而使每个项目成员都能了解自己的沟通渠道，明确工作和技术上的接口界面和进度配合，加上项目主任的有效总体协调，使得各项目之间形成一个有机的项目整体，以保证项目的成功。

项目沟通计划需要明确项目利害关系者的信息沟通需求、要发布信息的描述（格式、内容）、传送信息所需的技术与方法、沟通频率等。

3. 项目沟通管理

项目主任为项目群内各项目提供项目沟通管理所需的信息系统、标准报告模板，要求各项目必须遵循项目群沟通管理要求。

（1）项目绩效报告。

项目群严格执行项目绩效报告制度，将项目绩效报告作为衡量项目执行效果的依据与项目信息沟通的重要途径。各项目的绩效报告必须严格遵循项目主任要求的格式、内容、深度、发布版频率，并能反映项目的实际实施状态与效果。

（2）项目例会制度。

为了加强项目沟通，项目群强化了例会制度。在 CE 公司公司本部及施工现场总承包方的办公室（会议室），定期举行月、周例会及专题会用以通报项目执行情况、制定实施方案和商讨解决具体问题，会后编写会议纪要分发给与会单位的代表。为了保证会议的时效性，施工分包方应充分做好资料和报告的准备工作。在例会上，项目各类绩效报告是会议讨论的基础。

（3）冲突管理。

冲突管理是项目主任的关注重点。如何使冲突不影响企业的工作效率和项目正常运转，如何运用有效沟通来处理项目内外不同层面的冲突成为项目主任时刻关注的问题。当冲突产生并有可能造成项目组织混乱、无序或分裂时，管理者需要采取措施削弱和解决冲突。项目群建立了这样的冲突管理机制，靠法治而不是人治来回避和降低冲突。

4. 项目统筹控制

（1）项目进度控制。

项目主任要求各项目在设计、采购、施工和开车各阶段，都要运用挣值（EVC）定量评估原理进行进度控制。

（2）项目费用控制。

项目费用控制包括跟踪监测、变更与调整以及对控制基准进行修改。

上述三个步骤组成费用控制周而复始的循环。伴随工程进展的不同阶段，在连续的循环过程中，促使工程项目符合合同规定的质量、进度和费用的目标，循序渐进地完成任务。

（3）进度/费用综合检测与评估。

进度/费用综合检测是利用挣得值定量评估原理，将费用和资源按 WBS 结构进行分解，并进行实物工作量状态量化检测。

进度/费用综合检测主要包含以下三个方面的内容：

1）建立进度/费用综合计划，按 WBS 第三级组码和第四级专业记账码编制分类的进度计划，确定相应的费用分解，按相应的分布模式进行费用的进度分布，编制出 BCWS 曲线。

2）进度/费用综合进度检测，用工序比重测定进展数值，通过资源费用的加权计算和汇总，确定 BCWP。

3）记录人工时消耗和费用支出情况，根据 WBS 第四级专业记账码和第五级工作包的内容，以人工时卡片和费用报销凭证分别记录人工时和费用的支出。

5. 风险管理

项目群将风险管理提升为项目管理的核心内容。项目群风险管理主要涉及技术风险、设备质量风险、可靠性工程问题、采矿、设备维护与更新、自动仪表可靠性分析、金融和经济决策等领域。项目群为各项目提供统一的风险管理机制、程序与培训，以及安排专业的风险管理人员服务于各项目的风险管理。各项目负责按照规定的风险管理机制和程序，执行项目范围内的风险管理工作。

在项目开始阶段，各项目将依据"头脑风暴法"完成"风险调查"，由项目群提供的风险管理人员进行识别、分类后，作为各项目风险管理的初始文件。

项目执行过程中，最具有操作性，也是最基本的风险转移方式是合同转移，即通过合同形式规避、转移风险，采用工程担保的形式，通过索赔将风险转化为利润。

6. 索赔与变更管理

项目群合同管理的重点之一就是索赔管理，将索赔管理贯穿于整个项目管理过程中，索赔管理涉及项目管理的各个职能及工程技术、设计、保险、经营、公共关系各个方面。索赔的成功不仅在于合同管理人员的努力，更在于工程项目管理各职能人员在项目实施各个环节上的卓有成效的管理。

项目群实施统一的索赔与整体变更管理程序和工作方法，并为各项目提供培训、技术支持与专业的索赔专家。各项目需按照规定的索赔与变更管理要求进行项目范围内的索赔与变更管理工作。

项目群中各项目在索赔管理过程中，应重点处理好以下几方面的关系。

（1）变更管理。

在项目执行过程中首先注意两者之间在一定程度上存在着相互转化关系：当工程量的变更所涉及的工期/费用调整长期悬而不决，形成争议，就会成为一个索赔事件；而一项索赔要求被接受后，如果仍在项目实施期间，有决策权的一方应发出"变更令"，使该项索赔进入项目合同执行范围内。

对于索赔而言，索赔的具体操作远比变更复杂得多，特别是一项索赔的目的是得到费用时。因此在提出索赔前一定慎重判断索赔效果以确定提出该项索赔必要性。由于以下方面的原因，一般 CE 公司不再提出索赔报告。

如果最终决定还是需要提出索赔时，一定要注意在具体的索赔操作中恰当地使用方式、方法，尽量争取索赔一事一议、费用与进度分开、与业主人员充分沟通保持良好的信任与理解等都是可行的方法。

(2) 合同管理。

索赔是一项正常的合同管理业务，其实质上是对合同双方责权利的重新分配和定义的要求，是合同管理的继续，是解决合同争执的独特方法，索赔的解决结果也作为合同的一部分。但是，签订一个有利的合同是索赔成功的前提。索赔以合同条文作为理由和根据，索赔的成败、索赔额的大小及解决结果常常取决于合同的完善程度和表达方式。

合同管理提供索赔所需的证据。在合同管理中要处理大量的合同资料和工程资料，它们又可以作为索赔的证据。并且，日常单项的索赔事件由合同管理人员负责处理。

(3) 计划管理。

索赔从根本上来说，是由于干扰事件造成项目实施过程与预定计划的差异引起的，而索赔值的大小常常由这个差异决定。所以，计划必须是干扰事件影响分析的尺度和索赔值计算的基础。

通过项目计划和实际实施情况的对比分析发现索赔机会，进一步的定量分析就可得到索赔值。工期索赔由计划和实际的关键路线分析得到，计划管理应提供索赔值计算的计算基础和计算证据。

(4) 成本管理。

在项目管理过程中，成本管理包括工程预算和估价、成本计划、成本核算和成本控制等，它们与索赔有紧密的联系。首先，工程预算和估价是费用索赔的计算依据；其次，索赔需要及时准确、完整且详细的成本核算和分析资料作为索赔值计算的证据。

(5) 文档管理。

索赔需要证据，它构成索赔报告的一部分。没有证据或证据不足，索赔是不能成立的。文档管理给索赔及时地、准确地、有条理地提供分析资料和证据，用以证明干扰事件的存在和影响，证明损失、证明索赔要求的合理性和合法性。因此在日常工作中注重取得相应证据，必须保持完整的实际工程记录。同时，建立工程项目文档管理系统，委派专人负责工程资料和其他经济活动资料的收集和整理工作，对于较大的、较为复杂的工程项目，用计算机进行文档管理能极大地提高工作效率，很好地满足索赔管理的要求。

7. 文档管理与企业知识管理

项目群采用 Documentum 作为电子文档管理系统，各项目的文档在这个统一系统中管理分发，对有效地组织、访问、共享、控制和管理庞大的项目文档，并促进和提高项目执行力起了重要作用。

项目文档管理与企业知识管理密不可分。CE 公司企业知识管理系统建设依赖于项目管理与运营管理过程，基于多项目的文档管理系统是构建企业知识管理系统的基础之一。

8. 材料管理

在项目群实施过程中，项目主任十分重视材料管理，将其提升到一个很显著的地位，并将项目管理体系中的各种技术方法应用到材料管理中。利用 IT 信息技术建立的材料管理信息系统，多项目中实行的集中采购策略，在项目的各个阶段（设计、采购、施工）对物资的数量、计划、成本和质量进行管理跟踪，对项目管理起到了十分重要的作用。

9. HSE 管理

HSE 管理贯穿该项目群各项目管理的全过程，涉及设计、采购和建设的各方面、各部门和每个人，使 HSE 管理具有相当的广度和深度。

项目群设立了专职的 HSE 管理机构，根据国家及中国某行业集团公司的有关法律、规定，结合 EPC 合同文件的要求以及 HSE 管理部门的具体规定，编制统一的 HSE 管理手册与控制计划供各项目遵照执行。

该项目群各项目参考国际一流的工程公司的做法，引入在设计阶段与采购阶段的 HSE 管理理念，重视设计与采购的可操作性、可施工性审查，尽量将质量安全隐患消灭在设计与采购阶段。

10. 项目收尾

项目结束是项目实施过程中的一个重要步骤。项目主任要求各项目在项目经理的全面负责下进行，由主要的项目人员予以协助，用于完成所有未完成的合同要求。进行费用结算、最终资料和资产的移交，检查终结金行、保险、税务等项目财务事项，进行档案资料的整理归档和项目总结。正式、有计划地结束公司与业主之间的合同关系。此外，项目收尾的最重要任务之一是收集项目的经验和各类数据，为公司积累项目的数据及定额，以用于新的项目。

项目结束的计划应在项目开始时就做好，项目收尾的各项工作应在项目主任的监督与指导下完成。主要内容包括合同收尾、文件、资料整理归档、项目完工报告等。

复习思考题

1. 研发项目管理与一般项目管理的区别是什么？

2. 软件研发项目管理的主要内容包括哪些？
3. 软件研发项目的主要风险有哪些？如何进行应对管理？
4. 工业产品研发项目管理的主要内容包括哪些？
5. 结合案例讨论工业产品研发的项目管理工作内容。
6. 在"5.1节案例"中是如何进行项目计划管理的？你认为存在那些不足，应如何改进？
7. 在"5.2节案例"中，所采用的项目组织形式是否合理？如果不合理你有什么更好的建议？
8. 结合某一案例，谈谈在编制项目进度计划时，如何合理使用搭接关系？
9. 请成立一个5人左右的案例讨论小组，结合某一项目实例，完成下面的工作内容：

（1）项目概况描述。
（2）项目范围的确定。
（3）项目工作分解结构的确定。
（4）制订项目的网络进度计划。
（5）绘制项目的资源负荷图。
（6）绘制项目的费用负荷图与费用累积曲线。
（7）对项目的执行过程进行假设，应用挣值分析法分析项目的执行状况。

10. 项目群管理的特点有哪些，项目群管理与单项目管理的差异是什么？
11. 分析项目群组织管理结构的特征。
12. 项目群管理的主要内容有哪些？

主要内容
➢ 华为公司"以项目为中心"的项目化管理转变案例
➢ 天士力企业项目化管理应用案例
➢ CPE 公司企业项目管理体系建设

第 6 章

企业项目管理应用案例

6.1 华为公司"以项目为中心"的项目化管理转变案例

华为公司是全球领先的信息与通信技术解决方案供应商,为电信运营商客户、企业客户和消费者提供有竞争力的 ICT 解决方案、产品和服务。华为的业务遍及全球 170 多个国家和地区,服务全世界 1/3 以上的人口,全球员工近 18 万人。目前,华为公司各业务每年新立项项目数量加起来约为 4 万个。如何驱动这样一个大型组织,调动公司资源,顺利完成分布于全球的项目交付,实现项目目标和商业价值,是一个巨大的挑战!华为公司 2013 年组建了公司项目管理能力中心,负责华为公司项目管理体系的建设和运营。本节将重点向读者介绍华为公司是如何在全公司开展从以"功能"为中心向以"项目"为中心转变,建设相应的项目管理体系,促进公司项目化运作,向项目型组织转变的。

6.1.1 "以项目为中心"的管理变革

华为提出"以项目为中心"是内外环境变化使然,是企业的一场管理变革。

首先,项目化运作已经成为企业生存的常态。企业战略、商业价值的实现都基本上通过项目的实施来实现。一个项目的成败会影响盈利,会决定企业能不能赢得市场先机甚至是生死存亡。客户在选择合作伙伴时,项目管理水平是一项重要的衡量指标。企业对项目管理越来越重视,对体系化的项目管理建设投入也越来越大。另外,华为公司在业务中也明确地感受到客户要求的响应速度越来越快、留给项目决策的时间越来越短、跨部门的协同越来越多。如果不能以项目为中心去构建全方位的支持体系,实现快速响应,将导致项目交付不能达到预期、客户不满意、市场不满意,最终会直接导致企业的产品、服务、交付等在市场的竞争力越来越低,企业终将被淘汰。重视项目管理,实现商业和客户价值,这是华为"以客户为中心"的企业核心价值观的具体体现。

其次,华为十分重视管理体系的建设。项目管理体系作为公司管理体系的重要组成部分,得到了公司的高度重视。项目管理体系建设就是要不断提升优质、高效、高质量交付项目能力,实现"多打粮食,提升土壤肥力"的企业管理体系变革的目标。华为公司近年来提出的"大平台下精兵作战""千军万马上战场""打赢班长的战争"等管理导向,对项目管理能力提出了新的要求。任正非指出,"必须从中央集权式的管理,逐步转向让听得见炮声的人来指挥战斗"。就是要求华为的组织架构要支撑项目运作,逐步实现从以"功能"为中心向以"项目"为中心转变,项目经理要担当项目作战指挥官的职责。

华为公司强调以"项目"为中心不仅是对面向客户的业务前端运作要求,同时也包括对为项目提供支持的管理支撑系统的要求,此种运作模式的调整实际上就是要建立一套组织级的项目管理体系。具体的方法就是通过借鉴成熟的组织级项目管理方法、流程和最佳实践，充分调动一线作战单元及项目组的灵活性、主动性，通过经营活动标准化、流程化，使经营管理向可预测、可管理和自我约束，从而提升运营效率和盈利能力。

6.1.2 "以项目为中心"的项目管理体系建设

华为公司的项目管理体系建设不仅是一组实践或工具，也是联系业务战略和执行的桥梁。它包括政策、规则、流程、数据及平台、组织、方法、模板、工具以及度量等。华为轮值 CEO 徐直军指出：以"项目"为中心的"项目"不仅是指一个个的具体项目，同时也包含项目集、项目组合。

华为制定了一整套项目管理体系建设框架，清晰定义了华为的项目管理的流程、知识领域及管理范围、项目角色的权利和职责等，统一了项目语言，建立了各种规则来规范项目管理，明确了沿着流程对项目经理的授权，制定了项目经理任职通道和标准来牵引项目经理能力的提升。

如图 6-1 所示就是一个以"构建华为公司卓越项目管理能力、支撑业务决策、实现商业价值"为目标的从规则、流程/工具/平台、组织、运营及度量四位一体内容来提升华为项目管理软能力和硬能力的实践框架。

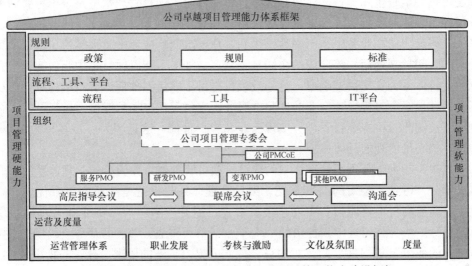

图 6-1 华为公司"以项目为中心"的项目管理能力建设框架

华为公司项目管理能力中心以及各领域 PMO 就是围绕这一整体框架来建设华为的项目管理体系和能力的。

1. 规则

规则主要用来统一语言、规范运作。华为主要从项目管理通用原则、项目经营、项目资源、项目预算和项目型组织这五个方面加强"以项目为中心"的运作，颁布了一系列的公司政策、公司标准和业务规定。包括华为公司项目、项目群定义、华为公司项目分类标准、华为公司项目等级标准、华为公司项目基本信息定义和构成、项目经营管理政策、项目概算管理规则、项目预算管理规则、资源买卖规则、技能管理指导白皮书、项目型组织人力资源管理规定、项目管理任职标准等具体规则和白皮书。在尊重各领域业务差异性的同时，在项目管理的认知和语言上进行了大范围的统一，为跨领域的项目管理沟通、协作、互助提供了土壤。

2. 流程/工具/平台

项目管理流程一直是项目管理体系的重点。在2012年，任正非就指出："华为公司谁最需要流程？谁最重视流程？最需要、最重视流程的人是我"。公司创办20多年来，任总一直在推动华为建立无生命的管理体系，流程就是其中最重要的载体。华为实现流程落地，就是通过标准化和模块化的IT工具和平台实现的。

华为公司在2015年发布了《管理项目/项目群》和《管理项目组合》两个公司级的指导流程来规范华为公司的项目管理，定义了华为项目管理的六个标准阶段——分析、规划、建立、实施、移交和关闭。以项目为中心，明确了项目管理过程中与其他业务（如财经、供应、人力资源等）流程和模块的集成调用关系，六个阶段共设置了45个标准动作供各领域应用时裁剪。基于此，华为建立了"以项目为中心"运作的三层次项目管理架构，如图6-2所示。

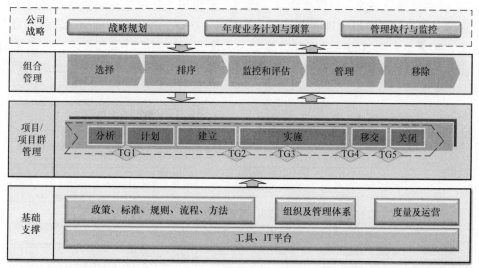

图6-2 华为公司"以项目为中心"运作三层项目管理架构

2017年，华为提出"数字化转型"的变革战略目标，项目管理工具/平台建设要在之前基础上强调提升用户的"ROADS"（实时、按需、在线、自制和社交）体验，构建基于项目管理业务的服务化、轻量化平台，推动平台标准化服务，支撑项目管理的数字化转型，如图6-3所示。

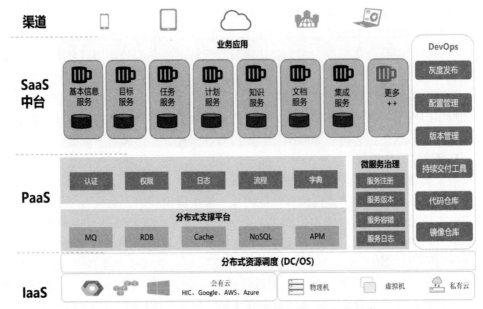

图 6-3 华为公司通用项目管理服务化平台架构示意

3. 组织

华为在公司层面设立了项目管理专委会，建立了公司级项目管理能力中心 PM-CoE，统筹管理公司的项目管理政策、规则、流程和工具等，并在公司内部进行项目管理文化建设和项目管理能力提升。各领域设立自己领域层面的项目管理能力中心或 PMO，也有领域的项目管理分委会，承接公司层面的政策和要求，依据领域的业务和项目管理特色进行适配、解释，并监督执行。华为公司项目管理组织架构如图 6-4 所示。

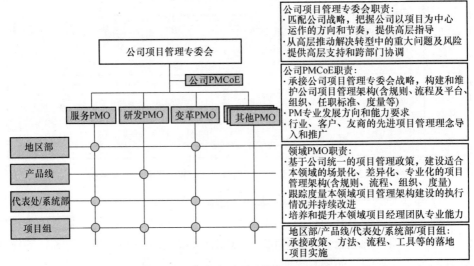

图 6-4 华为公司项目管理组织结构

目前，华为更加强调向一线授权、实现权利下沉，构建更扁平化的组织。各级机关不是管理中心、权利中心，而是支撑中心、服务中心，主要职责就是向一线提供服务。

4. 运营和度量

管理体系的落地要考虑持续地运营实现。首先要明确运营策略，明确运营主体及运营内容。华为公司项目管理体系运营主要通过三个维度来度量，如图6-5所示。

（1）组织级：从以"功能"为中心向以"项目"为中心转变的变革进展度量。

（2）CoE级：CoE工作和队伍建设成熟度度量。

（3）项目级：七个核心要素度量（从IBM引进）。

图 6-5 华为公司项目管理多维度度量

6.1.3 "以项目为中心"转变落地

在公司层面，华为要求并推动以下两项工作。

（1）各领域的项目管理流程显性化，将项目管理流程与各领域业务适度解耦，明确了基于人、财、事的项目管理流程，明确了项目管理本身的专项活动以及与其他各项业务的集成关系，统一了全公司的语言和认识。

（2）所有项目都有项目管理系统支撑，各支撑系统开始服务化改造，共建项目管理数据底座、通用平台，并实现服务能力共享，可相互调用。

在华为公司各主流业务领域，也建立了针对领域的以项目为中心转变方针政策的应用和落地项目实施机制，启动了如项目型组织变革、预算机制转变、项目经营加强、资源买卖机制建立等配套项目。

6.1.4 "以项目为中心"转变的经验教训

目前，华为公司"以项目为中心"的转变仍然在路上，任重而道远。

1. 务必建好项目经营管理及配套机制

向以项目为中心转变是一个渐进的过程，华为公司从2015年开始要用3~5年的时间将公司转变为以项目为主、功能为辅的强矩阵结构。在这个过程中，既要做好具体项目的管理和相应的配套机制建设，也要重视向以项目为中心转变对代表处经营管理带来的影响，对预算机制进行改革，以适应以项目为中心运作的要求。

2. 站在巨人的肩膀上，善用已有成果

经过多年的努力，华为在项目运作中包括项目经理在内的"八大员"角色的认知和能力建设已经取得显著进步。但在项目经理授权、项目预算管理权力和资源可获得性等三个方面仍存在很大差距，这是转变过程中面临的最大挑战和障碍。

向以项目为中心转变不是要去创造一个新的体系，企业一定要充分借鉴和学习业界成熟的项目管理方法。业界的一些领先企业把不断提高项目能力作为一项长期战略行动，通过十多年的持续变革，逐步建立了完备的项目管理流程和制度，将业务运作构建在项目经营管理之上，实现了组织的弹性化管理。

以业界项目管理先进公司为参照，华为进行了深入的自我剖析，看看究竟存在哪些具体的差异。当然，这种差异并不一定都是差距，但可以为我们提供思考的方向。

首先，从项目经理授权来看，业界先进公司会根据项目角色自动进行授权。项目经理对项目组成员拥有管理和考核的权力，在所负责的业务流程范围内对采购拥有完全控制权，项目组的考核评价与经营结果直接挂钩，目前，华为是转授权。在采购上，华为强调流程遵从，采取评审、集体决策等强管控模式。目前，华为也在强调合同审结，希望加大对一线的授权。

其次，在预算管理权力方面，业界项目化公司的项目经理拥有的权力是较大的。在预算范围内，项目经理有决定权。目前，华为的项目预算管理水平还不高，在这样的基础上行使完全的预算管理权力，进行绩效评价、考核和利益分享，有难度。预算管理水平的提高需要漫长的过程。要做好预算管理，首先必须有坚实的基线管理基础。基线管理水平的不断提升是预算准确性提升的基础。

第三，在资源保障方面，业界项目化公司有比较完善的资源计划和保障体系，项目组以预算为基础获取所需要的资源，项目和资源部门之间是 Buy & Sell 的关系。华为希望未来能够建立一种资源部门，努力将人推向项目、个人争着进项目、项目组在项目工作完成后及时释放人员的资源管理机制，提升内部运营效率。但目前，华为的资源还是卖方市场，有预算不一定能获得资源，有时候领导关注或者客户投诉反而是更有效的获取资源的手段。因此，就不难理解为什么经营单元（如代表处）要把资源抓在自己手上，要自给自足。如果不能改变目前卖方市场的现状，推行资源买卖会面临现实的障碍。所以，建立全球共享资源中心并良好运作成为可行的选择。

最后，必须跳出项目管理来看项目管理。从客户、市场、内部的无数鲜活案例不断提醒我们：必须以客户为中心、遵循市场规律，否则企业终将落后。项目经理和企业在埋头干活的同时，都应该多抬头看路——看自身、看行业、看客户，不故步自封，结合当下市场和行业趋势来看待项目管理，不断学习，用新的理念和技术来武装自己，才能不断提升我们的项目管理水平。当前我们已经进入一个项目管理空前重要的时代，项目经理的发展也慢慢进入黄金时代，希望企业及每个项目经理人都能努力抓住这个机会，实现企业利润和个人能力增长的双赢！

6.2 天士力企业项目化管理应用案例

6.2.1 企业发展中的问题

目前，中药现代化和国际化已经成为国家积极倡导的一种理念，我国很多中医药企业也都在努力打造这种概念，争做中国中药现代化的先锋企业，天津天士力制药股份有限公司就是其中之一。天津天士力制药股份有限公司（以下简称天士力）是一家民营背景的制药公司，其主导产品复方丹参滴丸（主治冠心病）2002年和2003年单产品销售额连续突破10亿元，是目前中国销售量最大的药物，是国内现代中药第一品牌。天士力制药于2002年8月在中国A股市场上市，2003年公司净资产10亿元，员工2 400余人，销售收入10亿元。但就在8年前，天士力（600535）的净资产只有现在的1%，销售额只是现在的5%。

作为中药界成功快速成长的企业，天士力与其他制药上市公司不同的是并不是通过并购其他企业实现规模扩张，而是完全基于自然的、有机的纵向成长来发展壮大。规模高速扩张的天士力面临的挑战和问题主要来自于内部，即在不断增长的过程中企业原有的能力和管理结构能否与公司的新战略配套，也就是"小马能否继续拉大车的"的问题。天士力的上市解决了股权结构和治理结构之后，管理过程中组织功能的深层次缺陷依然存在，企业战略与组织结构的矛盾是企业继续高速增长的主要障碍。在企业中，按照业务职能划分的制度将各个部门各自形成独立的业务模块，各部门之间协调困难，身处专业和职能分割之中的中层管理者无法获取整体信息，机构开始臃肿，各部门间相互推诿扯皮，部门间、分公司间以自身利益为中心的内部博弈已经损害到了企业的整体战略的执行，出现了任务多人负责、最终无人负责的现象，大量的计划被拖延，执行成本增加。在这种情况下企业的选择有二：一是合并相关职能部门，成立事业部；二是采用新的管理手段，如成立项目化临时机构，超越原有机构之上积极灵活地完成项目任务。天士力选择了后者，引入了项目管理的理念，走上了探索并实践企业项目化管理的道路。

6.2.2 天士力的项目化管理

1. 活动与任务的项目化

从2000年开始，天士力开始在新建工程、新产品开发、生产制造、市场营销及工艺改造等方面进行项目化管理的探索，实行按项目管理的工作方式进行工作。经过4年的实践和持续改进，成功地进行了项目化管理组织变革，建立了一套项目化管理的运作体系。

企业中的活动和任务的项目化。在天士力，项目被定义为一个计划要解决的问题，或是一个计划要完成的任务，有开始的起点和结束的终点，可以分解为多个子任务，对于企业来说就是在预定的期限和适当的预算下要完成的目标，是一个涉及跨部门、跨行业的团队的组织活动。根据项目的定义，通过项目化的理念和方法将企业中的各种跨部门的管理活动转化为有具体目标、预算、进度和控制的项目，将公司战略分解为项目。在实际工作中，天士力将开发中药提取新技术、弹性工作制提高生产率及改善水电设施减少能耗、新产品的市场调查、员工对公司的满意度以及激励性提案、薪酬改革方案等原来视为管理活动和任务的行动进行汇集、甄选，确认为项目，按项目的标准和要求进行管理。

为了将企业经营管理中的活动、任务项目化和创新意识融入到组织和员工中去，充分发挥员工的积极性，培养员工的创新意识和任务项目化意识，天士力采用全员绩效改善（Total Progressive Movement，TPM）的现代管理思想精心设计了一套系统化的制度体系，目的是在各个环节通过TPM提案持续不断地进行改善，积小善为大善，最终达成整体上的创新飞跃。天士力将TPM提案表设计为管理、技术与其他三类，分别以绿、兰与粉三种颜色进行区分，将提案放置在员工餐厅入口，使员工随时可取，设计了提案管理程序，按提案的创新性和可实施性制定了评分标准，并制定了6级奖励标准及优秀提案报告会制度。每月由总经办汇总当月各部门的提案交总经理办公会评选，当月根据提案的独创性、推广意义、可行性以及改善效果评分，选出最高奖在TPM园地和《天士力报》上展示，优秀提案由提案人申请作为项目立项并报费用预算，进入MBP项目管理程序，按项目实施。未获奖的提案将得到总经理亲笔签名的感谢信和纪念品，每两个月组织一次提案报告会，让优秀提案人通过报告与其他员工分享提案成果，让基层的员工能够通过提案参与企业的技术改进和管理活动，培养自主发现、思考、改进的具有创新精神内涵的企业文化，让员工在活动中感受到责任、价值、尊重和成就感。

2. 项目化管理的组织与运作

天士力项目化管理的组织结构采用矩阵型，如图6-6所示。

在这个结构中，设立了项目委员会（Project Management Committee, PMC）和项目办公室（Project Management Office, PMO）负责公司项目管理工作；项目负责人既是项目经理又是部门经理，在领导项目时对项目的结果负责，同

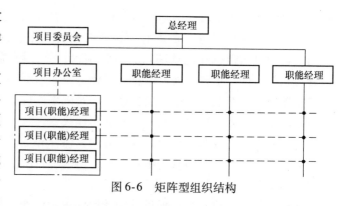

图 6-6　矩阵型组织结构

时又对职能部门的业务负责，解决了企业项目管理中"一个人，两个老板"的现象。这种结构有效利用了公司的资源，减少了部门间工作的冲突，增加了横向沟通，降低了每个项目的执行成本，使部门经理有机会通过领导和参与各种项目获得更多领域的知识和技能，丰富多部门、多专业管理的经验和阅历，使他们的个人价值得到提高，能够胜任未来的高层职务，获得职业上的发展。

具体来说，天士力项目化管理的运作程序如下所述。

（1）由职能部门经理、项目管理专业人员（IPMP 证书获得者）及高管人员组成 PMC，总经理任 PMC 主任，PMC 负责项目经理的任命，项目评估、论证及验收。

（2）每一年由各部门根据工作计划提交本年度的工作任务清单，并将涉及 C（成本）、T（时间）、S（范围）的跨专业、跨部门的工作和任务，按项目立项，提报 PMC。

（3）PMC 组织项目化会议，从申请中选出本年度立项的项目，并根据项目的来源、重要性、复杂程度和涉及的资源大小确定项目的管理级别和优先顺序。

（4）PMC 批准项目立项，并与指定的项目经理签发正式的项目合同，审核项目经理提交的项目计划，项目计划应包括项目团队成员、交付物、工期、资源计划和验收标准等。

（5）由 PMC 委托项目委员会的常设管理机构 PMO 对各项目的实施进行监督和协调，并协助项目经理对各项目进行管理。

（6）项目经理按照项目管理的程序和文件运用技术工具按照计划的目标、预算、进度、里程碑计划、WBS、人员分工、变更控制和项目报告，对项目的全过程进行管理并随时与 PMO 保持联系以获得支持。

（7）PMC 不定期举行项目的协调会和项目验收会，随时对项目运行过程中的问题进行纠偏，并对项目间的冲突进行调解，优化资源配置，验收完成的项目，表彰项目经理。

（8）每年度召开项目评奖大会，选出"十佳项目"和"十佳项目经理"，并从项目获得的收益中提取 10% 作为项目管理奖励基金，每年对优秀项目团队进行

奖励，并选派优秀员工参加国际项目管理培训和 IPMP 认证。

PMO 在总经理的领导下负责对公司所有项目工作进行管理，工作重点是收集和提出项目建议，甄选和确认项目，审核项目计划，协调项目资源，监督项目实施，管理相关文件、报告等项目信息。具体工作如下所述。

在立项阶段，组织专家进行项目论证，对未来项目所需的技能进行评估，项目优选级别的初选，就跨项目的资源分配提出建议。

在计划阶段，选择和维护项目计划方法，保存和更新计划模板，为时间和费用估计提供咨询，参与项目团队的组建工作，协助项目团队进行风险评估和量化，督促项目团队准备信息交流计划。

在实施和控制阶段，维护项目进展情况的衡量标准，制定检查项目每个里程碑所需的核对表（检查清单），支援项目中问题的解决，不断维护项目变更控制的记录，确定时间表中的项目并不断维护，对所有项目进行总结和提炼，审查对项目进展情况的评估结果，为执行项目的人员提供项目管理咨询，定期或连续地收集和确认信息，准备并发出各种报告，为高层管理者准备报告，维护有关问题的历史资料以供参考，向项目利益相关者分发各种报告，保存和维护各种交流信息。

在验收阶段，收集和整理经验教训，负责项目人员的绩效评价，组织项目验收，组织进行项目的评价及奖励。

3. 项目分级管理

随着 MBP 的全面推行，公司中各类项目不断涌出。但由于资源、时间等条件的制约，很多项目不能同时进行，要么推迟一个或多个项目，要么降低一个或多个项目的要求，这就涉及多项目管理中项目的选择和优先权问题。为了保证公司项目管理运作的高效有序性，避免有效资源的浪费，天士力对公司项目实行分级管理，并制定了项目分级的标准，即是否针对企业发展战略的目标，符合公司使命；是否针对医药行业，有利于实现中药设备自动化，推动中药的现代化与国际化；是否能够建立竞争优势，构筑核心竞争力，如利用 Benchmarking 的方法推动企业进步与管理创新；是否能够降低项目期内的运营成本，获得项目期后经济效益；是否能够满足市场或客户的需求和期望；是否具有较高的风险；是否使用了新的或者复杂的技术；是否能够提高企业的声誉和社会形象。

同时根据项目涉及的范围和复杂程度，项目管理的内容、项目管理人员的知识和能力等要素，将公司内的项目分为 A、B、C 三个等级，即公司级、部门级、小组级，按项目的创新程度分为创新项目、改善项目和保持项目。公司项目管理等级的分类图如图 6-7 所示。

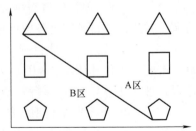

图 6-7 公司项目管理等级的分类

根据级别的不同对项目进行评价后，公司考虑实际的资源情况，对不同级别的项目进行启动时间、范围和完成时间的调整，甚至可以确定暂不执行。对于创新级的项目无论公司级还是小组级，在资源上给予优先考虑。

（1）A级项目（公司级）。一般来说，由公司董事会或总经理办公会议根据公司发展战略和经营管理的需要，组织专业人员对项目进行论证并确认立项的为A级项目，多来自年度经营战略计划。

（2）B级项目（部门级）。公司各职能部门根据本部门的工作需要，将涉及相关部门的、有明确目标的一次性工作申请立项并确认为B级项目，多来自持续的企业经营活动如新产品研发、产业化、工艺改进、技术创新、质量改善节约增效以及潜藏在日常基层作业活动中的跨部门的一次性工作。

（3）C级项目（小组级）。在同一部门内有明确目标的一次性任务申请立项的为C级项目，多来自TPM提案。

6.2.3　项目信息管理与支持体系

1. 项目信息管理体系

随着MBP在天士力的深入开展，各个项目在其过程中产生的各种报告、合同、图纸、照片和音像等文档资料越来越多，每个项目的文档资料均由项目经理负责管理，而公司矩阵式的组织结构将职能经理与项目经理合二为一，决定了项目经理不可能有足够的精力管理项目文档，项目经理急需从日常琐碎的繁杂事务中脱身。原有分散型的项目文档管理方式已经不能满足企业项目管理发展的需求。综合考虑要高效、有序、规范的管理项目文档，在企业项目分级的基础上，天士力制定了项目信息管理的组织与流程，针对不同级别的项目制定了与之相适应的项目报告制度和档案管理制度。

PMO设公司级项目信息员和部门级项目信息员，公司级项目信息员由总经理办公室人员担任，负责所有A级项目的信息管理工作；部门级项目信息员由各职能部门员工担任，负责所有部门内B级、C级项目的信息管理工作。项目信息员对收集的各项目信息进行整理、储存与传递，保证项目经理和项目团队成员能及时准确获得所需信息，项目信息员同时还协助各级项目经理处理日常信息工作，将项目经理从日常的琐碎事务中解放出来，提高工作效率。项目信息员在接受职能经理领导的同时，可以作为项目团队成员参与到各项目中去，管理项目文档，项目PMO汇报工作，这种结构使项目信息员通过参与各种项目，能够获得更多领域的知识和技能。

天士力各级项目信息管理的工作流程如图6-8所示。通过分级管理项目信息制

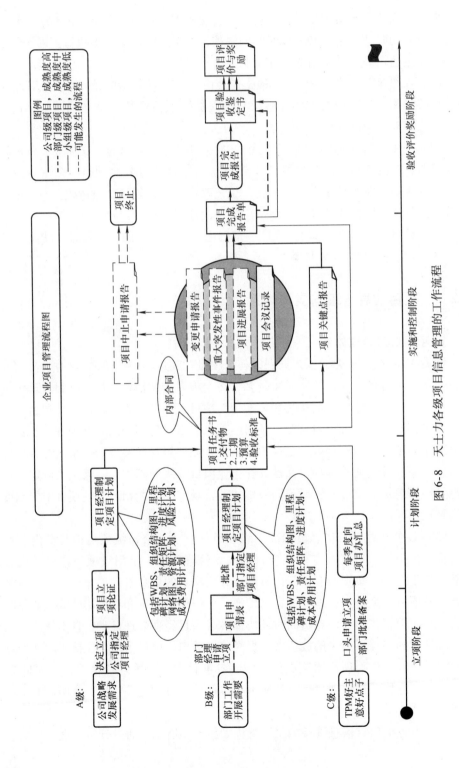

图6-8 天士力各级项目信息管理的工作流程

度的制定，明确了企业项目信息管理的工作流程和具体方法，实行标准化运作，采用表单的形式对项目立项、计划、实施进度、关键点、变更、完成与验收等方面进行统一管理和控制。

2. 项目管理支持体系

天士力按 ISO9000 的标准和项目管理的要求建立了项目管理文件管理和控制体系支持文件，主要的流程文件包括：

（1）《企业项目化管理程序》
（2）《TPM 个人提案管理规程》
（3）《项目过程管理程序》
（4）《项目成熟度管理制度》
（5）《项目办公室职责》
（6）《项目立项选择和优先权评价制度》
（7）《项目论证报告编写程序》
（8）《项目经理管理权限》
（9）《项目计划书编写程序》
（10）《项目团队的组建、激励和培训制度》
（11）《项目风险管理制度》
（12）《项目费用管理制度》
（13）《项目预算管理制度》
（14）《项目沟通管理制度》
（15）《项目验收管理制度》
（16）《项目团队成员绩效评估、考核和奖励制度》

同时建立了系列二级、三级管理文件，保障项目管理的连续性和系统性。项目实施的主要报告表单有：

（1）《项目论证报告》
（2）《项目申请表》
（3）《项目计划书》
（4）《项目任务书》
（5）《项目进展报告》
（6）《项目会议记录》
（7）《项目关键点报告》
（8）《变更申请报告》
（9）《重大突发性事件报告》
（10）《项目中止申请报告》
（11）《项目完成报告单》
（12）《项目完成报告》

(13)《项目整改通知》

(14)《项目验收鉴定书》

企业项目化管理的推行需要具有一定经验和相关资质的项目管理人员,天士力非常重视项目管理人才的培养,项目办为每位对项目管理有兴趣的员工提供一套《现代项目管理》(上中下册),为每一个部门提供一本《中国项目管理知识体系与国际项目管理专业资质认证标准》,定期为员工提供项目管理方面的辅导和培训,同时鼓励员工通过国际项目管理专业资质认证(IPMP)的资格认证,目前已有数十人获得了IPMP的资质证书。

在考核方面,对管理人员、部门经理等各级人员的绩效评价中加入项目管理的内容,对各级负责人除了考核职能工作业绩外,还考核作为项目经理的业绩,进行综合评估。对TPM获奖提案员工和参与项目人员在提升、奖励、绩效考核方面有优先权重。

6.2.4 企业项目化管理成果

天士力自2000年开始实施企业项目化管理以后,极大地改善了企业的经营管理,表现在如下方面。

(1)通过项目化活动,不仅针对制造方面,而且是对企业技术和管理的全面改进,使技术的进步、管理水平的提升及新产品从研发到客户手中的速度更快,成本更低。

(2)项目化管理,通过与一项工作关系最为密切的人参与并负责该项目,使员工责任提高改进的效果更好。

(3)为了强调团队和相互支持的企业文化,改进了问题的处理和沟通,降低了项目的风险。鼓励使用WBS、CPM等技术工具,培养了基础的项目执行人员。

(4)企业培养了一种风险管理意识,在项目进行前就评估可能对项目产生影响的因素,并开发出应急的计划,改变了以前项目出现重大变化时的被动的亡羊补牢式的工作方式,提高了风险管理的技能和意识。

通过项目管理的实施,员工学会了相互沟通和协作的团队精神,培养了一批初级的项目经理。不分职务、等级的项目讨论的方式,营造出一种以人为本、尊重人、鼓励创新的团队文化,涌现出上百个有价值的技术和工艺改进项目。同时,降低了劳动时间,进一步提高了生产效率。

通过全面推行企业项目化管理,将标准活动与企业改善创新进行有机结合,使企业持续保持学习和创新能力,不断提高企业的管理水平,使企业竞争力和效益持续提高。目前,天士力已经成为中药单品种全国销量第一、心脑血管药市场占有率第一以及中国滴丸剂型规模最大,技术先进的专业化现代中药生产企业。

6.3 CPE 公司企业项目管理体系建设

6.3.1 企业项目管理体系概述

1. 企业项目管理概述

企业项目管理就是站在企业高层管理者的角度对企业中各种各样的任务实行项目管理,是一种以"项目"为中心的长期性组织管理方式,其核心是多项目管理与项目管理体系建设的问题。企业项目管理(EPM)与单项目管理(PM)的一个重要区别在于企业项目管理所关心的是企业所有项目目标的实现。一个企业在同一时间内可能会有很多项目需要完成,如何经济、有效地同时管理好众多的项目是企业项目管理的核心问题。

企业项目管理的实施能克服传统项目管理的不足与缺点,但也给企业项目管理环境建设、项目管理过程和方法建设、提出了更高的要求,如图 6-9 所示。

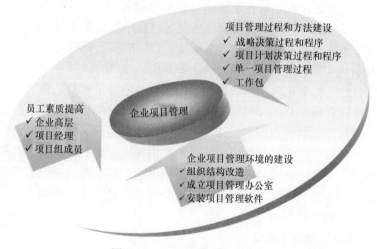

图 6-9 企业项目管理的实施

企业项目管理的实施是以项目为中心,要明确目标和资源约束;以项目团队为管理主体,运用项目管理知识、工具、方法,在一定的资源约束下实现项目目标;以企业项目管理标准体系为支撑,提供资源、管理环境、规范性文件、行为一致性等支持。因此,企业项目管理的应用往往存在以下问题:

第一,项目执行的多头管理问题,合理分配项目主管和职能主管间的权力与责任项目;

第二,利益的均衡问题,正确处理不同来源项目间的利益分配;

第三,团队人员的激励考核问题,客观有效的双维量化考核体系;

第四，企业资源效用最大化的问题，基于战略层面的企业资源的动态优化；

第五，项目团队的临时性与终身为客户服务的问题。

随着外部环境变化加剧，企业任务日趋项目化，企业项目管理成为企业打造其核心竞争力的有效手段。而解决企业项目管理应用中的问题，成功实施企业项目管理，是构建企业持续竞争力的重要问题。实践表明，对于项目型组织来说，可以从三个方面来实施企业项目管理，构建项目型组织的持续竞争力。

（1）项目分类明晰化。

如果不进行项目分类，而对大部分项目将采用同样的管理方法和过程、统一化的管理模式，这种管理方式看似简单易操作，降低了企业的管理成本，但往往造成"眉毛胡子一把抓"，无法确定管理重点。而且这种不进行分类的管理模式，也会造成多项目资源冲突难以协调，项目管理部门、项目负责部门、项目经理等各级管理者在项目运作中职责难以明确，导致项目沟通协调成本高。此外，由于每类项目都有特殊性，很难建立统一的项目管理标准。

（2）项目过程标准化。

项目过程包括项目的管理过程和项目的实施过程（或称为工程过程）。项目型企业的核心竞争力之一在于对各类型项目的过程进行标准化，提高快速交付能力。每个项目都有其特殊性，所以在项目标准化的过程中需要基于项目的分类、分级划分，制定对于不同级别项目的过程裁减标准，以同时满足标准化和差异化。

（3）项目内容知识化

通过项目过程标准化建立起项目的过程框架，但是依然只是骨干。项目每一步要完成的工作内容所涉及的相关知识文档是项目型组织能够积累产生的真正价值和财富。基于项目推动的知识型组织必须不断积累项目经验，将个人的知识资本转化为组织的知识资本，将在项目中形成的各种知识视同组织的资产进行管理，形成强大的无形资产。对处于新商业环境中的项目型组织，其良好的知识管理能力，将降低关键人才所带来的管理风险，有效的知识管理可促进其知识积累与扩散，并使企业的创新能力得到持续保持。

2. 企业项目管理体系概述

企业项目管理应用的核心关键和基础性工作就是建立一个有效的企业项目管理体系，包括职能部门和项目组织之间的权力分配与职责界定、项目管理岗位职责的设置与工作流程的规范、多项目之间的资源冲突协调与利益平衡机制的建立和以目标为导向的项目团队成员的双重考核体系建立等。

项目管理体系建设就是在企业建立一套项目管理的标准方法，并与企业的业务流程集成在一起，形成以项目管理为核心的运营管理体系。项目管理体系是企业有组织地放弃、有组织地持续改进，有计划地挖掘成功经验和系统化管理创新的重要手段。项目管理体系用系统化的思维方式，综合企业项目管理中涉及的多项目管理、项目集管理和单项目管理的问题，融入企业项目管理策略和方法，规范项目的工作流程、操作规则及操作方法，为项目考核评价奠定基础。

在急速变化的环境中，面对快速发展的压力，企业开展的业务越来越多、经营范围越来越广，项目型的工作任务急剧增加。如果企业缺乏项目管理体系，则可能出现如下问题。

（1）缺少系统性，使项目管理流和业务流分离。

（2）往往顾此失彼，矛盾此起彼伏。

（3）项目经理和公司领导成为消防队员。

（4）责权不明，协调与沟通不畅。

（5）常常陷于项目经理无法、公司管理层无奈、项目成员无从的状态。

（6）不利于项目实施的控制，给项目的成功实施带来了潜在风险。

因此，建设企业项目管理体系就是建立支持企业项目管理的组织体系和企业环境，为企业所开展的所有项目成功实施提供保障。企业项目管理体系可以为企业提供：体系化的项目管理理念、可视化的项目管理工具、动态化的过程控制方法、程序化的项目作业流程。企业项目管体系的建设能够解决企业多项目如何决策控制以及多项目如何考核评价的问题；可以指导项目经理制定高效的项目计划、有效地进行项目监控，确保项目目标的有效实现；明晰的过程规范，可以作为项目成员的工作指导依据；明晰的操作模板，可以作为项目成员的工作实施准则；明晰的责任权利，可以作为项目成员工作考核基础。

企业项目管理体系构建的目的就是为项目目标的实现提供质量保证，通过正确的决策、高效的流程、标准的操作、可控的过程，确保项目的有效实施，为企业创造良好社会效益和经济效益。因此，进行企业项目管理体系建设的益处为规范并指导管理过程、一致的项目管理方法、通用的项目管理术语、方便的新员工培训、可展示的质量保证和项目管理经验的有效积累。

6.3.2 企业项目管理体系建设

1. 企业项目管理体系建设的内容

企业项目管理体系的建设以国际项目管理知识为基础，从现代项目管理理念入手，从思想上让企业及其员工认识到项目管理的重要性、项目管理能够帮助他们解决什么问题，然后将项目管理理念和通用的现代项目管理知识、方法和工具融入企业项目实践中，结合企业项目类型和业务流程编制公司项目管理手册，形成企业项目管理体系。

企业项目管理体系建设包括两个层次的内容，即企业层次的项目管理制度体系建设和项目层次的项目操作流程体系建设。

（1）企业层次的项目管理制度体系建设：主要是项目管理执行指南，注重于组织管理、项目管理模式和制度建设，是企业项目管理的纲领性文件。

(2）项目层次的项目操作流程体系建设：主要是项目管理操作手册，是项目经理和项目管理人员实施项目的业务操作指南，包括项目执行过程的方方面面，通过各种流程与表格予以体现。

项目管理手册是项目管理体系建设的重要表现形式，是组织规范其标准管理过程的方法。建立专业的项目管理手册，是目前很多企业领导的企盼。一个企业项目管理手册的文件结构应包括程序（流程）、说明（规定）、标准和数据库四个部分，如图6-10所示。项目管理手册的持续改进，可以为企业积累成功的过程管理经验，利于达到用最优的思路、最佳的流程、最高的效率实现项目的目标。

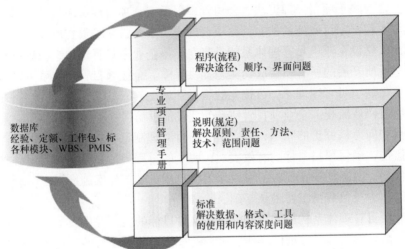

图6-10 企业项目管理手册的文件结构

2. 企业项目管理体系建设的现状及问题

随着人们对项目及项目管理认识的逐步深入，越来越多的企业组织了项目管理培训，越来越多的人参加了项目管理的学习。然而我们经常会听到这样的声音："这套方法确实很好，但在我们单位也仅仅限于局部项目管理方法的应用，很难取得预期的效果。为什么？""缺少项目管理的环境！"那么，到底需要一个什么样的环境呢？简单来说，就是企业必须拥有一套适合的项目管理体系，一套可以让项目经理执行工作的项目管理机制。

越来越多的企业已经认识到了企业项目管理体系建设的重要性和价值，一些企业已经开始建立自身的企业项目管理体系。那么，企业项目管理体系建设的现状如何呢？

（1）基于具体应用对象的体系建设现状。从项目型企业、工程建设类企业、设计类企业、国际化程度较高的企业以及工程总承包类企业的企业项目管理体系建设情况看，目前的状况主要是：

1）项目型企业已经认识到了项目管理体系建设的重要性。

2）项目管理体系建设在工程建设类企业中已经具有了一定的普及性。

3）设计类企业项目管理体系建设正处于萌芽阶段。
4）国际化程度较高企业的项目管理体系建设相对较为完善。
5）工程总承包类企业对项目管理体系建设的迫切程度较高。

（2）基于应用价值评判的体系建设现状。根据企业对体系实际应用的情况分析，其对企业项目管理体系的应用价值的评判主要集中在以下几个方面。
1）体系建设对项目管理过程的规范性与协同化起到了促进作用。
2）体系建设促进了项目管理方法与业务流程的结合与优化。
3）体系建设中方法工具的应用成为建设的重点。
4）体系建设的完整性与系统性不强。
5）体系建设的行业特点及企业特点体现不足。
6）项目管理的监控体系在体系建设中缺乏完善。

从企业项目管理体系建设的现状看，体系建设在实用性、先进性、系统性和层次性四个方面的存在不足。因此，体系建设需要强调这些方面的问题。

首先是体系建设的实用性问题：可操作性问题如何得到保证；个性化需求问题如何体现；相关的责权不够分明，项目管理的漏洞较多，缺乏协调性；体系真正起到的作用不理想。

其次是体系建设的先进性问题：与现代项目管理理念体系的结合不密切；与现代项目管理方法体系结合的完整性不强；与行业项目管理模式的发展适应性不好；发现并解决问题的实时性和有效性能力不够；缺乏体系建设的优化与更新机制。

再次是体系建设的系统性问题：企业项目管理策略和思路的完整性不强；项目管理流和业务流分离，往往顾此失彼；体系建设过程中头痛医头的现象比较明显，缺乏整体的解决方案；体系模块之间的一致性、衔接性常常出现问题；体系反映出来的管理真空现象较为频繁；没有实现项目管理、流程管理、知识管理的有机集成。

最后是体系建设的层次性问题：企业层次与项目层次在体系建设过程中没有清晰界定；单项目管理、多项目管理、项目组合管理、企业级项目管理体系的一体化与差异性问题；与企业质量管理体系的关系与适应问题；不同复杂度项目的管理差异问题。

3. 企业项目管理体系建设的思路和对策

项目管理体系建设已经成为企业有组织地放弃昨天、有计划地实施今天、有策略地规划明天的有效手段，它是企业积累成功经验、系统化管理创新的有效方法。

（1）观念性变更。

如何认识项目管理体系建设对企业变革的意义、如何结合企业实际建立成功有效的项目管理体系、如何确保项目管理体系建设的可操作性等问题，是每一个面向项目化管理所面临的首要问题。不更新管理思想，不改变管理体制和管理办法，单纯追求工具的完美是做不好项目管理的。企业项目管理体系建设必须涉及管理体制、管理思想、管理水平、管理规范、人员素质和组织形式等多方面的问题。

(2) 组织变更与调整。

建立一个综合的、专业化的、相对独立的、严密的项目管理组织，需要做好以下四个方面的工作。

1) 健全各种数据采集、管理制度，采用科学的方法和适宜的技术。
2) 应明确项目经理与职能经理的责权利，建立有效授权体系并合理授权。
3) 明确团队成员汇报关系，善于运用管理技能并进行有效沟通。
4) 有更高层的管理人员的支持机制。

(3) 业务流程优化。

业务流程优化有利于统一思想、统一标准、统一步骤，促使管理人员自觉运用项目管理的原理、方法和技术。项目管理体系建设的最大难点是如何将项目管理方法与企业的业务流程集成起来，从而建立以项目管理为核心的业务流程，而此业务流程又是基于项目管理的过程所设定的。项目管理方法和业务流程相互配合，在实践中进行优化，将全面增加企业项目成功的机会，同时也使企业的相关部门以项目为导向，步调一致。

(4) 项目分类战略与优先原则。

项目管理体系建设是站在组织层面上进行管理的，是为企业战略服务的，因此需要建立项目分类战略与优先原则，包括基于组织战略的项目分类原则、合理决定项目优先级原则、多项目之间的资源冲突解决原则。这些原则的建立，将有利于项目成组管理与项目组合管理的有机结合，有利于合理配置资源、拟定资源计划、分析资源的可得性、优化资源配置。

(5) 多层次项目管理体系

企业构建项目管理体系时可能会面临项目"多元化"的问题，即项目的领域、规模、类型差异很大，因此难以建立一个统一的项目管理体系。实际上，可以通过分层管理的方式解决这个问题，即构建多层次项目管理体系。如图6-11所示为一个三层项目管理体系，这个三层体系是按项目管理的重点将体系划分为项目级、过程级和人员级三个层次，并通过这三者的集成管理和相互促进不断提高软件项目的开发质量和效率。

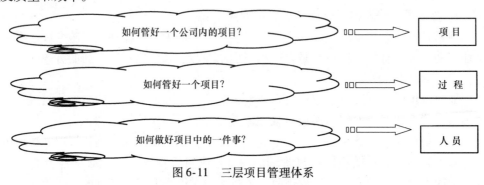

图6-11　三层项目管理体系

1）项目级：项目级是指公司项目监控体系，管理的重点是项目的运行指标，解决"如何管好公司内的（多个）项目"问题。这个层次应该由公司内专门的部门负责，统一对项目执行全过程进行监控。

2）过程级：过程级是指公司的过程规范，过程规范可以根据不同的领域、规模和项目类型有所不同，其管理的重点是项目的执行过程，解决"如何管好一个项目"的问题。这个层次由项目组负责执行。

3）人员级：人员级是指培训体系，管理的重点是人员的效率，解决"如何做好项目中的一件事"的问题。这个层次的工作个性化非常强，可能每个项目组都不同。这个层次的工作可以分为两个方面：一方面通过各种培训提高个人能力，例如为项目经理设置项目管理、客户关系、员工管理等课程，还可以根据需要为个人提供有针对性的培训；另一方面，可以引入新的技术和方法、推广新的工具软件以提高过程能力和工作效率，并降低规范化造成的管理成本。

项目管理体系三个层面之间的相互促进可以不断推动体系的发展：过程规范是监控体系的基础，但随过程化建设的不断深入，监控的内容会不断深入和细化，公司对项目的控制力也会不断增强；随着人员经验的积累和工具方法改进，又会不断优化各个过程，并作为过程规范转化为组织的能力；而过程改进的效果和人员效率变化又可以直接通过监控体系的运行指标反映出来，作为进一步行动的依据。

可见，三层项目管理体系是从共性到个性的渐进。项目级统一对时间、质量、成本等指标进行监控，监控范围覆盖所有类型的软件项目；过程级依据不同的领域、规模和项目类型有所不同；人员级具有很强的个性化，依据不同项目、不同的个人和不同的工作需要有针对性地培训人员、选择工具/方法。通过三层的互动，可以推进企业项目管理体系的不断发展。

（6）知识管理的融入。

知识管理可实现项目成功经验的复制，组织必须根据自身业务领域项目的运作特点，建立项目管理流程及规范，总结实际项目运行过程中的经验与教训，逐步改进项目过程模型、流程与规范见图6-12。

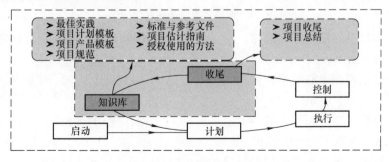

图6-12　知识管理的融入

(7) 体系建设的系统性。

项目管理体系的建立涉及项目管理流程与规范，也涉及组织机构设置、角色与职责。项目管理体系就是项目过程、管理过程与组织结构相结合的产物。

项目管理可以划分为项目资源支持保证部分、项目核心过程部分、项目质量控制部分（包括质量管理和文档管理）和项目管理活动部分（包括项目评估、实施策略和过程监控等）等。

项目管理体系的建立还涉及管理体制和管理思想的变革、管理人员素质的提高、全员管理意识的加强，所以可以说说项目管理体系建设是一个系统工程。

4. 成功企业项目管理体系建设

成功项目管理体系的建设强调通过项目生命周期的过程定义，通过对过程输入与输出的界定，分析组织如何将项目看作一个整体来处理，分析各职能部门如何对过程起到帮助作用，并通过项目管理过程、项目实施支撑、项目监控方法及项目作业指导，以项目管理的理念、工具方法为支撑，系统化地将项目管理理论与项目过程要求融入具体的操作实践中（见图6-13），具体包括以下几点：

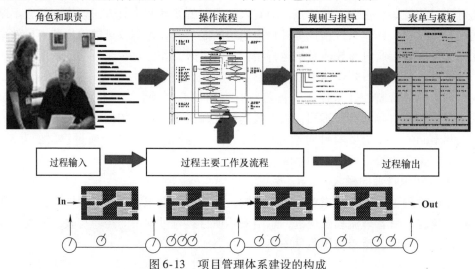

图6-13 项目管理体系建设的构成

（1）项目过程控制总体思路，包括企业项目实施策略、项目各阶段控制思路及过程控制方法等。

（2）输入和输出的要素，包括数据和信息、计划和报告、风险及可以交付的成果等。

（3）过程控制，包括工作流程、工作方法、操作规则和作业指导，应制定基于过程的流程和基于角色的流程。

（4）职责，包括职能部门和项目角色对项目阶段和实施步骤的贡献。

（5）模板，包括简单明了的表格和文档模板，使操作简单规范。

一般的项目管理体系由四层结构构成，包括指导性文件、过程控制文件、支持性文件及操作模板和指南（见图6-14），每层结构中又由很多模块组成。需要注意的是，不同层次、不同组织的项目管理体系，其模块内容是不同的；针对单项目管理和多项目管理，其模块组成也是不同的，即各个组织需要根据自己的实际情况设计不同层次结构的模块内容和构成数量。

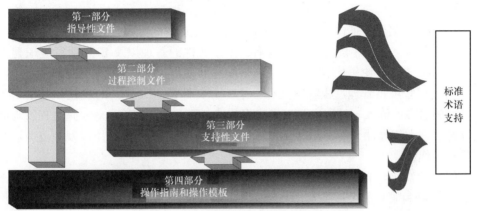

图6-14 项目管理体系结构示意图

6.3.3 CPE 公司 EPC 项目管理体系建设

1. CPE 公司 EPC 项目管理体系建设背景

近年来，CPE 公司根据业务发展的需要，各分公司都在大力拓展总承包业务，在过去的六年间，总承包业务年产值和年营业收入的增长速度达到 300% 左右，预计今后每年总承包业务营业额增长率不低于 30%。不难看出，经过多年的努力，CPE 公司工程总承包份额不断增加，已经为工程设计公司产业结构转型夯实了基础。

EPC 业务的快速发展对 EPC 项目管理提出了更高的要求，项目团队对总承包认识不足、管理水平良莠不齐、组织机构及人员构成不符合 EPC 管理需求、缺乏共同的术语和沟通平台等问题，直接影响总承包的执行效率和效果，影响总承包的收益。开展总承包业务是 CPE 公司实施战略性发展的必然选择。因此，"建立总分体制下的 EPC 项目管理体系" 就成为企业发展的迫切需求。

2. 工程总承包的项目管理体系架构

工程总承包的项目管理体系应包括：为总承包全功能服务的项目组织系统的管理；人力、物力、财力、技术、信息、基础工作的资源管理；合同管理；程序文件、作业指导文件的管理；标准、定额、定型表格、WBS、OBS 等基础工作管理和工程项目运作过程中每个岗位；作业指导文件——工作手册的管理；专业人才的培养等内容。

合理的文件体系架构是建立有效的项目管理体系的基础，因此，如何从组织层面、过程层面和操作层面来规范 EPC 项目的组织和实施过程,如何将项目管理的知识领域、管理过程和项目的生命周期有效融合,如何提高体系文件的可视化特性,方便一线专业管理人员的阅读、使用,是项目团队面对的主要问题之一。

经过认真的分析、讨论,最终确定了让专家评价为"创新的项目管理体系大厦"的文件体系结构(见图6-15),具体由四部分组成。

(1) EPC 项目管理体系概述:此部分是"大厦"的屋顶,包括体系文件所涉及的专业术语、体系建设的原则、范围,体系文件的管理以及 EPC 项目组织建设和 EPC 项目管理总论等内容,是体系文件实施和使用的纲领性文件和指南性文件。

(2) EPC 项目管理过程管理文件:此部分文件是"大厦"的支柱,包括 EPC 项目实施过程的输入、过程主要工作流程和控制要求、过程输出等,是过程管理的纲领性文件和指导性文件,此部分文件主要以过程程序为主要脉络以及规范所涉及的主要工作。

(3) EPC 项目管理体系支持性文件:此部分文件是"大厦"的根基,包括涉及的 EPC 项目管理的关键要素,由管理规定、编制指南、工具方法说明和实际操作管理规定组成。

(4) EPC 项目岗位工作手册:此部分文件是岗位工作人员的案头工作指导文件,主要包括岗位工作职责、过程主要工作概述以及涉及的相关文件目录等。

3. 项目管理组织建设

项目的组织机构设计是项目运行的基础。针对 CPE 公司的运行现状,EPC 项目实施三级管理模式,即公司级、分公司级和项目级,如图6-16所示。

公司级管理的主要任务是确定项目管理的总体思路、构建良好的项目管理运行环境、对重大项目进行决策、监督指导、评价及重大 HSE 事件的调查处理等。

分公司级管理的主要任务是监控、指导项目实施过程、提供必要的资源协调。

项目级管理主要负责项目的组织实施,对项目的团队组建、实施过程以及项目目标的实现负责。

需要注意的是,EPC 项目管理的组织结构及岗位设计,需要以一次性和动态性、高效能和职能归属、适用性等为原则,根据项目的规模和管理要求采用一岗多人或多人一岗的灵活配置。

4. 项目管理过程

项目管理过程就是要有效分解 EPC 项目整个生命周期所有工作(见图6-17),并明晰项目各个阶段、各项工作的输入、输出以及交付物,以高效的过程工作流程和操作规则,有效的项目监控机制,达到项目过程工作可见、可控、可追溯,实现规范管理并持续改进的目的。

EPC 项目过程包括七个过程,即项目启动过程、项目策划过程、项目设计过程、项目采购过程、项目施工管理过程、项目试运行与验收过程以及项目收尾过程,如图6-18所示。各个阶段均有相应的项目过程管理文件,其主要主要内容为:

第6章 项目管企业项目管理应用案例

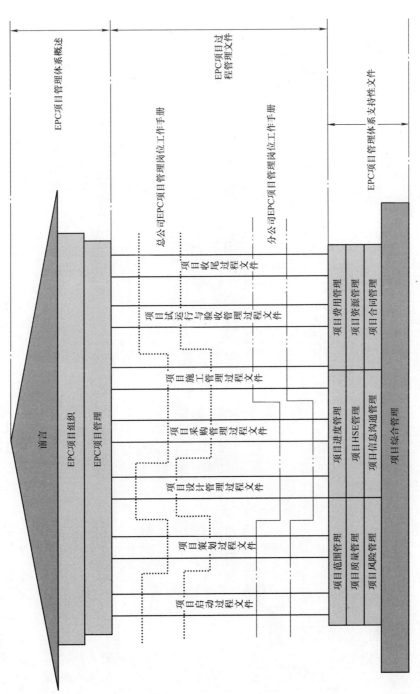

图 6-15 工程总承包的项目管理体系

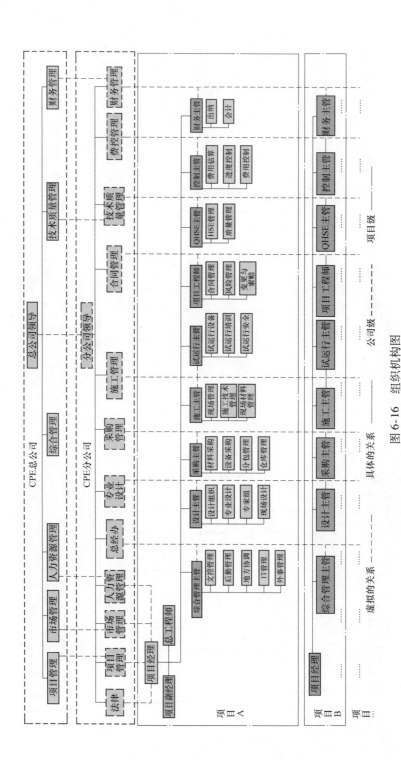

图 6-16 组织机构图

第6章 项目管企业项目管理应用案例

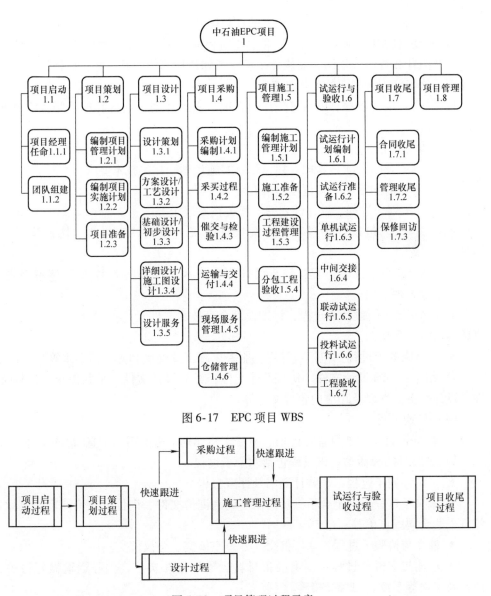

图 6-17 EPC 项目 WBS

图 6-18 项目管理过程示意

（1）项目启动过程

1）依据：EPC 项目合同、投标阶段项目经理拟定人选、项目初始资料等。

2）主要目的和活动：任命项目经理、组建项目团队、明确团队任务范围和目标。

3）结果：项目经理任命通知、项目目标责任书、团队成员资格要求书、组建的项目部等。

（2）策划过程

1）依据：项目原始资料、已建立的项目团队。

2）主要目的和活动：组织制定管理计划和项目实施计划，解决什么人、什么时间、遵照什么程序或规则，完成什么工作及如何检验的问题，并且设计经理、采购经理、施工经理做必要的工作准备。

3）结果：项目章程、项目管理计划、项目实施计划、项目管理手册、项目准备的工作成果等。

（3）设计过程

1）依据：合同、项目管理计划、项目实施计划和相关技术要求。

2）主要目的和活动：该过程包括五个子过程。

- 设计策划子过程：设计计划书、相关技术规定等。
- 方案/工艺包设计子过程：方案报告或工艺包及评审报告、协调沟通文档等。
- 基础/初步设计子过程：初步设计全套技术文件及任务书/单、评审报告、协调沟通等管理文档。
- 详细/施工图设计子过程：详细设计全套技术文件及任务书/单、评审报告、协调沟通等管理文档。
- 设计服务子过程：包括设计现场服务、施工图交底和施工图会审等。

3）结果：方案设计文件、初步设计文件、详细设计文件、采购需求、招标文件、设计变更文件以及相应的管理文件等。

（4）采购过程

1）依据：合同、项目管理计划、项目实施计划、采购需求信息/请购文件等。

2）主要目的和活动：该过程包括六个子过程。

- 采购计划子过程：采购计划书及评审报告。
- 采买子过程：确定合格供货厂商、编制询价文件、询价、报价评审、定标、签订采购合同或订单等。
- 催交与检验子过程：住厂催交、办公室催交、会议催交。
- 运输与交付子过程：制定设备材料运输计划并实施，国际运输做好报关、商检及保险等手续、现场交接等。
- 现场服务管理子过程：包括采购技术服务、供货质量问题处理、供货厂商专家服务联络协调等。
- 仓储管理子过程：在施工现场设置仓库管理人员，负责仓库作业活动和仓库管理工作。

3）结果：采购计划及评审报告、采购合同、采购设备及材料、过程记录等相关质量记录和管理文件。

（5）施工过程

1）依据：合同、项目管理计划、项目实施计划、设计图样、采购设备及材料等。

2）主要目的和活动：该过程包括三个子过程。
- 施工管理计划子过程：制定施工管理计划并经过评审发布实施。
- 施工准备子过程：包括开工前的准备工作等相关活动。
- 工程建设过程管理子过程：对分包商进行进度、费用、质量、安全、招标过程等方面的监控，对施工变更、分包合同、合同价款的支付、现场图纸资料、外联等进行管理。

3）结果：施工管理计划及评审报告、施工分包合同、施工过程监控记录及分包工程验收报告等过程文档和质量记录、质量初验合格报告等。

（6）试运行和验收过程

1）依据：项目管理计划、项目实施计划、任务书、相关工程机械完工证明、分包工程质量初检合格报告等。

2）主要目的和活动：该过程包括七个过程。
- 试运行计划编制子过程：包括经项目经理和业主批准后执行的试运行管理计划的编制（包括培训计划）以及试运行实施过程中，试运行方案的组织/或协助业主编制（根据合同约定）。
- 试运行准备子过程：检查试运行前的准备工作、协助落实相关技术、人员和物质、进行技术指导和服务、培训服务等。
- 单机试运行子过程：试车要求、试车时间的确定、试车数据的记录分析、纠偏措施等。
- 中间交接管理子过程：将已经通过单机试运行的部分工程移交给业主，包括资料移交和工程移交等。
- 联动试运行子过程：需联动的设备情况，试车要求、试车时间的确定、试车数据的记录分析和纠偏措施等。
- 投料试运行子过程：投料数量、品质要求，试车数据的记录分析和纠偏措施等。
- 工程验收管理子过程：包括工程结算、工程资料整理移交以及实物移交等。

3）结果：试运行计划、过程记录、中间交接验收证书、工程验收资料（包括技术文件、质量文件和工程结算等）。

（7）收尾过程

1）依据：试运行计划、过程记录、中间交接验收证书、工程验收资料（包括技术文件、质量文件和工程结算等）。

2）主要目的和活动：该过程包括三个子过程。
- 合同收尾子过程：对项目的资金情况进行审核，办理决算手续，清理各种债权债务等，包括设计、设备质量、施工质量的缺陷整改以及未完的工程、工作的处理。

● 管理收尾子过程：办理项目资料归档，进行项目总结，对项目部人员进行考核评价，解散项目部等。

● 保修回访子过程：对业主实施回访，了解项目产品的运行状况，并协助业主解决出现的问题尤其是在合同中规定过的。

3）结果：归档资料清单、履约证书、完工报告、考核评价结果等过程记录和文件等。

复习思考题

1. 企业项目化管理与单项目管理的差异是什么？
2. 企业项目化管理的组织形式选择依据是什么？
3. 谈谈如何进行业务工作的项目化管理？
4. 企业项目化管理中多项目分级的原则是什么？
5. 企业项目化管理的环境因素包括哪些？
6. 企业项目管理体系建设所包括的主要内容有哪些？
7. 请分析企业项目管理体系建设与项目管理知识体系的关系。
8. 请分析企业项目管理组织设计与流程设计的关系。

参 考 文 献

[1] 中国项目管理研究委员会. 中国项目管理知识体系［M］. 北京：电子工业出版社，2006.
[2] 中国（双法）项目管理研究委员会. 国际项目管理专业资质认证标准［M］. 北京：电子工业出版社，2006.
[3] 白思俊. 现代项目管理要（升级版）［M］. 2版. 北京：机械工业出版社，2010.
[4] 白思俊. 现代交通项目管理［M］. 北京：机械工业出版社，2003.
[5] 戚安邦. 现代项目管理［M］. 北京：对外经济贸易大学出版社，2001.
[6] 白思俊. 现代项目管理［M］. 2版. 北京：电子工业出版社，2013.
[7] 白思俊. IPMP认证指南［M］. 北京：机械工业出版社，2010.
[8] 美国项目管理协会. 项目管理知识体系指南［M］. 卢有杰，王勇，译. 3版. 北京：电子工业出版社，2005.
[9] 张宝海. 中国石化工程建设公司上海地区项目群管理报告［R］. IPMPA级项目报告，2007.
[10] 占有松. 制造企业项目管理［M］. 北京：电子工业出版社，2005.
[11] 布朗，格伦迪. 制药业项目管理［M］. 郭云涛，译. 北京：电子工业出版社，2006.
[12] OGC组织. PRINCE2：成功的项目管理［M］. 欧立雄，薛岩，译. 3版. 北京：机械工业出版社，2004.
[13] OGC组织. 成功的大型项目计划管理［M］. 欧立雄，薛岩，译. 2版. 北京：机械工业出版社，2004.
[14] 科兹纳. 项目管理：计划、进度和控制的系统方法［M］. 杨爱华，等译. 7版. 北京：电子工业出版社，2002.
[15] 刘易斯. 项目计划、进度与控制［M］. 赤向东，译. 北京：清华大学出版社，2002.
[16] 特纳. 基于项目的管理手册［M］. 北京：清华大学出版社，2010.
[17] 施瓦尔贝. IT项目管理［M］. 杨坤，译. 北京：机械工业出版社，2002.
[18] 李文，李丹，蔡金勇，等. 企业项目化管理实践［M］. 北京：机械工业出版社，2010.
[19] 布朗，海尔. 项目管理：基于团队的方法［M］. 王守清，元霞，译. 北京：机械工业出版社，2012.
[20] 胡春萍，马立红. 构建卓越的"EPC项目管理体系"——中国石油工程设计有限公司EPC项目管理体系实践［J］. 项目管理技术，2009，7（6）：53-56.